対談で読み解く
サイバーセキュリティと法律

岡村久道 [編]
OKAMURA Hisamichi

Cyber Security

商事法務

はじめに

　いまやIT（情報技術）・ICT（情報通信技術）は経済活動や日常生活にとって、欠くことができない社会基盤となっています。いわば実社会と融合した状態ということができます。

　その半面、それを悪用した情報漏えい事件や、コンピュータウイルス感染事件などが、毎週のように報道されています。そうした危機的な状況に対処するため、「情報セキュリティ」「サイバーセキュリティ」という言葉が、もはや日常用語になっています。これらを以下「セキュリティ」といいます。

　このように社会にとって不可欠の情報流通基盤を守るため、現在では、セキュリティに関連する多様な法整備が行われています。そこでは、技術と法制度が、あたかもクルマの両輪のようにあいまって、セキュリティ保護を図るべき時代が到来しているということができるはずです。

　こうした理由によって、もはや技術の世界だけにとどまることなく、法律関係者その他の文系人間にとっても、避けては通れない問題となっています。その一方で、セキュリティ技術部門の方々としても、セキュリティ関連の法令を知らなければならない時代でもあります。ところが、これに関連する法令は幅広く、しかも錯綜しています。

　本書は、「サイバーセキュリティ」をめぐる法的な諸問題の最先端に関する状況について、関連省庁の幹部の皆さまをはじめ、各関係分野の専門研究者をお招きした対談によって、NBL（商事法務発行）誌上で不定期連載を続けてきたものを、必要に応じてアップデートを加えつつ単行本化したものです。連載順にこだわらず、できる限り体系化を試みるべく並べ直しました。さらに、連載には含まれていませんが、サイバーセキュリティをめぐる法律上の諸問題を検討する上で必要な対談も補足すべく、新規に収録しています。

　序章は、本書を読み進めるため必要なサイバーセキュリティの基礎知識について概観しておきます。

　第1章は、法制度の根幹となるサイバーセキュリティ基本法について、内閣サイバーセキュリティセンターの副センター長を務めるお2人の審議官と対談

したものです。まず、その全体像を三角育生審議官（対談当時、現・経済産業省大臣官房サイバーセキュリティ・情報化審議官）に語っていただき、同審議官の後任者である山内智生審議官に、2018（平成30）年12月に成立した同法改正を中心に語っていただきました。

第2章では、総務省自治行政局地域情報化担当・猿渡知之審議官（対談当時）に、自治体情報セキュリティについてご説明いただきました。この対談後の動向についても補足しています。

第3章では、IT（情報技術）関連事業を所管する経済産業省の伊東寛審議官（対談当時）に、「ITとサイバーセキュリティ」についてご説明いただいています。これについても対談後の動向について補足しています。

第4章では、ICT（情報通信技術）分野を所管する総務省の谷脇康彦・情報セキュリティ担当政策統括官（対談当時、現・総合通信基盤局長）に、「ICTとサイバーセキュリティ」についてご説明いただいています。この対談後の動向についても補足を加えました。

第5章では、経済産業省系の一般社団法人情報マネジメントシステム認定センター（ISMS-AC）の代表理事と、「サイバーセキュリティと国際・国内標準および適合性評価制度」について対談をしています。同センターはISMS認定業務を行っており、この対談は新規収録したものです。

第6章では、刑事法との関係について、いち早くサイバー犯罪に取り組んでこられた、第一人者である安冨潔・慶應義塾大学名誉教授と「サイバーセキュリティと刑事法」について対談をしています。

第7章では、実務に不可欠の具体的な管理措置に関し、大谷和子・株式会社日本総合研究所執行役員法務部長と「サイバーセキュリティにおける安全管理措置と労働法規」と題して、個人情報保護委員会の指針を例として取り上げて対談しています。この対談では踏み込んで議論していない技術的管理策について、一般社団法人JPCERTコーディネーションセンター最高技術責任者の真鍋敬士理事との対談を新規収録しました。また、フィッシング対策協議会の加藤孝浩運営委員長と、フィッシング詐欺対策について新規に対談しています。

第8章以下では、個別分野について触れています。

まず、同章では、営業秘密との関係について、いち早く営業秘密に取り組ん

でこられた、元松下電器・法務本部長で元同志社大学教授の齋藤憲道先生と「営業秘密を守るには」というテーマで対談をしています。これはNBL連載版を大幅にアップデートしたものです。

第9章では、不正競争防止法平成30年改正によって新設された限定提供データ制度について、経済産業省の関係会議の座長を務められた田村善之・北海道大学教授（当時、現・東京大学大学院教授）と、「限定提供データ制度の導入の意義と考え方」について対談をしています。

第10章では、労働安全衛生法の平成30年改正によって同法に新設された労働者の心身の状態に関する情報の保護制度について、厚生労働省の委員を担当されてきた三柴丈典・近畿大学教授と「平成30年改正労働安全衛生法による労働者の心身の状態に関する情報の保護」をテーマに対談をしています。

以上によって、法制度面からみたサイバーセキュリティの最前線について、どこから来て、現在どこにいて、これからどこへ向かおうとしているのか、少しでもご理解の助けになれましたら幸いです。

末尾になりましたが、対談および単行本化をご快諾いただいた対談相手の皆さまに、この場をお借りして心より感謝を申し上げます。また、上記連載を支えていただいた株式会社商事法務のNBL編集部の奥田博章氏および小山秀之氏、ならびに単行本の編集をご担当いただいた澁谷禎之氏に、深く感謝いたします。

令和元年11月

岡村　久道

目　次

序章　サイバーセキュリティの基礎知識 ……………………………… 1

第1章　I　サイバーセキュリティ基本法 ……………………………… 8

> 経済産業省大臣官房サイバーセキュリティ・情報化審議官
> （兼）内閣官房内閣サイバーセキュリティセンター内閣審議官、
> 内閣官房情報通信技術（IT）総合戦略室長代理（副政府CIO）　　三角育生

1. サイバーセキュリティ基本法とは何か　8
2. サイバーセキュリティの定義　12
3. 基本理念（3条）　14
4. 責務規定等（4条〜9条）　14
5. サイバーセキュリティ戦略とサイバーセキュリティ戦略本部　16
6. 2016（平成28）年一部改正　18
7. 第3章（基本的施策）　19
8. 新たな課題としてのIoT　22
9. おわりに——今後におけるサイバーセキュリティ基本法の課題　23

第1章　II　サイバーセキュリティにおける
　　　　　　「参加・連携・協働」 ………………………………………… 25

> 内閣官房内閣サイバーセキュリティセンター
> 副センター長・内閣審議官　　山内智生

1. はじめに　25
2. 新たなサイバーセキュリティ戦略　26

3 改正サイバーセキュリティ基本法　27

4 サイバーセキュリティ関係法令集　37

5 サイバーセキュリティの普及啓発について　39

6 インターネットの安全・安心ハンドブック　41

7 結びに　43

第2章　自治体情報セキュリティ　44

前総務省大臣官房審議官・地域情報化担当
（2019年11月現在は地方職員共済組合理事）　猿渡知之

1 自治体情報セキュリティの位置付け　44

2 自治体情報セキュリティ対策検討チームの設置　46

3 自治体情報セキュリティ対策検討チーム中間報告　47

4 自治体情報セキュリティ対策検討チーム報告の概要　52

5 報告以降の動向　54

6 結びに代えて　58

第3章　ITとサイバーセキュリティ　60

前経済産業省サイバーセキュリティ・情報化審議官
ファイア・アイ株式会社最高技術責任者　伊東 寛

1 はじめに　60

2 安対制度からISMS適合性評価制度へ　62

3 情報セキュリティ管理基準・システム管理基準　63

4 サイバーセキュリティ経営ガイドライン　65

5 関連する個別法令　68

6 現行の課題　70

- **7** セキュリティ人材の育成　73
- **8** おわりに　74

第4章　ICT（情報通信技術）とサイバーセキュリティ ………… 76

> 総務省総合通信基盤局長
> （前政策統括官（情報セキュリティ担当））　　谷脇康彦

- **1** はじめに　76
- **2** わが国における電気通信法制の枠組み　77
- **3** 通信の秘密　80
- **4** 電気通信事業の安全・信頼性の向上　81
- **5** 情報通信ネットワーク安全・信頼性基準　81
- **6** 電気通信に関する事故報告制度　83
- **7** 端末機器に関する基準認証制度　84
- **8** インターネットへの対応　86
- **9** ブロードバンド時代とサイバーセキュリティ基本法　87
- **10** フィーチャーフォンからスマートフォンへの移行　88
- **11** IoTセキュリティ　90
- **12** 新たな制度整備　96
- **13** 結びに代えて　99

第5章　サイバーセキュリティと
　　　　国際・国内標準および適合性評価制度 …………………… 100

> 一般社団法人情報マネジメントシステム認定センター
> （ISMS-AC）　代表理事　　　　　　　　　　山内　徹

- **1** 情報マネジメントシステム認定センターについて　100

- **2** ISO/IEC 27000ファミリーとISMS適合性評価制度　101
- **3** クラウドセキュリティに関する認証　109
- **4** その他の情報マネジメントシステム適合性評価制度　111
- **5** マネジメントシステム以外のITセキュリティ関係規格　112
- **6** 個人情報保護に関係する規格　113
- **7** 結びに代えて　115

第6章　サイバーセキュリティと刑事法 …………………………… 116

慶應義塾大学名誉教授・弁護士
（渥美坂井法律事務所・外国法共同事業顧問）　安冨　潔

- **1** 1987（昭和62）年の刑法一部改正――コンピュータ犯罪対策のための初の改正　116
- **2** 2001（平成13）年の刑法一部改正――支払用カード電磁的記録に関する罪の新設　120
- **3** サイバー犯罪条約　120
- **4** 不正アクセス禁止法の制定・改正　121
- **5** 2011（平成23）年の刑法一部改正――コンピュータウイルス等への対処　123
- **6** データ漏えい事件と刑事責任　126
- **7** サイバー犯罪のボーダレス性への対応　127
- **8** 刑事訴訟と電子データ　128
- **9** 刑事法領域における今後の課題　133

第7章　Ⅰ　サイバーセキュリティにおける安全管理措置と労働法規 …………………………… 135

株式会社日本総合研究所
執行役員法務部長　　大谷和子

1. サイバーセキュリティと現行法令　135
2. 基本方針　139
3. 規律の整備　142
4. 組織的安全管理措置　146
5. 人的安全管理措置　150
6. 物理的安全管理措置　153
7. 技術的安全管理措置　159
8. 委託先の監督　160
9. 漏えい等事案への対応　162
10. おわりに　165

第7章　Ⅱ　セキュリティにおける技術的管理策
　　　　――個人情報保護法等の指針を素材として ……… 167

JPCERTコーディネーションセンター
理事・最高技術責任者　　真鍋敬士

1. はじめに　167
2. 技術的安全管理措置　170
3. ソフトウエア製品等の脆弱性関連情報に関する取扱規程　182
4. 番号利用法　183
5. 漏えい時の措置　185

第7章　Ⅲ　フィッシング被害と対策 …………………………… 188

> フィッシング対策協議会運営委員長
> 　　　　　　　　加藤孝浩

1. フィッシング詐欺とは　188
2. フィッシング詐欺による被害　190
3. フィッシング対策協議会とは　191
4. 法改正による対応　192
5. 最近の傾向　197
6. 事業者に求められる対策　199

第8章　営業秘密 ……………………………………………………… 204

> 前同志社大学法学部教授
> 　　　　　　　齋藤憲道

1. 制度対応の全貌と近時の事件の教訓　204
2. 漏えいのパターンと管理の勘どころ　220
3. 漏えい時の対応と今後の企業戦略　238

第9章　限定提供データ制度の導入の意義と考え方 …………… 250

> 東京大学大学院
> 法学政治学研究科教授　田村善之

1. 限定提供データ制度導入の経緯　250
2. 制度趣旨と概要　252
3. 限定提供データの定義　256
4. 「不正競争」の対象となる行為について　263
5. 不正取得類型について　265

6 著しい信義則違反類型について　267

7 転得類型について　269

8 今後の課題　272

第10章　平成30年改正労働安全衛生法による労働者の心身の状態に関する情報の保護……273

近畿大学法学部教授
三柴丈典

1 労働安全衛生法2018（平成30）年改正と指針の策定　273

2 「労働者の心身の状態に関する情報」とは　276

3 法定健診制度　278

4 ストレスチェック制度　283

5 医師による指導と長時間労働の是正　288

6 安全衛生を図るための体制整備　289

7 本指針における心身の状態の情報の取扱いの原則（情報の性質による分類）　291

8 心身の状態の情報の適正管理　298

9 取扱規程　300

序章　サイバーセキュリティの基礎知識

　本書の対談内容を読み解いていただくため、前提として最初に「サイバーセキュリティ」(Cyber Security) の基礎知識を、歴史的経緯にそって、できる限り平易に整理しておきます。
　この概念は、IT（情報技術）・ICT（情報通信技術）との関係で生成・発展してきました。
　かつては「情報セキュリティ」(Information Security) という言葉が一般的でした。一般に「セキュリティ」という英語は「安全」と邦訳されています。しかし、頭に「情報」という文字が付けられて「情報セキュリティ」という言葉が用いられる場合には、もう少し複雑な意味が込められています。それは、①機密性（Confidentiality）、②完全性（Integrity）、および、③可用性（Availability）を保持するというものです。この3要素は、頭文字を取って「CIA」と略称されることがあります。
　脅威（Threats）と、それに対する脆弱性（Vulnerabilities）とが要因となってリスク（Risk）が発生し、リスクを攻撃するような事象（Event）が発生してリスクが現実化すること——事件・事故の発生——を、情報セキュリティ用語でインシデント（Incidents）と呼んでいます。
　最近では「情報セキュリティ」に代わって「サイバーセキュリティ」という言葉が用いられています[1]。ネットワークに重点を置くことを明確化するためなのでしょうが、このように「サイバーセキュリティ」という言葉を用いる場合も、基本的には同様に「CIA」概念によって説明されることが一般的です。
　振り返れば、情報システム（Information Systems）の中心に位置するコンピュータの歴史は、まだ数十年程度にすぎません。

1　より厳格には、サイバーセキュリティの意味は論者によって異なる。わが国でサイバーセキュリティを定義しているのは、後述のサイバーセキュリティ基本法である。

世界で初めて公開された電子式コンピュータは、一般にENIACであると考えられています。米国のペンシルバニア大学で第二次世界大戦中にモークリーとエッカートという2人の技術者によって開発が開始されました。しかし、大砲の弾道計算という軍事目的のものであったため、軍事機密上の理由で公開が遅れ、大戦終了後の1946（昭和21）年にようやく一般公開されました。

　重量30トン、幅24メートルという、途方もなく巨大なENIACは、1万7,468本もの真空管を使用しており、消費電力は140kw以上に達していました。そのため、スイッチを入れた瞬間、ペンシルバニアの市街地が電圧低下により一瞬暗くなったという都市伝説が残されています。それはコンピュータ時代の幕開けを告げる出来事でした。

　コンピュータを中心とする情報システムは、これを契機として急速に実用化、商用化されました。しかし、この段階では主として政府部門や大手金融機関、せいぜい先端研究機関など限られた領域で使用されており、特定の技術系の専門家だけの手によって管理される存在にすぎませんでした。

　ちなみに、わが国の裁判所が本格的なコンピュータ事件について初の判決を言い渡したのは1973（昭和48）年のことでした。この年、日本の「円」をはじめ主要先進国の通貨が変動相場制へと移行しました。その一方で、原油価格の高騰による第一次オイルショックが日本経済を襲い、世間ではトイレットペーパーの買い占め騒ぎが起こったという激動の年でした。

　裁判となったのは8万人分以上にものぼる大量の個人データ漏えい事件です。出版社から、このビジネス雑誌の購読者に対する発送業務を請け負った発送代行会社が、この出版社から預けられた購読者データを漏えいさせたというものでした。問題の発送代行会社は、購読者データを使った宛名プリントアウト作業を下請業者に委ねていました。下請業者は購読者データ入りのコンピュータ用テープを計算センターに持ち込んで作業を終え、発送代行会社に翌朝返還しました。ところが、返還までの間にテープが何者かによって一時的に持ち出され、コピーが作られてしまいました。コピーされた購読者データは当時のライバル出版社に売り渡されました。これを使ってライバル出版社が自社商品のダイレクトメールを、このビジネス雑誌購読者宛に発送したので、漏えいの事実が発覚しました。

発送代行会社は、出版社に対する損害賠償責任を果たすとともに、下請業者を相手取って損害賠償を求めて提訴しました。東京地裁は、この年の2月19日、損害賠償責任を認める判決を下しました。下請業者が管理義務を怠って大切なデータを漏えいさせたとする責任でした。しかし、いったい誰が、どういう手口で持ち出したのか、裁判の審理を経ても結局わからずじまいでした。

現在であれば、この事件は営業秘密の不正漏えいとして刑事事件に発展していた可能性があります。さらに、購読者の個人情報が大量漏えいしたとして、プライバシー権の侵害や個人情報保護法違反になるとして、大騒ぎになっていたはずですが、物理媒体保管時の善管注意義務違反を理由に損害賠償責任を認めるという判決によって決着しました。つまり、既存の民法法理を用いることによって、裁判所は事件を処理したのです。

この時代には、まだ民間でコンピュータを設置している場所は限られており、それを扱うのも特定の関係者だけでした。

ところが、その後における急速なダウンサイジング（小型化）の流れとともに、コンピュータは瞬く間に普及していきました。それに伴い、旧来の書類（紙）による処理の多くが、社会全体で電子データによる処理へと移行しはじめました。

とはいえ、この時期にはスタンドアロン（ネット非接続）による運用が中心であり、例外的にネットワーク接続されているものも、金融機関を専用回線によって相互接続する業務用ネットが中心でした。

そうした業務用ネットを舞台とする事件が1981（昭和56）年に発生しました。ある大手都市銀行の女性行員が、勤務先である支店のコンピュータ端末を操作してオンラインで架空名義口座へ架空入金を行って現金を引き出し、海外へ逃亡するという事件が発生しました。この事件では現金引出時の紙伝票に関する私文書偽造・同行使罪、および窓口行員に対する詐欺罪で有罪となりました。しかし、肝心のオンラインを用いた架空入金行為については、人を騙す詐欺罪では対処できないという課題が残り、処罰の対象外でした。この事件は複数の模倣犯を生みました。こうした背景の下で、1987（昭和62）年の刑法一部改正によって、わが国初のコンピュータ犯罪規定が複数新設されました。

この刑法改正の直前である1985（昭和60）年に「通信自由化」が行われ、

パソコン通信が登場します。それは従来の業務用ネットワークと異なり、一般的な通信回線を使用し、しかも大衆が誰でも利用できるものでした。

1992（平成4）年にOECD（経済協力開発機構）が「情報システムセキュリティガイドラインに関する理事会による勧告」を採択し、これによってセキュリティという言葉が国際的な公式舞台に初めて登場しました。

勧告の付属文書である「情報システムのセキュリティのためのガイドライン」は、一般に「OECD情報セキュリティガイドライン」と略称されています。そこでは「セキュリティの目的」について、「情報システムに依存する者を、可用性、機密性、完全性の欠如に起因する危害から保護すること」としています。さらにOECDは、1997（平成9）年3月に暗号政策ガイドラインを附属文書とする「暗号政策ガイドラインに関する理事会勧告」を採択しました。この理事会勧告でも、暗号はデータの機密性、完全性、および可用性を保証することが指摘されています。いずれもCIA概念に立脚しています。

ここでCIAという3要素の内容を、あえて誤解をおそれることなく、できる限り簡単な表現で説明しておきます。

第1に、機密性（C）とは、アクセスを認められた者だけが情報にアクセスできるようにすること、という意味です。言い換えると、無権限者が情報にアクセスできないようにすることです。

情報の不正な漏えいが、機密性が損なわれたケースの典型例です。他にも、ハッカーがインターネット越しにサーバに不正アクセスして、サーバ内のデータをのぞき見るようなケースを想定することができます。この場合、そのサーバに保存されていた情報が外部流出して被害が発生する危険性があります。

第2に、完全性（I）とは、情報と処理方法が完全で確実であるように保護することです。ここでも具体例によって説明しますと、不正アクセスしたハッカーがサーバ内のデータを一部改ざんするようなケースや、コンピュータで計算しても、「1＋1」が「2」にならない。これが処理方法の完全性が損なわれているケースの典型例です。

最後に、可用性（A）とは、認められた利用者が必要な際に情報にアクセスできることを確実にすることを意味する言葉として用いられています。換言すると、「動かないコンピュータ」「つながらない情報通信」などでは困るという

意味です。

　何がCIAの対象になるのか、という問題ですが、中国で蔡倫が製紙技術を発明してから現在まで、2000年近くの長期にわたって「紙」を中心とする時代が続いてきました。そこでは情報と媒体とが物理的に一体化していました。したがって、媒体と分離して情報だけを抜き出してセキュリティを論じるという発想そのものが乏しかったことは、あまりにも当然のことでした。

　15世紀にグーテンベルグが活版印刷術を発明する以前の段階では、膨大な手間と時間をかけて筆写する必要がありました。そのため、書籍という「物」の価値はきわめて貴重でしたので、情報よりも有体物としての価値に着目されていました。

　印刷技術の発明以降、情報媒体としての書籍の作成コストは劇的に下がりました。

　しかし、情報と媒体との物理的一体化という本質は変わりませんでした。そこでは、媒体という「物」を保護すれば、結果として情報の保護を図ることができました。

　ところが、デジタル時代になって情報と媒体とが物理的に分離可能になると、情報そのものの価値が、改めて自覚されはじめました。その結果、情報処理を支えるシステムの安全性という点を含め、デジタルを対象としてセキュリティの概念が生まれました。

　現にOECD情報セキュリティガイドラインに関する理事会勧告は、対象をほぼデジタルに限定していました。「コンピュータ、通信施設、コンピュータ通信網、及びそれらにより蓄積又は処理され、検索され、伝送されるデータ及び情報」という意味です。

　時代は前後しますが、インターネットの商業利用が1995（平成7）年に解禁されました。それまでインターネットは、大学や研究機関の間を接続する学術ネットワークにすぎませんでした。解禁を契機に地球規模で相互接続された利用形態が急速に普及しました。IT・ICTが社会基盤化する一方で、不正アクセスのように、これを取り巻く脅威の量は飛躍的に増えています。それに対処するため、わが国でも1999（平成11）年に不正アクセス禁止法が制定されました。

こうした背景の下で、国際規格の分野でも 2000 年に ISO/IEC 17799：2000 として国際規格化され、改正を重ねて現在の ISO/IEC 27000 ファミリーへと発展していますが、やはり CIA 概念が採用されています。これらの国際規格は JIS Q 27000 ファミリーとして国内規格化されています。

　ISO の正式名称は国際標準化機構といいます。各国の代表的標準化機関によって構成される国際標準化機関です。IEC の正式名称は国際電気標準会議です。こちらも各国の代表的標準化機関によって構成される国際標準化機関ですが、電気・電子技術分野の国際規格を作っています。これらの国際規格は JIS Q 27000 ファミリーとして国内規格化されています。ここでも「機密性、完全性、及び可用性を維持すること」として、CIA 概念が採用されています。

　条約の分野でも、「サイバー犯罪に関する条約（Convention on Cybercrime）」が 2001（平成 13）年に採択され、わが国も加盟しています。この条約は、前文において、「コンピュータ・ネットワークがデジタル化され、統合されおよび地球的規模で拡大し続けることによってもたらされる大きな変化を認識し、コンピュータ・ネットワークおよび電子情報が犯罪を行うためにも利用される可能性があるという危険並びに犯罪に関する証拠がコンピュータ・ネットワークによって蔵置されおよび送信される可能性があるという危険を憂慮」するものであること等を示しています。なお、この条約は序文で「コンピュータ・システム、ネットワーク及びコンピュータ・データの濫用行為並びにそれらの機密性、完全性及び可用性に向けられた行為を抑止するために本条約が必要であることを確信する」として「CIA」に言及しています。

　OECD 情報セキュリティガイドラインも 2002（平成 14）年に改訂されました。改訂ガイドラインの表題は「情報システムおよびネットワークのセキュリティのためのガイドライン」へと変更され、対象としてネットワークが表舞台に躍り出ています。この改訂版では「情報セキュリティ文化」という新しい考え方が提唱され、「はしがき」に、1992（平成 4）年以降、情報システムおよびネットワークの利用と情報技術を取り巻く全体的な環境が劇的に変化し、一層強力になるパーソナルコンピュータ、技術の収れん、およびインターネットの広範な利用が、主として閉鎖的であったネットワークにおける地味で外部との接続のないシステムに取って代わったこと等の事情が存在していることも謳わ

れています。

　このような経緯によって、かつて限られた領域で、限られた人が使用していたコンピュータは、最近では情報システムの種類や用途が多様化し、個人ユーザーを含めた万人が自由かつ簡単に利用することが可能になりました。今や誰でも使っているスマートフォンにはコンピュータチップが搭載されています。しかも、それは巨大なENIACと比べて格段に優れた処理能力を持っています。

　その半面、セキュリティに対する脅威は、質的にも深刻化し続けています。情報端末同士の接続によって、ある端末がコンピュータウイルスに感染すれば、瞬く間に他の端末にも感染が拡大するなど、相互に影響を及ぼす度合いも増加しており、それに対するセキュリティの重要性が高まっています。こうした経済的・社会的影響の深刻さを踏まえ、OECDも2015（平成27）年にデジタルセキュリティリスク管理に関し理事会勧告を公表しました。わが国でも、2011（平成23）年の刑法改正で、コンピュータウイルス[2]を処罰対象とする「不正指令電磁的記録に関する罪」が新設されました。

　法制度は技術とともにサイバーセキュリティを支えるクルマの両輪です。わが国では、個別に事件が発生する度に、それに対処するため、刑法改正、不正アクセス禁止法など個別的な法令の制定・改正を行う一方、個人情報保護3法のように限られた領域で対処を図ってきました。しかし、こうした個別領域、あるいは対症療法のみでは限界があるため、ようやく2014（平成26）年にサイバーセキュリティ基本法が制定されました（2018（平成30）年に改正）。その詳細は第1章を参照してください。

　同法では、サイバーセキュリティの対象を、情報、情報システム、情報ネットワークなどの情報流通媒体の三層に区分する一方、実質的にCIA概念を取り入れています。しかし、あくまでも基本法ですので、その具体化は個々の法制度に委ねられています。第1章以降の各対談では、法制度という切り口から、サイバーセキュリティに関する最先端の法制度の実像に迫ります。

---

[2] この用語は俗語であり、ワームやトロイの木馬を含めて、マルウェアという言葉が用いられることも多い。世界で最初に大きく注目された事件は、米国コーネル大学の学生が作って、学術ネットワーク時代のインターネット上で増殖して数千台の機器を動作不能にしたモリスワーム事件であり、1988（昭和63）年に発生した。

第 1 章　Ⅰ　サイバーセキュリティ基本法

経済産業省大臣官房サイバーセキュリティ・情報化審議官（兼）内閣官房内閣サイバーセキュリティセンター内閣審議官、内閣官房情報通信技術（IT）総合戦略室長代理（副政府CIO）

三角育生　Ikuo Misumi

　わが国のサイバーセキュリティについて、その基本となる事項を定めているのがサイバーセキュリティ基本法です。まず、同法の全体像について内閣サイバーセキュリティセンターの三角育生審議官（対談当時。現経済産業省大臣官房サイバーセキュリティ・情報化審議官）と 2017（平成 29）年 6 月 20 日に行われた対談（NBL1103 号掲載）を掲載しています。この対談後の 2018（平成 30）年 12 月に同法は改正されました。当該改正について、同センターの山内智生審議官と 2019（平成 31）年 2 月 21 日に行われた対談（NBL1142 号掲載）を続けて掲載しています。どちらの対談についても、読者の便宜のため対談者の許可を得てすべて同年改正後の条項を表記しています。

1　サイバーセキュリティ基本法とは何か

岡村　本日は、わが国のサイバーセキュリティ政策の支柱である「内閣サイバーセキュリティセンター」の三角育生審議官（対談当時。現経済産業省大臣官房サイバーセキュリティ・情報化審議官）をお招きしました[1]。三角審議官とは、かつて経済産業省の情報セキュリティ政策室長を担当されていた時代から、会議などでご一緒させていただいてきたという関係です。わが国のサイバーセキュリティ戦略について、その根幹となるサイバーセキュリティ基本法の解説

1　本稿は、2017（平成 29）年 6 月 20 日に行われた対談に加筆修正を加えたものである。本法は 2018（平成 30）年に改正されたので（同年法律第 91 号）、条項の表記を対談当時のものから改正後の条項に改めた。

を中心に、この対談を進めさせていただきます（以下の条項はすべて平成30年改正後の条項を表記しています）。

三角 内閣サイバーセキュリティセンターは、通称「NISC」と呼ばれています。これは英語名'National center of Incident readiness and Strategy for Cybersecurity'の略称です。

　サイバーセキュリティ基本法に基づいて、内閣官房長官を本部長とする「サイバーセキュリティ戦略本部」が内閣に設置されています。いわば、わが国のサイバーセキュリティ戦略に関する司令塔です。この本部が立案する「サイバーセキュリティ戦略」が閣議決定され、サイバーセキュリティに関するわが国の基本戦略となっています。

　NISCは内閣官房組織令に基づき、内閣官房の内部組織として設置されている機関です。この戦略に基づいて、NISCではサイバーセキュリティ政策に関する総合調整を行いつつ、「自由、公正かつ安全なサイバー空間」の創出に向けて、官民一体となって活動に取り組んでいます。いわば、この戦略を実施するための中心となる機関として位置付けられています。

岡村 サイバーセキュリティ基本法は、その名のとおり、わが国のサイバーセキュリティの基本となる法律ですが、簡単にいうと、どのような内容のものでしょうか。

三角 この法律の目的規定である1条は、わが国のサイバーセキュリティに関する施策に関し、基本理念を定め、国および地方公共団体の責務等を明らかにし、ならびにサイバーセキュリティ戦略の策定その他サイバーセキュリティに関する施策の基本となる事項を定めるとともに、サイバーセキュリティ戦略本部を設置すること等により、IT基本法と相まって、サイバーセキュリティに関する施策を総合的かつ効果的に推進するための法律として位置付けています。

岡村 ご指摘のように、わが国にはサイバーセキュリティ基本法に先行するこの分野の基本法として、以前からIT基本法が存在していますね。

三角 IT基本法は正式名称を「高度情報通信ネットワーク社会形成基本法」といい、2000（平成12）年に制定されています。それから約14年という歳月を経て、2014（平成26）年11月にサイバーセキュリティ基本法が制定されま

した。さらに2016（平成28）年に一部改正されています。

岡村　読者の方々に知っていただきたいのは、すでにIT基本法が存在するのに、さらにサイバーセキュリティ基本法の制定を要した理由です。

　まず、先に制定されたIT基本法はどのような位置付けの法律でしょうか。

三角　IT基本法は、インターネットの利活用を促進することによって、高度情報通信ネットワーク社会の形成に関する施策を迅速かつ重点的に推進することを目的としています。

　この基本法が制定された2000（平成12）年は、インターネットが急速に普及する途上にあった時期ですが、そのような時代背景を踏まえて、わが国も国際的な潮流に乗り遅れないように、そうした高度情報通信ネットワーク社会の形成を推進するための役割を営むものでした。このような推進役の必要性は、現在も、さらに加速度的に増加しています。

岡村　かつてアメリカのビル・クリントン政権がゴア副大統領を中心に1990年代半ばに打ち出して進めた「情報スーパーハイウェイ構想」を思い出しました。競争力強化のため2015（平成27）年までに光ファイバーを張り巡らせた「全米情報基盤（National Information Infrastructure：NII）」を実現するというものでした。当初はインターネット以外にCATV網なども想定されていましたが、次第にインターネット中心のものとなっていきました。

　わが国ではIT基本法から十数年を経て、サイバーセキュリティ基本法が制定されたわけですが、その間に、どのような時代背景の変化があったのでしょうか。言い換えれば、IT基本法に加えて、さらにサイバーセキュリティ基本法を制定するに至った必要性とは何でしょうか。

三角　IT基本法の制定から約14年間を経て、冒頭でもご指摘があったとおり、いまやITは生活のあらゆる部分に浸透し、社会基盤として必要不可欠な存在となっており、ますますITの重要性が増しています。しかし、その一方で、ITに障害が起きた場合には、国民生活や経済活動に対し大きな打撃を与えるおそれがあります。さらに近年、官公庁や企業においてインシデントが発生していることから、サイバーセキュリティの確保が、喫緊の課題となりました。このような状況に対処するため、サイバーセキュリティ基本法が制定されました。

それを踏まえて1条では「インターネットその他の高度情報通信ネットワークの整備及び情報通信技術の活用の進展に伴って世界的規模で生じているサイバーセキュリティに対する脅威の深刻化その他の内外の諸情勢の変化に伴い、情報の自由な流通を確保しつつ、サイバーセキュリティの確保を図ることが喫緊の課題となっている状況に鑑み」として、制定の背景が記載されています。サイバーセキュリティの確保は、東京オリンピック・パラリンピックに向けた重要課題でもあります。

岡村 インシデントとは、法律系の方々にはなじみが薄い言葉ですので補足しておきますと、ISO 22300：2012（Societal security − Terminology）によって「中断・阻害、損失、緊急事態または危機になり得るまたはそれらを引き起こし得る状況」として定義されているセキュリティ用語です。

話を戻しますと、IT基本法には、推進役という性格上、「高度情報通信ネットワークの安全性及び信頼性の確保」（同法22条）などの文言が入っているだけで、率直に申し上げるとセキュリティという観点は不十分でした。その後における急速な技術の進歩・普及の中で、今度は安全・安心を図るための仕組みとして、いわば安全面が重要になってきたということができます。たとえるなら、アクセルとブレーキの両方が正常に働いて初めて、いわば社会に不可欠なクルマと同様に成り立つわけですから。こうした背景を踏まえて、迅速な立法化を要するということから、サイバーセキュリティ基本法が、与野党の議員立法として2014（平成26）年の臨時国会で成立したのですね。

三角 IT基本法の下では、民間部門のセキュリティは、基本的には自主的な取組みに委ねられてきました。これに対し、サイバーセキュリティ基本法の下でも、民間部門のセキュリティに関する自主的な取組みが重要であることに変わりはありませんが、それに加えて、政府主導で行うことが明確化されました。

岡村 アメリカでも、2015（平成27）年に「サイバーセキュリティ法」（Cybersecurity Act of 2015）が成立しました。EUでも「ネットワーク及び情報に関するセキュリティ（NIS：network and information security）指令」が2016（平成28）年に採択されています。したがって、支柱となるべき制度を整備してセキュリティを守ることは世界的な潮流ということができます。

【図表1-Ⅰ-1】サイバーセキュリティの定義（2条）

```
次の措置が講じられ、その状態が適切に維持管理されて
いることとして定義。
 1. 電磁的方式により記録され、又は発信・伝送・受信さ
    れる情報の安全管理に必要な措置
 2. 情報システム及び情報通信ネットワークの安全性・信
    頼性の確保に必要な措置←（電磁的記録媒体を通じ
    た電子計算機に対する不正な活動による被害の防止
    のために必要な措置を含む－同条括弧書）
         ←スタックスネット事件
```

```
・客体（対象） →情報それ自体、情報システム、情報通信
              ネットワークを網羅
・守るべきもの→安全（性）・信頼（性）の管理・確保
・行うべきこと →それに必要な措置全般
```

```
・そのため、サイバーテロはもとより、不正送金被害や
 内部不正等も含んだ、極めて広い概念
```

2 サイバーセキュリティの定義

岡村 そこで次に、サイバーセキュリティ基本法の内容に移りたいのですが、そもそも、この基本法の対象となる「サイバーセキュリティ」は、どのように定義されているのでしょうか。

三角 2条で、電磁的方式により記録され、または発信され、伝送され、もしくは受信される情報の漏えい、滅失または毀損の防止その他の当該情報の安全管理のために必要な措置ならびに情報システムおよび情報通信ネットワークの安全性および信頼性の確保のために必要な措置が講じられ、その状態が適切に維持管理されていることをいうと定義しています。

岡村 この定義は文言が複雑なので整理しておきますと、守るべき対象は、情報それ自体、情報システム、情報通信ネットワークを網羅しています。それらの対象について守るべきものは、安全（性）・信頼（性）の管理・確保、そのために行うべきことは、それに必要な措置全般という意味ですね。図示してみますと、**図表1-Ⅰ-1**のようになります。情報漏えいはもとより、サイバーテロ、不正送金被害、内部不正等も含んでおり、たいへん広い概念です。

それに加えて、2条括弧書で、電磁的記録媒体を通じた電子計算機に対する不正な活動による被害の防止のために必要な措置を含む旨が記載されていますが、これはどのような趣旨ですか。

三角 かつてコンピュータウイルスなどマルウェア感染事件といえば、ウイルスをメールに添付して送り付けるようなケースが中心でした。送り付けられたメールに記載されたリンクをクリックしてサイトにアクセスすると感染すると

いう手口も少なくありませんでした。いずれにせよ、インターネット経由で感染して漏えい、改ざんなどの被害を受け、もしくは迷惑メール送信やサイバー攻撃の踏み台にされることが一般的でした。

　このようにネットを介した手口が主流であることは現在でも変わりません。ですが2010（平成22）年に、ネットを経由することなく、携帯メモリーを媒介にして、重要施設内のコンピュータをウイルス感染させるという事件が外国で発覚して、世界のセキュリティ関係者を驚かせました。そうしたケースへの対処も含めることができるように定められているわけです。

岡村　いわゆるスタックスネット事件ですね。イランの重要施設が、インターネットから分断していたにもかかわらず、USBメモリー経由でウイルス感染したという事件だったと記憶しています。

　ところで、セキュリティの国際標準規格「ISO/IEC27000」シリーズや、それを国内標準規格化した「JIS Q 27000」シリーズでは、情報（システム）の機密性、完全性、および可用性の維持として定義されています。

　ごく単純化すれば、機密性（confidentiality）とは漏えい被害を受けないこと、完全性（integrity）とは情報が改ざん被害を受けないこと、可用性（availability）とは情報や情報システムがきちんと使えることであり、これらの頭文字を取って「CIA」と呼ばれることもあります。

　この定義とCIAの関係は、どのように考えるべきなのでしょうか。

三角　基本的には同様の考えをベースにしています。後ほど説明予定の統一基準でも、冒頭で情報セキュリティの基本は、府省庁で取り扱う情報の重要度に応じた「機密性」「完全性」「可用性」を確保することであるとしています。

　ただ、個人情報保護法20条など他の法令において安全管理措置という用語が定着していることとの関係や、新たな技術によって新たな脅威が登場することも見込んで柔軟な対応が可能になるように定義に漏れがないことなどを考慮して、「CIA」を基本としつつ、それにとどまることなく、このような網羅的な定義規定となっています。

岡村　この基本法では、伝統的な紙媒体は対象となっていないのでしょうか。

三角　紙媒体についても十分なセキュリティが守られなければならないことは当然です。ただ、この基本法ではサイバーセキュリティが、現代社会でセキュ

【図表1-Ⅰ-2】基本理念（3条）

項	概　要
1	情報の自由な流通の確保を基本として、官民の連携により積極的に対応
2	国民1人1人の認識を深め、自発的な対応の促進等、強靱な体制の構築
3	高度情報通信ネットワークの整備及びITの活用による活力ある経済社会の構築
4	国際的な秩序の形成等のために先導的な役割を担い、国際的協調の下に実施
5	IT基本法の基本理念に配慮して実施
6	国民の権利を不当に侵害しないよう留意

リティの中心となることから、それにフォーカスを当てているということです。

3　基本理念（3条）

岡村　この法律を逐条的に追っていきますと、続く3条各項では基本理念を列記されています。図表1-Ⅰ-2のような内容です。いままで述べてきた諸点を具体化したものということができます。同条5項までは比較的わかりやすいのですが、6項はどのような趣旨の規定ですか。

三角　国会答弁ではサイバーセキュリティを名目とした国民や企業一般への情報収集活動、監視活動を政府が行うことがないよう、国民の権利を不当に侵害しないように留意することを定める趣旨とされています。

4　責務規定等（4条〜9条）

岡村　続いて4条から8条まで、いわゆる責務規定が並んでいます。すべて基本理念にのっとり、それぞれの立場に応じて責務を負うことを定めています。

三角　基本法という性格から、まず国（4条）および地方公共団体（5条）の責務を定めています。立場の違いを踏まえ、責務の内容について、国は総合的な施策の策定・実施、地方公共団体は国との適切な役割分担を踏まえて自主的な施策の策定・実施としています。

　続いて重要社会基盤事業者（6条）、サイバー関連事業者その他の事業者（7条）、および教育研究機関（8条）の責務を定めています。これらの責務内容は、自主的かつ積極的にサイバーセキュリティの確保に努めるとともに、国や地方公共団体が実施するサイバーセキュリティに関する施策に協力するよう努めるという点で共通しています。それに加えて、教育研究機関は、その立場上、サイバーセキュリティ人材の育成、サイバーセキュリティに関する研究と

その成果の普及に努める責務が謳われています。

「国民の努力」（9条）も規定されています。これらの条項は、まさに官民一体で推進すべき課題であることを具現しています。

付け加えますと、OECD（経済協力開発機構）は、1992（平成4）年に「情報システムのセキュリティに関するガイドライン」を理事会勧告として採択していましたが、2002（平成14）年に「情報システム及びネットワークのセキュリティのためのガイドライン」として改正しました。この改正ガイドラインには「セキュリティ文化の普及に向けて」という副題が付けられています。官民を問わず、社会全般がセキュリティに取り組んでいくべきだということが示されています。

岡村 6条に登場する「重要社会基盤事業者」とは、どのような意味ですか。

三角 3条1項で「国民生活及び経済活動の基盤であって、その機能が停止し、又は低下した場合に国民生活又は経済活動に多大な影響を及ぼすおそれが生ずるものに関する事業を行う者をいう」と定義されています。通称「重要インフラ事業者」と呼ばれてきました。「重要インフラの情報セキュリティ対策に係る第3次行動計画（改訂版）」（第3次行動計画）では「重要インフラ」として13分野が対象とされており、これは2017（平成29）年4月公表の「第4次行動計画」でも踏襲されています。情報通信、金融、航空、鉄道、電力、ガス、政府・行政サービス（地方公共団体を含む）、医療、水道、物流、化学、クレジットおよび石油です[2]。重要インフラ分野に属する事業者等および当該事業者等から構成される団体を、第3次行動計画では「重要インフラ事業者等」と呼んでいます。

まさに「国民生活及び経済活動の基盤」ですので、サイバーセキュリティ戦略の対象事項として明記されるとともに（12条2項3号）、基本的施策について14条の対象とされています。ちなみに、重要インフラ事業者等の情報共有・分析機能および当該機能を担う組織を「セプター」、各重要インフラ分野で整備されたセプターの代表で構成される協議会で、セプター間の情報共有等

2　2018（平成30）年7月、サイバーセキュリティ戦略本部決定により空港が追加。2019（令和元）年10月現在14分野となっている。

【図表1-Ⅰ-3】サイバーセキュリティ戦略に定める事項（12条2項）

号	事　項
1	サイバーセキュリティに関する施策についての基本的な方針
2	国の行政機関等におけるサイバーセキュリティの確保に関する事項
3	重要社会基盤事業者及びその組織する団体並びに地方公共団体（以下「重要社会基盤事業者等」という）におけるサイバーセキュリティの確保の促進に関する事項
4	以上のほか、サイバーセキュリティに関する施策を総合的かつ効果的に推進するために必要な事項

を行うものを「セプターカウンシル」といいます。これは政府機関を含め他の機関の下位に位置付けられるものではなく独立した会議体です。

岡村　7条に登場する「サイバー関連事業者」とは、どのような意味ですか。

三角　「インターネットその他の高度情報通信ネットワークの整備、情報通信技術の活用又はサイバーセキュリティに関する事業を行う者をいう」と定義されています。

岡村　通信キャリアやインターネット接続プロバイダが、その具体例ですね。第1章「総則」には、これらの規定に加えて、さらに「法制上の措置等」（10条）、「行政組織の整備等」（11条）も定められていますが、これについては後ほどお聞きすることにして、次に第2章以下の概要についてお聞きします。

5　サイバーセキュリティ戦略とサイバーセキュリティ戦略本部

三角　この基本法は全5章、38箇条と附則から成り立っています。

第2章「サイバーセキュリティ戦略」は、12条だけから成り立っています。

同条は、政府は「サイバーセキュリティ戦略」を閣議決定して、国会に報告、インターネットなどで公表するものとしており、この戦略を変更するときも同様とすると規定しています。

「サイバーセキュリティ戦略」とは、サイバーセキュリティに関する施策の総合的かつ効果的な推進を図るためのサイバーセキュリティに関する基本的な計画であり、この戦略によって定めるべき事項は12条2項が**図表1-Ⅰ-3**のとおり定めています。この戦略は2015（平成27）年9月4日に閣議決定されており、NISCサイトで公表しています[3]。

この戦略に基づいて、先ほどの「法制上の措置等」（10条）、「行政組織の整

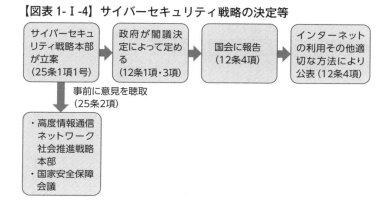

【図表1-Ⅰ-4】サイバーセキュリティ戦略の決定等

備等」（11条）が行われる一方、第3章（13条～24条）が定める「基本的施策」が実施されます。

岡村 サイバーセキュリティ戦略の決定過程等を整理すると**図表1-Ⅰ-4**のとおりとなります。サイバーセキュリティ戦略本部が立案しますが、立案時には事前に高度情報通信ネットワーク社会推進戦略本部および国家安全保障会議の意見を聴かなければならないことになっています（26条2項）。

　サイバーセキュリティ戦略本部は、どのような組織ですか。

三角 第4章（25条～37条）が規定しています。内閣に置かれており（25条）、内閣官房長官が本部長として、本部の事務を総括し、所部の職員を指揮監督します（28条1項・2項）。必要があるときは、関係行政機関の長に対し勧告するとともに、その勧告に基づいてとった措置について報告を求めることもできます（28条3項・4項）。

　副本部長は本部長の補佐役であり、国務大臣をもって充てられます（29条）。

　本部員は、国家公安委員会委員長、総務大臣、外務大臣、経済産業大臣、防衛大臣、他に内閣総理大臣が指定する国務大臣、そして内閣総理大臣が任命する有識者から成り立っています（30条）。

　本部の所掌事務は26条1項が**図表1-Ⅰ-5**のとおり定めています。独立行政

3　2018（平成30）年7月、変更された新たな「サイバーセキュリティ戦略」が閣議決定された。

【図表1-Ⅰ-5】サイバーセキュリティ戦略本部の所掌事務（26条1項）

号	所掌事務
1	サイバーセキュリティ戦略の案の作成及び実施の推進に関すること
2	国の行政機関、独立行政法人及び指定法人におけるサイバーセキュリティに関する対策の基準の作成及び当該基準に基づく施策の評価（監査を含む）その他の当該基準に基づく施策の実施の推進に関すること
3	国の行政機関、独立行政法人又は指定法人で発生したサイバーセキュリティに関する重大な事象に対する施策の評価（原因究明のための調査を含む）に関すること
4	以上のほか、サイバーセキュリティに関する施策で重要なものの企画に関する調査審議、府省横断的な計画、関係行政機関の経費の見積りの方針及び施策の実施に関する指針の作成並びに施策の評価その他の当該施策の実施の推進並びに総合調整に関すること

法人情報処理推進機構（IPA）等への一部事務の委託（31条）、関係行政機関の長からの資料提供等（32条）、地方公共団体への協力（34条）等も規定しています。

詳細を定めるため、サイバーセキュリティ戦略本部令が、別途、制定されています。本部員の定数は10人以内、任期は原則2年で再任が可能な非常勤であること、別途、専門調査会を設置できること、必要があれば、専門調査会に属すべき者として本部員を指名できることなどが定められています。

6　2016（平成28）年一部改正

岡村　かなり重量級の顔ぶれで、まさに政府の司令塔ですね。ところで、所掌事務等について、2016（平成28）年春の通常国会で一部改正が成立しましたが、どのような改正内容でしたか。

三角　「サイバーセキュリティ基本法及び情報処理の促進に関する法律の一部を改正する法律」による改正です。その概要が内閣官房から**図表1-Ⅰ-6**のとおり公表されています。

この図の「現行法」が改正前、「拡大」が改正後です。これに示されているとおり、改正前と比べて国が行う不正な通信の監視、監査、原因究明調査等の対象範囲が拡大され、それに伴い、先に述べたようにサイバーセキュリティ戦略本部の一部事務をIPA等に委託することが可能になりました（31条）。この図に記載されているとおり、日本年金機構の情報流出事案等が契機となっています。

岡村　2015（平成27）年春に、日本年金機構が標的型メール攻撃によってウイ

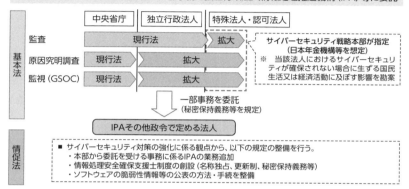

【図表1-Ⅰ-6】2016（平成28）年一部改正の概要

出典：内閣官房「サイバーセキュリティ基本法及び情報処理の促進に関する法律の一部を改正する法律案の概要」

ルス感染し、年金情報が漏えいしたという事件でした。サイバーセキュリティ戦略本部から本件に関する報告書「日本年金機構における個人情報流出事案に関する原因究明調査結果」（同年8月20日）が公表されています。

三角 NISCが同年5月8日厚生労働省ネットワークに不審な通信を検知して厚生労働省にその旨を通知したことに端を発しています。その後の経緯を含め、この報告書に詳細が記載されており、NISCサイトで公表していますので、それをご覧頂ければと存じます。

7　第3章（基本的施策）

岡村 順序が逆になりましたが、第3章（13条〜24条）は「基本的施策」について定めています。すべて「国は……講ずるものとする」と規定していますので、民間事業者の義務を規定するというよりも、国の責務を具体化するものということができます。

　この章の冒頭に置かれた13条は、「国の行政機関等におけるサイバーセキュ

リティの確保」と題されています。国の行政機関、独立行政法人および特殊法人等を対象として、**図表1-Ⅰ-6**のような監査、原因究明調査、監視を行うほか、サイバーセキュリティに関する統一的な基準の策定、国の行政機関における情報システムの共同化等を行うことと定めています。

この「統一的な基準」についてご説明ください。

三角 「政府機関の情報セキュリティ対策のための統一基準」を一定期間ごとに策定しています。最新の平成28年度版では60頁にも及んでいます[4]。先ほど説明したように「CIA」を基本としつつ、第1部「総則」に続き、第2部「情報セキュリティ対策の基本的枠組み」として、導入・計画、運用、点検、見直しというPDCAサイクルによるマネジメントシステムに基づきセキュリティ水準のスパイラルアップを図ろうとしています。

別途、情報のライフサイクルの各段階において、当該情報の特性に応じた適切な対策情報の取扱いを図るという見地から第3部で「情報の取扱い」を定めています。さらに、第4部では「外部委託」を、第5部では「情報システムのライフサイクル」を、第6部では「情報システムのセキュリティ要件」を、第7部では「情報システムの構成要素」を、最後に第8部では「情報システムの利用」を定めています。

岡村 そうしますと、政府機関から外部委託を受託しようとする民間事業者としても、実際上、統一基準第4部に即して受託業務を行う必要があります。

この統一基準以外にも「政府機関の情報セキュリティ対策のための統一規範」「政府機関等の情報セキュリティ対策の運用等に関する指針」「府省庁対策基準策定のためのガイドライン」等が策定されていますが、相互関係はどうなっていますか。

三角 これらは統一基準を含めて「統一基準群」と総称されています。NISCが原案を策定して、サイバーセキュリティ対策推進会議を経てサイバーセキュリティ戦略本部で決定しています。ただし、対策基準策定ガイドラインは、府省庁と協議した上、NISCにおいて決定しています。

統一規範および統一基準は、全府省庁で共通的に必要とされる情報セキュリ

---

4 本対談後の2018（平成30）年7月に新たなサイバーセキュリティ戦略が閣議決定され、計63頁に及ぶ。

ティ対策を包含するものであり、対策基準策定ガイドラインは、統一基準の遵守事項を満たすために採るべき基本的な対策事項の例示、考え方等を解説することを目的として策定されています。

岡村 14条は「重要社会基盤事業者等におけるサイバーセキュリティの確保の促進」ですね。

　国は、重要社会基盤事業者等におけるサイバーセキュリティに関し、基準の策定、演習及び訓練、情報の共有その他の自主的な取組みの促進その他の必要な施策を講ずるものとするという内容であり、おおむね6条と「対」になっています。重要社会基盤事業者「等」とは、重要社会基盤事業者の組織する団体と地方公共団体を含んだ意味ですね（12条2項3号）。

　国は、重要社会基盤事業者等におけるサイバーセキュリティに関し、基準の策定、演習及び訓練、情報の共有その他の自主的な取組の促進その他の必要な施策を講ずるものとするという内容です。

三角 続く15条は「民間事業者及び教育研究機関等の自発的な取組の促進」を定めていますが、一般の民間事業者と比べ、重要社会基盤という性格に照らして重点が置かれていることになります。

　施策の詳しい内容は「重要インフラの情報セキュリティ対策に係る第4次行動計画」であり、NISCサイトで公表していますので、それを参照してください。

岡村 16条は「多様な主体の連携等」、18条は「犯罪の取締り及び被害の拡大の防止」[5]、19条は「我が国の安全に重大な影響を及ぼすおそれのある事象への対応」を定めています。

　最近の国際的なニュースをみても、もはやサイバー空間は、陸、海、空、宇宙に続く「第五の戦場」という言葉がメディアでも定着してしまっているような状態です。

三角 「第五の作戦領域」と呼ばれています。26条2項で、サイバーセキュリティ戦略の立案時には事前に国家安全保障会議の意見を聴かなければならないとしているのも、こうした状況を踏まえたものと承知しています。

5　平成30年改正によって新17条（サイバーセキュリティ協議会）が新設。

岡村　20条は「産業の振興及び国際競争力の強化」、21条は「研究開発の推進等」、22条は「人材の確保等」、23条は「教育及び学習の振興、普及啓発等」、24条は「国際協力の推進等」です。

　最近は、あちらこちらでセキュリティ人材の育成が議論されていますが、いかがでしょうか。

三角　セキュリティ人材の育成は喫緊の課題です。このため本部では「サイバーセキュリティ人材育成プログラム」を決定し、人材育成を政府全体の取組みとして推進しています。NISCサイトで公表していますのでご覧いただけると幸いですが、我々の課題は、高度なサイバーセキュリティ技術者の育成のみならず、企業戦略としてサイバーセキュリティを活用するべく経営層に案を示したり、サイバーセキュリティ対策がチームワークで行う必要があるところ、これらに携わる者をリードするような層、プログラムなどでは「橋渡し人材」[6]と呼んでいますが、こうした人々の育成が重要と考えています。

8　新たな課題としてのIoT

岡村　最近では車載システムを用いたコネクティッドカーのように機器同士を接続する形態も発展しており、「モノのインターネット」（IoT：Internet of Things）と呼ばれています。それに対するNISCの対応はどのようなものでしょうか。

三角　2016（平成28）年8月に「安全なIoTシステムのためのセキュリティに関する一般的枠組」を決定、公表しました。

岡村　この「一般的枠組」の概要と、今後におけるIoTセキュリティの課題について教えてください。

三角　この「一般的枠組」は、今後IoT機器のますますネットワーク化が進むと見込まれるところ、自動車、医療機器、通信機器等の個別のIoT機器の分野において標準化するだけでは、サイバーセキュリティのみならず安全性、責任分界点などさまざまな課題で齟齬が発生しかねないことから、いわばメタ標準

6　2018（平成30）年7月閣議決定された新たなサイバーセキュリティ戦略では「戦略マネジメント層」と呼んでいる。

的なものとして提案しているものです。今後、こうしたものを国際標準の場などで議論するべきと考えています。また、十分なサイバーセキュリティ対策が施されないままIoT機器がネットワークに接続され、結果として、ボットネットの温床となってしまい、大規模攻撃の踏み台となるような状況にもなりつつあります。こうした状況への対応も今後重要になってくると考えています。

岡村 「一般的枠組」では、セキュリティ・バイ・デザイン（Security by Design）の思想の下で、検討の視点、基本原則、取組方針、留意事項について触れられています。この中では「基本原則」として多様な点が指摘されていますが、IoTシステムに係る情報の「CIA」の確保だけでなく、「モノの動作に係る利用者等に対する安全確保に必要な要件を明確化する」と指摘されているなど、新たな視点が明らかにされています。

さらに、機能保証の制定を含め、確実な動作の確保、障害発生時の迅速なサービス回復に必要な要件を明確化すること、その上で、接続されるモノおよび使用するネットワークに求められる安全確保水準（法令要求、慣習要求）を明確化すること、IoTシステムに関する責任分界点、情報の所有権に関する議論を含めたデータの取扱いのあり方を明確化することなどの点も指摘されており、IoT関連の企業にとっても大いに関係を有するものといえるでしょう。

9 おわりに──今後におけるサイバーセキュリティ基本法の課題

岡村 最後に、今後におけるサイバーセキュリティ基本法の課題について、ご意見をお聞かせください。また、企業の皆様に是非ご注意願いたいことについてもお願いします。

三角 サイバーセキュリティ基本法は、わが国のサイバーセキュリティ政策と対策の基本的事項を定めたものです。政府機関等については相当程度の統合的な対策等を進めることができるようになりました。また、民間企業等については、任意であることを前提に、政策推進に協力を依頼することなどができます。2020（令和2）年のオリンピック・パラリンピック東京大会を見据えると、さらなる情報連携の取組みが求められているといえます。そのための仕組み作りにつき、必要に応じて法改正も視野に入れつつ進めていくことも重要です。

その際、サイバーセキュリティ対策は目的ではなく、手段であること、目的はビジネスの継続や安全にあるべきと考えています。したがって、経営層においても、サイバーセキュリティに対する意識を高めていただき、官民連携をしっかりと進めていくことにご協力いただければと考えています。

岡村　本日は長時間にわたり、たいへんありがとうございました。ますます重要となるサイバーセキュリティが、この基本法の下で強化されることを願ってやみません。

第 1 章　II　サイバーセキュリティにおける「参加・連携・協働」

内閣官房内閣サイバーセキュリティセンター
副センター長・内閣審議官

山内智生　Tomoo Yamauchi

　2018（平成 30）年、新たなサイバーセキュリティ戦略が策定され、同年 12 月にサイバーセキュリティ基本法の改正法も成立し、それに基づき 2019（平成 31）年 4 月からサイバーセキュリティ協議会が組織されることになりました。それに伴い、サイバーセキュリティ戦略本部令も改正され、「サイバーセキュリティ基本法施行令」と名称も改められました。
　そこで、内閣官房内閣サイバーセキュリティセンターの副センター長である山内智生内閣審議官に、同センターが中心となって推進するサイバーセキュリティに関する取組みのうち、法令に関する動向等を中心にお話を伺います[1]。

1　はじめに

岡村　山内審議官は、2018（平成 30）年の夏から、内閣サイバーセキュリティセンター（NISC）の副センター長に就任され、わが国におけるサイバーセキュリティに関する施策の中心的な存在として、さまざまな取組みを行っておられます。NISC に着任される以前から、私も山内審議官と総務省の会議でご一緒しており、現在も NISC の会議でご一緒しているという関係から、ご多用のところ、本日も対談をお願いした次第です。最初に山内審議官とサイバーセキュリティの関わりについて簡単にご説明ください。

山内　私は元々総務省において ICT 政策に携わって参りましたが、NISC での

1　本対談は、2019（平成 31）年 2 月 21 日に収録した内容（NBL1142 号掲載）にその後の動向を取り入れて大幅に加筆修正したものである。

ポジションは、実はこれで3度目です。最初は、NISCがまだ「内閣情報セキュリティセンター」(旧NISC)だった頃に、重要インフラ担当の内閣参事官を務め、重要インフラのさまざまな事業者が情報共有を行う会議体である「セプターカウンシル」でC^{4}TAP^{2}という枠組みの立ち上げに携わりました。その後総務省に戻りましたが、現在のNISCへと改組された後に、基本戦略グループの参事官として、2018（平成30）年に策定されたサイバーセキュリティ戦略や、サイバーセキュリティ基本法の改正法案の閣議決定等に携わりました。そして、現在、本書第1章Ⅰにおける対談相手である三角の後任として、副センター長を務めております。

岡村 三角育生審議官は、現在、経済産業省のサイバーセキュリティ・情報化審議官とNISCの内閣審議官の双方を併任されています。なお、本書第4章では、三角審議官の前任として旧NISCの副センター長を務め、現在総務省情報通信基盤局におられる谷脇康彦局長とも対談をさせていただいており、何かとNISCの副センター長経験者と縁がある対談となっています。

2 新たなサイバーセキュリティ戦略

岡村 では、早速本題に入らせていただきます。2018（平成30）年7月にNISCが新たなサイバーセキュリティ戦略を策定し、同年12月にはサイバーセキュリティ基本法（以下「本法」といいます）の改正法「サイバーセキュリティ基本法の一部を改正する法律」が同年法律第91号として成立し、同年12月12日に公布されました。この対談では以下、「改正法」といいますが、改正法に係る法律案が国会に提出されたのは同年3月ですので、世の中に公開されたのは実は法律案の方が先でした。ただ、ここでは、正式に決定した時系列を基準として、まずは戦略についてお話を伺えればと存じます。新たなサイバーセキュリティ戦略に込められた基本的な考え方について概要をご説明いただけますか。

山内 新たなサイバーセキュリティ戦略は、サイバーセキュリティ基本法に基

---

2 Ceptoar Councils Capability for Cyber Targeted Attack Protectionの略。セプターカウンシルにおいて標的型攻撃が疑われるメールについて一定の情報を共有し、重要インフラサービスへの標的型攻撃の未然防止、もしくは被害軽減、サービスの維持、早期復旧を容易にすることを目指す取組みのこと。

づき策定される2回目の戦略となります。新たな戦略においては、サイバーセキュリティの基本的なあり方として、3つの観点から取組みを進めていくこととしています。1つ目は、サービス提供者の「任務保証」です。これは、官民を問わずあらゆる組織が、自らの遂行すべき業務・サービスを「任務」とし、その任務を着実に遂行するために必要となる能力および資産を確保するという考え方です。2つ目は、「リスクマネジメント」です。サイバー攻撃のリスクは決してゼロにはならないことを前提とした上で、事前にリスクを特定・分析・評価し、組織が有する資源を適切に分配することが大切です。そして、3つ目が「参加・連携・協働」です。個人はもちろん、それぞれの組織が平時から基本的な対策を講じる必要があります。また、自分たちだけでは十分に対処できない部分については、官民における情報の共有をはじめとした連携を行うなど、相互連携・協働を図る必要があります。このような活動は、サイバー空間における新たな公衆衛生活動としてとらえることもでき、この観点は、今後特に重要性が増すものと考えています。この3つの観点から、すべての主体がサイバーセキュリティに関する取組みを自律的に推進し、相互に影響を及ぼし合いながら、サイバー空間が持続的に発展する姿を、「サイバーセキュリティエコシステム」と呼称し、目指すべきサイバーセキュリティのあり方と位置付けております（**図表1-Ⅱ-1**）。その他、戦略ではさまざまな施策も挙げておりますが、すべての取組みの根底にあるのがこれら3つの観点と「サイバーセキュリティエコシステム」ということができます。

岡村 3つ目の「参加・連携・協働」の観点は特に重要であると私も考えます。今回の改正前のサイバーセキュリティ基本法16条においても、「多様な主体の連携」として、多様な主体が相互に連携してサイバーセキュリティに関する施策に取り組むことが挙げられており、この点は改正法でも変更されていません。

3　改正サイバーセキュリティ基本法

岡村　次に、先ほど本法の改正が2018（平成30）年12月に成立して公布されたと説明いたしました[3]。今回の改正法には、17条として、サイバーセキュリティに関する施策を推進するために官民のさまざまな主体が情報共有を行う

【図表1-Ⅱ-1】サイバーセキュリティエコシステム

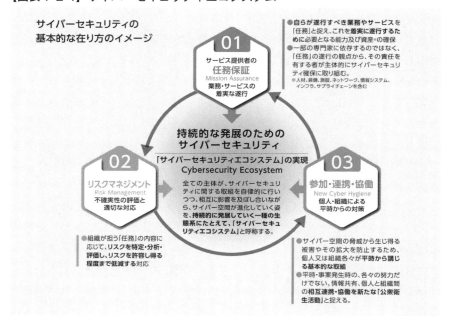

「サイバーセキュリティ協議会」に関する規定が新設されています。この対談では以下、これを「本協議会」といいますが、前述した16条の「多様な主体の連携」に続く17条として、本協議会に関する規定が新設されています。これは本協議会の理念の根底に16条があるということでしょうか。

山内 仰るとおりです。本協議会は、官民の多様な主体が連携してサイバーセキュリティ対策に資する情報の共有を図るためのものであり、多様な主体の連携を述べた16条の具体化な施策と位置付けることができます。

岡村 ありがとうございます。本協議会に関する改正法17条においては、まず1項に、本協議会の組織として、サイバーセキュリティ戦略本部長およびその委嘱を受けた国務大臣は、サイバーセキュリティに関する施策の推進に関し

3　その後、令和元年法律第11号によって、改正法33条に「学長」とあるのが「学長又は理事長」へと改正された（当該改正は2020（令和2）年4月1日施行予定）。

必要な協議を行うため、本協議会を組織するものとする、とあります。次に、2項として、本部長等は、必要と認めるときは、協議して、本協議会に、国の関係行政機関の長、地方公共団体、重要社会基盤事業者、サイバー関連事業者、大学その他の教育研究機関その他本部長等が必要と認める者を加えることができると定められています。「重要社会基盤事業者」については、3条1項で、「国民生活及び経済活動の基盤であって、その機能が停止し、又は低下した場合に国民生活又は経済活動に多大な影響を及ぼすおそれが生ずるものに関する事業を行う者」と定義されています。いわゆる重要インフラ事業者ですね。また、「サイバー関連事業者」については、7条で、「インターネットその他の高度情報通信ネットワークの整備、情報通信技術の活用又はサイバーセキュリティに関する事業を行う者」とされています。本協議会へ加入する者は、特にサイバー関連事業者については、相当に範囲が広いように思いますが、具体的にはどういった方々の加入を想定されているのでしょうか。

山内 ご指摘のとおり、サイバー関連事業者の範囲はかなり広範ですが、本協議会へ加入する者としては、主に、セキュリティに関する事業を行っている者、いわゆるセキュリティベンダーの方々を念頭に置いております。

岡村 改正法17条は3項で本協議会の構成員に対する協力の求めと、当該求めについての構成員の応答義務、4項で本協議会の事務に従事する者の守秘義務、5項で本協議会の庶務を内閣官房が処理すること、6項で本協議会の組織および運営に関することを本協議会で定めると規定しています。法文の中には情報共有という文言はありませんが、本協議会は、先ほど挙がった官民を含めた多様な主体がサイバーセキュリティに関する情報共有を行うことを主たる目的にしていると理解しています。改めて、この改正法の趣旨や意義をご説明ください。

山内 サイバーセキュリティの確保は、本来、各組織が自主的に取り組むべきものですが、サイバー攻撃がますます複雑化・巧妙化する中、被害組織が単独で有効な分析を行い、確証をもって効果的な対策を迅速に講じることに限界が生じてきており、また、被害組織等から他の組織へ迅速な情報共有が行われなければ、攻撃手口や対策手法等を他組織が知ることができず、同様の手口によるサイバー攻撃の被害がいたずらに拡大するおそれがあることも否定できませ

ん。そのため、サイバーセキュリティに関する情報を一定のコミュニティの中で共有する動きが一層活発化しています。いくつか例を挙げますと、独立行政法人情報処理推進機構（IPA）は、標的型メール攻撃に関する情報共有として、「J-CSIP（ジェイシップ）」を実施しておりますし、民間の各業界においても、自主的な情報共有を行う組織である「ISAC（アイザック）」が徐々に増加しています。たとえば、すでに立ち上がっているものとしては、通信分野の「ICT-ISAC」、金融分野の「金融ISAC」、電力分野の「電力ISAC」等が挙げられます。これらの体制はその目的に照らし着実に運営されている一方、事業者からは、一定の課題があるため情報を出しづらいという意見も見られました。そこで、本協議会については、情報共有に関して法的に解決できる課題を除去する観点から法的措置を行い、本協議会において、迅速にサイバーセキュリティに関する情報を共有することにより、サイバー攻撃による被害を予防することおよび被害拡大を防止することを目指しています。ご指摘のとおり、法文には情報共有という文言は出てこないのですが、本協議会の活動内容であるサイバーセキュリティに関する施策を推進するための必要な協議の中に、情報共有活動に関することが含まれています。

岡村　本協議会に関する条文はこの17条のみと言ってよく、非常にシンプルですね。山内審議官がご指摘になった、事業者が抱える課題と、対応する法的措置についてご説明ください。

山内　1点目として、提供した情報が適切に取り扱われず、提供者名等が漏れてしまうおそれがあるという課題がありました。そこで、改正法においては、本協議会の事務に従事する者等に対し、罰則付の守秘義務を課すことによって、本協議会における情報の適正な取扱いを担保することとしています。本協議会の活動の中核となる連絡調整事務機能を政令指定法人に担当させることも、提供者名等が漏れてしまうおそれを防ぐための方策です[4]。

4　改正法26条1項4号として、サイバーセキュリティ戦略本部の所掌事務に「サイバーセキュリティに関する事象が発生した場合における国内外の関係者との連絡調整に関すること」が新設され、同号の事務の一部は改正法31条1項2号によって「政令で定める法人」（政令指定法人）への委託対象とされた。これを受けて、当該法人について、平成31年政令第37号による改正サイバーセキュリティ基本法施行令5条は、一般社団法人JPCERTコーディネーションセンターとすると新たに規定した。これによって同一般社団法人が本協議会の活動の中核となる連絡調整事務機能を担当することになった。

次に、2点目として、機微な情報を法的根拠なく提供すると、他の法律、たとえば個人情報の保護に関する法律（以下「個人情報保護法」といいます）等に抵触するおそれがあるという課題がありました。そこで、改正法においては、本協議会が必要と判断した場合の情報提供等の協力の求めと、それに対し、正当な理由がない限り応じなければならないという応答義務を課しています。我々はこれを情報提供義務と呼んでいますが、このような規定を措置することで、この情報提供義務が適用され、情報を何でも吸い上げられることにならないかというご懸念も考えられます。この点については、情報提供義務を実際に課す局面について、「大規模なサイバー攻撃」「同意がある場合」等に限定することとしております。

岡村　1点目の守秘義務については改正法17条4項、2点目については同条3項の協力の求めですね。今挙げられた個人情報保護法との関係で補足させていただくと、改正法17条3項に基づく本協議会の求めに応じて個人データを含む情報を提供する場合は、個人情報保護法23条1項1号の「法令に基づく場合」の個人データの提供として、本人の同意なく第三者提供を行うことができるという整理であると理解しました。ただ、「法令に基づく場合」であっても、本人のプライバシーへの配慮が必要であると考えますが、この点はいかがでしょうか。

山内　承知しております。我々としても、法的な根拠さえあれば何でも提供してよいとは考えておりませんし、サイバーセキュリティの確保のために個人データを大量に収集する必要もありません。具体的な運用については事例を踏まえて確立していくこととなりますが、個人の権利利益を十分に保護し、プライバシーに配慮することを前提としながら、本協議会による情報提供等の協力の求めの手続や方法を検討したいと考えております。

岡村　ありがとうございます。他法に関わる部分については、当該法令の所管課との関係もあると思いますが、いずれにせよ適切な運用を検討いただければと思います。さて、先ほど山内審議官から、法的に解決できる課題を取り除くというご発言がありましたが、他にも解決すべき課題があるということでしょうか。

山内　ご指摘ありがとうございます。今挙げた課題のほか、情報共有に関して

運用上解決すべき課題がいくつか挙げられると考えております。この解決すべき課題は、構成員となる事業者の皆様全般が持ちうる懸念や不安と、情報提供の核となる専門機関・セキュリティベンダが直面する課題という2つの側面がありますので、それに沿ってお話しさせていただきます。

1つめの側面として、事業者の皆様全般が持ちうる懸念の中で大きいものは、情報共有は信頼関係を基礎とするものであり、信頼できる者以外には情報を出せないという点が大きいところです。これについては、情報提供者が共有範囲を選択でき、当該共有範囲は勝手に変更できないこととしたほか、本協議会の構成員間における信頼関係を醸成するための方策を検討していきたいと考えています。これに関連して、任意の相談をしたせいで、監督官庁等に処分されてしまうおそれはないかというご懸念をお持ちの方もおられるかもしれませんが、「情報提供者は、監督官庁等を情報の共有範囲から除外可」という方法で対応しています。

上記の点は規約で明記しているのですが、規約それ自体が恣意的に変えられて結局は情報を何でも取られてしまうのではないかという懸念を持たれる方もいらっしゃいます。しかし、規約の改正は、民間企業等を含む全構成員で構成する協議会の「総会」による多数決で行うこととなりますので、恣意的な改正はできない仕組みとなっております。

その他、規約の中で定めていることは多岐にわたりますが、協議会への参加に伴って発生する義務や負担は最小限のものにとどめるとともに、規約の中で当該義務は負担の具体的範囲を明確化することとしております。

2つ目の側面として、専門機関、セキュリティベンダが直面する課題ですが、大きく3つあると思っています。

1つ目は、まだ確証が得られていない分析内容等を自社の外部に提供することが難しいという点です。そして、2つ目は、情報を提供してもそれに対するフィードバックがないという点、3つ目は一方的な情報提供だと不公平であり、「ただ乗り」する者が出てきてしまうという点です。守秘義務、協力義務を含む他の事項は、情報提供のデメリットを除去するもので、これらも情報共有を促進する上では不可欠ですが、情報共有を行うことの直接のインセンティブにはなりませんので、法律で定めた義務のほか、これら3つの課題については運

用として、規約の中で解決を図る必要があります。

岡村 改正法17条6項により、本協議会の組織運営に関することは本協議会が定めるとされておりますので、今山内審議官が仰った事項は、本協議会が定める規約等の運用ルールの中で措置されているということですね。では、後者の点、専門機関・セキュリティベンダが直面する課題に対処するための仕組みについて教えてください。

山内 サイバー攻撃は複雑化、巧妙化していますので、プロのセキュリティベンダ・専門機関等のみなさんですら、早期に自社単独で有効な分析を行い、確証をもって効果的な対策情報等を迅速に作出することには限界が生じてきています。本来は、プロ同士が、より早いタイミングで、お互いに信頼し合って分析を提示し合い、答え合わせをすることができれば、確度の高い対策情報等をより迅速に作出し、国の行政機関、地方公共団体、重要社会基盤事業者等に対し、より早いタイミングで、有用な情報の共有が可能となるはずです。

そこで、1つ目の課題に対しては、まだ確証が得られていない段階でも、罰則により担保された強い守秘義務が適用されるという本協議会の特徴を最大限に活かし、本協議会内部に、高度な信頼関係を前提とする少数の有志による特別なタスクフォースを設置し、タスクフォース参加者の中だけで、未確証の分析内容など密度の濃い情報を相互に情報交換を行うこととしています。2つ目、3つ目の課題に対しては、このタスクフォース内では、「ただ乗り」を防止してギブアンドテイクの情報共有を図るとともに、提供した情報に対し必ずフィードバックを得られる仕組みを設けています。

以上のように、情報提供を行うことのメリットを増加させることにより情報共有を促進し、タスクフォースを中心に、協議会発の対策情報等の迅速な作出、共有の実現を図ることとしております。

岡村 ありがとうございます。タスクフォースに参加する方々が本協議会において共有される情報を生み出す核となるということですね。そうすると、本協議会の構成員は、少なくともタスクフォースに参加する構成員とそうでない構成員とで分かれるわけですが、本協議会構成員の分類と相違点についてご説明いただけますか。

山内 まず、ご指摘のとおり、タスクフォースに参加しない一般の構成員と、

タスクフォースに参加する構成員とに分かれます。そして、タスクフォースに参加する構成員は、「第一類構成員」と「第二類構成員」に分類されます。

　まず、第一類構成員は、自組織単独ではまだ確証を得るに至っていない専門的な分析内容等を積極的に提供し合い、具体的な対策情報等を作出するという役割を担うこととなります。メリットとしては、他では得ることができない機微な情報を入手できること、そして、タスクフォース内で入手した情報を自らの顧客等のサイバーセキュリティ確保のために活用することができることが挙げられます。特に2点目については、第一類構成員に対してのみ認められる特例となっています。

　次に第二類構成員は、第一類構成員から共有された対策情報等に対してフィードバックを行い、第一類構成員による対策情報等の精度向上等に積極的に協力するという役割を担うこととなります。メリットとしては、一般の構成員より早く対策情報を受領できるので、早期に対策を行うことができるということが挙げられます。ただし、まだ確度が低い情報となるため、一定の分析力や知見が必要です。

　そしてタスクフォースに参加しない一般の構成員については、通常は、もっぱらタスクフォースからの情報を受領し、自組織の対策に活用するという役割を担うこととなります。メリットとしては、タスクフォースにおいて作出された協議会発の情報を得られるという点が挙げられます。

　以上をまとめると、第一類構成員は、自ら情報をどんどん出していく方々、第二類構成員は、自ら情報を出すことまでは難しいが、第一類構成員が出した情報に対してフィードバックを行う方々、一般の構成員は、もっぱら情報を受け取る方々という役割分担となっています。その他詳細については、**図表1-Ⅱ-2**をご覧ください。

岡村　ありがとうございます。協議会の中でも構成員の区分によって役割が分かれてくるということですね。具体的には、どのような活動を行うことになるのでしょうか。

山内　今申し上げたとおり、まずは第一類構成員の中で、お互いに自組織単独ではまだ確証を得るに至っていない情報を内々に持ち寄り、相互にフィードバックすることで分析の確度を高め、対策情報等を他の構成員に展開すること

第1章 Ⅱ サイバーセキュリティにおける「参加・連携・協働」

【図表1-Ⅱ-2】構成員の分類と、それらの相違点

構成員の分類	役割	要件	義務の適用（守秘義務 / 情報提供義務）	メリット
第一類構成員 ※政令指定法人JPCERT/CCとともに「第一類構成員G」を構成（タスクフォースを構成）	自組織単独ではまだ確証を得るに至っていない専門的な分析内容等を積極的に提供し合い、具体的な対策情報等を作出していく。	他の第一類に対する専門的な見地からのフィードバックに加え、自らも、自組織で収集・分析したオリジナル情報（まだ他には提供していないもの）を積極的に提供する意欲と能力を有すること　※タスクフォースには、原則、外資系法人等は参加できない（長年にわたり高度の信頼関係等を有するものとして特別の承認を得たものを除く）	○被害組織名が判明できないようマスキングの上、被害状況や攻撃手法等は濃密に情報共有　○大規模サイバー攻撃に限らず、専門的な見地からのフィードバックに加え、自らもオリジナル情報を提供する義務が適用	①他では得ることができない機微な情報を入手できる。②TFで入手した情報は自らの顧客等のサイバーセキュリティ確保のために活用することができる特例（②は第一類のみ認められる特例）
第二類構成員（タスクフォースを構成）	第一類構成員Gから共有された対策情報等に対しフィードバックを行い、第一類構成員による対策情報等の精度向上等に積極的に協力する。	第一類構成員Gからの対策情報等に対して、迅速にフィードバックを行うこと（「来ている」「来ていない」「わからない」といった端的なものも可）	○被害状況の詳細は開示せず被害の有無のみ、攻撃手法等に応じて対策に必要な情報等に絞り込んで情報共有　○大規模サイバー攻撃に限らず、端的なフィードバックを行う義務が適用	一般の構成員より対策情報を早く受領するので、早期に対策を行うことができる。（ただし、確度が低いため、自己責任での判断となる。一定の分析力や知見が必要。）
一般の構成員	通常は、専らタスクフォースからの情報を受領し、自組織の対策に活用する。　※例外的に、大規模なサイバー攻撃等の場合は、情報提供にも協力する	協議会の目的及び活動内容に賛同すること等	△一般構成員に秘密となる情報を頻繁に共有することは想定しておらず、まあらか必要な情報を受領しない設定も可能　△大規模サイバー攻撃の場合に限定的に適用　基本的に第二類と同様の端的なフィードバックで足りる運用を想定	タスクフォースが作成した対策情報（パッチの適用等）が得られる　※このうち機微な情報は構成員限り（転送禁止）として共有することがある。例えば踏み台サーバーのURL情報。また、直感的な違和感といった早期の段階であっても、希望すれば、守秘義務の下、安心して情報提供や相談を行うことができる

出典：内閣サイバーセキュリティセンター「サイバーセキュリティ協議会について」

となります。その過程で、まだ確証を得るには至っていない情報を第二類構成員に提供してフィードバックを得ることで、分析の確度をさらに高めるということも行います。

これが本協議会において想定している情報共有活動の基本ではありますが、その他、協議会は、事業者の皆様が、具体的な被害が発生しておらず、「いつもと何か違う」といった直感的な違和感が生じた段階であっても、気軽に相談を受け付け、それに対応させていただきたいと考えております。その他本協議会の具体的な活動については、**図表1-Ⅱ-3**をご覧ください。

岡村 ありがとうございます。本協議会は、2019（平成31）年4月に立ち上がっておりますが、どのような活動状況となっていますか。

山内 2019（平成31）年4月1日の立ち上げ時に、協議会の規約等のルールを制定し、第一期構成員の入会申込の受付を開始し、5月17日に第一期の構成員を決定しました。第一期の構成員は、全部で91者となりました。構成員名簿

【図表 1-Ⅱ-3】 サイバーセキュリティ協議会の活動イメージ

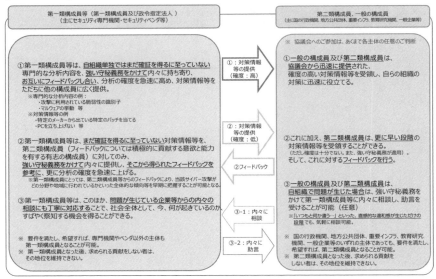

出典：内閣サイバーセキュリティセンター・前掲書

を公開しておりますので、詳細はそちらをご参照ください。

続いて、5月の下旬から、まずは少数のメンバー、具体的には第一類構成員の一部で試験的な運用を開始しました。というのも、官民の多様な主体からなる構成員が一斉に運用を開始すると、現場が混乱するおそれがあったからです。少数メンバー内での試験的な運用ではありましたが、すでに一定の成果が出始めております。

そして、多数の主体に対して情報共有を行うためには、まずは情報が正しく流通するかどうかの試験を行う必要がありますが、8月末までに、情報流通試験を順次実施し、試験的な運用の対象をすべての構成員に拡大し、現在に至るという状況です。

9月13日から27日まで第二期構成員の募集を実施しましたが、今後、申込みを踏まえ、10月頃に第二期構成員を確定させたいと考えております。

4 サイバーセキュリティ関係法令集

岡村 改正法の話を一通りさせていただきましたので、話題を変えて、サイバーセキュリティと法律に関するNISCの他の取組みをご説明いただきたいのですがいかがでしょうか。

山内 いくつか前置きをお話しする必要があるので、まずは組織的な説明からさせていただきます。我々NISCは、内閣に設置されたサイバーセキュリティ戦略本部の事務局を務めておりますが、同本部は、サイバーセキュリティ戦略本部令2条に基づき、専門調査会を設置することができます。これに基づき、現在、重要インフラ専門調査会、研究開発戦略専門調査会、普及啓発・人材育成専門調査会の3つが設置されております。各専門調査会はワーキンググループ（WG）を置くことができるのですが、普及啓発・人材育成専門調査会の下に、セキュリティマインドを持った企業経営WGが置かれています。岡村先生には当該WGに委員としてご参加いただいているところです。いつもお世話になっております。

岡村 いえ、こちらこそお世話になっております。

山内 以上が前置きですが、近年、サイバーセキュリティに関する法令が増加を続けており、事業者が適切にサイバーセキュリティ対策を講じるためには、こうした法令の知識が不可欠と言っても過言ではない状況にあります。一方で、サイバーセキュリティに関する法令の規定は、体系的に存在しておらず、各法令に散在的に存在しています。これらを取りまとめ、解説を施した資料が少ないため、全体像を迅速かつ適確に把握することが難しい状況にあります。このような状況で、サイバーセキュリティの関係法令をまとめた法令集が欲しいという声を多く聞き、それを踏まえ、新たなサイバーセキュリティ戦略においても、経営層にわかりやすくサイバーセキュリティ対策を訴求するための施策として、企業がサイバーセキュリティ対策の実施において参照すべき法制度に関する整理を行うこととされました。この戦略の記載も受けて、2018（平成30）年10月に開かれた普及啓発・人材育成専門調査会において、サイバーセキュリティ関係法令集の策定や、必要に応じてサイバーセキュリティに関する法的課題について調査検討等を行うことを目的として、セキュリティマインド

を持った企業経営WGのさらに下に、「サイバーセキュリティ関係法令の調査検討等を目的としたサブワーキンググループ」[5]を設置することが承認されました。岡村先生には、こちらの委員も務めていただいております。2019（平成31）年2月8日に第1回会合[6]を開きました。主に法律家の方々から構成された委員[7]のうち、情報セキュリティ大学院大学の林紘一郎先生を主査とし、岡村先生を副主査として活動を開始いたしました。では、検討の方針等については岡村先生からご説明いただいてもよろしいでしょうか。

岡村 この対談では、このサブワーキンググループを「本SWG」と略称しますが、その副主査として、私からいくつか補足させていただきます。まず、サイバーセキュリティの関係法令を取りまとめた資料がまったくなかったというわけではありません。厳密に「サイバーセキュリティ」という単語であればそうした資料はありませんが、サイバーセキュリティ基本法が存在しなかった頃、2009（平成21）年に経済産業省が「情報セキュリティ関係法令の要求事項集」[8]という資料を取りまとめて公表しました。なお、私は、この要求事項集を作成するに当たって設置された「情報セキュリティ関連法律上の要求事項検討WG」の主査を務めておりました。この要求事項集は、企業の情報セキュリティに関する法令遵守上の課題を解消し、効率的な情報セキュリティ対策・法令遵守を後押しすることを目的に作成したもので、企業が情報セキュリティ対策を進める上で有用となる法的論点について検討を行い、基本的な考えと解説をまとめたものとなっております。ただ、これは約10年前の資料であり、その後サイバーセキュリティ基本法の成立をはじめとして、さまざまな法律が成立し、また、改正されております。今回NISCが目指す法令集は、そうした新しい法令を反映することは必須であろうと考えております。

山内 第1回の会合で、委員の皆様から大変参考になるご意見をたくさんいただきましたが、多くの委員から、サイバーセキュリティに関する規定が本当にさまざまな法令の中に散在しているため、こういった取組みは重要であると

---

5 https://www.nisc.go.jp/conference/cs/jinzai/wg/subwg/index.html
6 https://www.nisc.go.jp/conference/cs/jinzai/wg/subwg/index.html
7 https://www.nisc.go.jp/conference/cs/pdf/subwg-meibo.pdf
8 http://www.meti.go.jp/policy/netsecurity/docs/secgov/2009_JohoSecurityKanrenHoreiRequirements.pdf

言っていただけたのが非常にありがたく思いました。

　その後、6月6日に第2回、7月2日に第3回、9月5日に第4回を開催させていただきましたが、その中で、岡村先生を含め委員の先生方からの意見を踏まえ、成果物となる法令集の形式はもちろん、従来からアップデートすべきトピック、新規に盛りこむべきトピックなど、どういった内容を成果物に盛り込んでいくかが概ね固まったと考えております。サイバーセキュリティに関わる多様なテーマが多種の法令にわたって含まれており、良いものを作ることができるのではないかと考えています。

　いよいよ具体的に作成する段階となってまいりますが、ドラフトの執筆については、本SWGの下に設置された若手の弁護士の先生方で構成されるタスクフォース[9]において担っていただくこととなります。

　本SWGの次回、第5回の開催は2019（令和元）年11月頃を予定しておりますが、それまでにドラフトを完成させ、年内ぐらいに成果物を出せれば、と考えているところです。

岡村　この対談においても、さまざまな所管省庁に関連するテーマを取り扱ってまいりましたが、山内審議官が仰るとおり、本当にさまざまな法令の中にサイバーセキュリティに関する規定が散在しています。この取組みを進めるためには、法律を所管している各省庁の協力が不可欠と考えています。本SWGは、前回の経産省単独の取組みとは異なり、各省庁間の総合調整を行う内閣官房NISCが行うことに一つの大きな意義があると思いますので、是非、関係省庁の協力を得ながら、良いものを作っていただきたいと思いますし、私も副主査として協力したいと思います。

5　サイバーセキュリティの普及啓発について

岡村　NISCでは、サイバーセキュリティに関するさまざまな普及啓発の施策の推進も行っておられますね。サイバーセキュリティ基本法22条2項（改正法23条2項）においても、国がサイバーセキュリティに関する啓発および知識の普及を図るための行事を実施することとされており、新たなサイバーセキュ

9　https://www.nisc.go.jp/conference/cs/pdf/subwg-tf-meibo.pdf

リティ戦略においても、さきほど山内審議官からご説明のあった、「参加・連携・協働」の観点から、全員参加による協働に関する施策が記載されています。最近の普及啓発に関する取組みについてご説明ください。

山内 サイバーセキュリティに関する普及啓発は、NISCが力を入れている分野の一つです。最近インフルエンザが流行っておりましたのでそれに喩えますと、日頃から、皆さんは石鹸で手を洗い、うがいをする等して健康管理を行っているものと思います。流行が始まると、個人での対応、病院での対応、治療に加え、保健所からの警告が出ます。そして、感染が拡大した場合には、都道府県、政府が対策を講じることになります。サイバーセキュリティにおいてもこうした体制を作り、さらに強化していこうとしていますが、このような体制があることを念頭に、関係する方々が行動することも重要です。サイバーセキュリティについては、個々の対策も重要ですが、「参加・連携・協働」という観点も重要であり、皆さま自身がサイバーセキュリティにおける当事者であるということを我々としては訴えかけていきたいと思っています。さて、このような動きに関するNISCにおける最近の取組みとして、「サイバーセキュリティ意識・行動強化プログラム」[10]と、NISCで発行している「インターネットの安全・安心ハンドブック」をご紹介したいと思います。

岡村 サイバーセキュリティの普及啓発は重要ですね。私も職業柄多くの民間企業の方と接する機会があります。サイバーセキュリティに関しては、一昔前に比べれば、かなり意識が高まってきたと感じますが、すべての企業が万全の取組みを行うことができているかというと、必ずしもそうではないという印象です。

山内 まさに岡村先生が仰ったとおり、中小企業では、特に規模の小さい企業ほど、担当者が置かれないなど取組みが遅れているという現状、また、個人に関しても、AIやIoT機器が生活の中に浸透してきたことに伴い、インターネットへの不安感が拡大する一方、具体的な対策の実施に結びついていない現状があります。こうした現状の認識を踏まえ、サイバーセキュリティ戦略本部は、2019（平成31）年の1月に「サイバーセキュリティ意識・行動強化プログラム」

---

10 https://www.nisc.go.jp/active/kihon/pdf/awareness2019.pdf

を決定しました。このプログラムでは、現状において、対策に関する情報が国民一人ひとりや中小企業等に必ずしも行き届いていない、いわば「サイバーセキュリティのラストワンマイル」という状況を踏まえ、①基本的な対策を継続的に伝えていくこと、②若者や高齢者、中小企業や自治体といったターゲットに合わせて適切なツール・コンテンツを提供すること、③官民の関係者間の連携を強化することの3つの視点から取組みを進めることとしています。これらの視点に基づき、特に、③の関係で、NISCをはじめとした関係機関が連携して、この「ラストワンマイル」に情報が行き着くように、官民のさまざまな取組みを集約するポータルサイトを構築し、官民の取組みを随時追加するとともに、必要に応じて関係者と連携して取組みの強化を図っていきたいと考えております。

岡村 確かに、現状においては、NISCはもちろんのこと、官民を含むさまざまな機関がサイバーセキュリティに関する取組みを進めており、この分野に明るくない個人や中小企業の方々からすれば、見るべき場所が多すぎて何を見たら良いのかわからないという声も聞かれるところで、情報を取得するためのハードルが高いという印象があります。各々の主体が実施する取組みを集約したポータルサイトがあれば、情報の取得に対する心理的な障壁が排除されるのではないかと思います。

6 インターネットの安全・安心ハンドブック

山内 NISCが行っている普及啓発の取組みとして、是非ご紹介したいのが「インターネットの安全・安心ハンドブック Ver4.00」です（**図表1-Ⅱ-4**）。従来は、「ネットワークビギナーのための情報セキュリティハンドブック」という名称で公開しておりましたが、「ネットワーク」や「セキュリティ」という単語が入っていると身構える方がいらっしゃるのではないかということと、初めて学ぶ方にも親しんでいただけるよう、このような名称にさせていただきました。初心者にも理解しやすいよう、各ページにイラストを使用しながら、身近な話題から情報セキュリティに関する基本的な知識を学んでいただくことを目的としたものです。

岡村 「情報セキュリティハンドブック」だった頃から拝見させていただいて

【図表1-Ⅱ-4】インターネットの安全・安心ハンドブック

（表紙） （内容）

おりましたが、これだけ内容が充実したものを無料で、しかも国が公開しているというのは、本当に素晴らしい取組みだと思います。

山内 ハンドブックについては、NISCのWebサイトで公開[11]していますが、Web公開はもちろん、電子書籍、iOS版やAndroid版といったスマートフォン用のアプリとしても配信しておりますので、是非一度ご覧いただければと思います。

このハンドブックは一般の方々に向けたものではありますが、さらに、小規模な事業者や、セキュリティ担当者を置くことが難しい企業及びNPO向けにサイバーセキュリティを解説した、「小さな中小企業とNPO向け情報セキュリティハンドブックVer.1.00」も2019（平成31）年4月に公開[12]させていただき

---

11 https://www.nisc.go.jp/security-site/handbook/index.html

ました。こちらについても是非ご覧いただければと思います。

7 結びに

岡村 最後に、サイバーセキュリティ政策に関する今後の課題、また、普及啓発に関する今後の課題をお聞かせください。

山内 2019（令和元）年はG20やラグビーワールドカップ、そして来年には2020年東京大会が控えていますので、これらに万全を期すことが大きな課題と認識しています。

　特に2020年東京大会については、改正法に基づく本協議会のほか、大会の運営に大きな影響を及ぼし得る重要サービス事業者等を対象としたリスクマネジメントの促進や、サイバーセキュリティ対処調整センターの構築など対処態勢の整備を行っておりますので、こうした取組みをしっかりと進めていくことが重要であると考えています。

　また、普及啓発関係では、やはり中小企業や若年層の方々の取組みが遅れてしまっている、いわば「サイバーセキュリティのラストワンマイル」という状況が課題であると考えております。普及啓発に関する施策を推進し、この状況を解消していきたいと考えています。

岡村 本日はご多用のところ、誠にありがとうございました。

12　https://www.nisc.go.jp/security-site/blue_handbook/index.html

第2章　自治体情報セキュリティ

前総務省大臣官房審議官・地域情報化担当
(2019年11月現在は地方職員共済組合理事)

猿渡知之　Tomoyuki Saruwatari

　行政の情報化は中央省庁だけでなく地方公共団体（自治体）にとっても進展が急がれているテーマです。その半面、番号利用法（行政手続における特定の個人を識別するための番号の利用等に関する法律）の全面施行との関係上、また、サイバーセキュリティ基本法の制定・改正等を踏まえて、自治体の情報セキュリティ強靱化も避けては通れない重要な課題となっています。

　そこで、総務省の自治行政局の地域情報化担当・猿渡知之審議官（当時）に、自治体情報セキュリティへの取組みについて、最新動向をお聞きします。この取組みは民間部門の企業等にとっても、自治体とやり取りする際に知っておかなければならない事柄というだけでなく、自社グループのセキュリティ対策を講じる際にも大いに参考になるはずです[1]。

1　自治体情報セキュリティの位置付け

岡村　猿渡審議官は総務省で長年にわたって電子自治体の推進に尽力してこられました。最初に、総務省における自治体の情報化に関する施策の概要についてご説明ください。

猿渡　自治体では、多くの個人情報を扱いながら基本的な行政に取り組んでいることから、情報システムや情報通信の技術の進歩を取り込みながら、住民の利便性の向上と情報セキュリティの充実を進めてきました。

　このため、総務省では、個人情報保護条例の制定の支援、「地方公共団体における情報セキュリティポリシーに関するガイドライン」の策定等を行うとと

1　本稿は、2017（平成29）年7月6日に行われた対談（NBL1105号掲載）に加筆修正を加えたものである。

もにオンライン上での個人の本人確認に資するための公的個人認証サービスの構築や進化する各地のデータセンターを活用した自治体クラウドの推進などに取り組んでいます。さらには遠隔医療モデル、児童見守りシステム導入、観光・防災 Wi-Fi ステーション整備など地域 ICT 振興に関する各種施策にも総務省は積極的に取り組んできました。

岡村 電子自治体等の推進に伴って自治体情報セキュリティが特に重要になります。その点に関して総務省では、自治体の情報セキュリティに関するガイドラインを策定されていますが、その狙いなどをご説明ください。

猿渡 自治体は、その保有する情報資産を自ら責任を持って確保すべきものとして位置付けられています。すでに多くの自治体が組織の実態に応じて情報セキュリティポリシーを自主的に策定していますが、実効性確保のため、ポリシーの評価・見直しを行うことによって対策レベルを高めていくことが求められてきました。

そこで、総務省は、その参考となるものとして 2001（平成 13）年に「地方公共団体における情報セキュリティポリシーに関するガイドライン」を策定して、情報セキュリティ対策基準の例文も添付しました。また、2003（平成 15）年に「地方公共団体における情報セキュリティ監査に関するガイドライン」も監査チェックリストとともに策定して、自治体のセキュリティ対策に取り組んできました。これらは総務省サイトに掲載されています。

岡村 「行政手続等における情報通信の技術の利用に関する法律」の 9 条は、「地方公共団体は、地方公共団体に係る申請、届出その他の手続における情報通信の技術の利用の促進を図るため、この法律の趣旨にのっとり、当該手続に係る情報システムの整備及び条例又は規則に基づく手続について必要な措置を講ずること」に努めなければならないが、国は、地方公共団体が実施する前項の施策を支援するため、情報の提供その他の必要な措置を講ずるよう努めると定めています。条例等に基づく手続については、同法 8 条 2 項（安全性及び信頼性の確保）の趣旨にのっとり、地方公共団体は情報セキュリティポリシーの策定や見直しを行うことが求められているとしていますね。

猿渡 はい。そのため、これらのガイドラインは数次にわたって改定されてきましたが、2013（平成 25）年に番号利用法が制定され、自治体が重要な役割を

担当することになりました。個人情報保護委員会の「特定個人情報の適正な取扱いに関するガイドライン（行政機関等・地方公共団体等編）」も、別添の「特定個人情報に関する安全管理措置（行政機関等・地方公共団体等編）」を含めて遵守が求められています。また、2014（平成26）年に成立したサイバーセキュリティ基本法は、5条で、地方公共団体は、国との適切な役割分担を踏まえて、サイバーセキュリティに関する自主的な施策を策定し、および実施する責務を有するものと定めています。

　以上の状況を踏まえ、2015（平成27）年3月に、これらのガイドラインを一部改定しています。

2　自治体情報セキュリティ対策検討チームの設置

岡村　こうした中で総務省に「自治体情報セキュリティ対策検討チーム」が2015（平成27）年7月から設置され、猿渡審議官が大きな役割を果たされました。私も構成員として加わりました。このチームで取りまとめられた内容が現在の自治体情報セキュリティのベースとなっています。この取組みが開始された背景について、ご説明ください。

猿渡　前述したガイドラインの改定後、自治体におけるマイナンバー（個人番号）制度の施行を間近（2015（平成27）年10月5日）に控えた同年6月1日に、日本年金機構における個人情報流出事案が発生したことが重大な契機となりました。特に125万人分の個人データがインターネット上に流出したとの報道は衝撃でした。そこで、自治体としても抜本的な対策を構築していこうということになったわけです。

岡村　外部から送付された不審メールに起因する不正アクセスにより、それらの外部流出が判明し、その後の調査で「標的型攻撃」を受けたことが主な原因であると確認されていますね。

　標的型攻撃とは、ターゲットとする組織の構成員を宛先としたコンピュータウイルス添付メールを、知人からのものと装うなどして送り付けて感染させるという手口のサイバー攻撃です。情報漏えいなどの手段として用いられています[2]。コンピュータウイルスを感染させる行為は日本では刑法犯の対象ですが、実際には標的型攻撃は海外からの攻撃も多く、摘発は容易ではありません。

猿渡　日本年金機構の事案は、多くの住民情報を扱う自治体にとって改めて重大な警鐘となり、現実問題として、まずは各自治体として被害を受けないよう防御するという側面が重要だと考えられました。ところがその後、長野県の上田市でも標的型攻撃のセキュリティ事案が発生していたことが判明し、自治体としてもすでにそのリスクは存在しているとの前提で、早急に緊急時の対応体制等の充実を図りながらシステム・ネットワークの総点検を行うことが求められました。その上で、自治体における情報セキュリティに係る抜本的な対策の構築が必要であるとして、専門家や自治体担当者を招いて、この検討チームを開催することになりました。

3　自治体情報セキュリティ対策検討チーム中間報告

岡村　このような経緯によって急ピッチで検討作業が進められ、まず、同年8月12日付けで「自治体情報セキュリティ緊急強化対策について～自治体情報セキュリティ対策検討チーム　中間報告～」が公表されました。その概要についてご説明をお願いします。

猿渡　まずは早く緊急強化対策を取りまとめるという意味で「中間報告」と題されています。図表2-1のとおり、「組織体制の再検討、職員の訓練等の徹底」、「インシデント[3]即応体制の整備」、「インターネットのリスクへの対応」という三本柱を骨子としており、それらを自治体が円滑に実施できるよう、必要な措置を講じることが総務省の役割であるとしています。

岡村　第一の「自治体における組織体制の再検討、職員の訓練等の徹底」は、どのような内容のものでしょうか。

猿渡　これは「CISO・CSIRTの設置等」、「インシデント連絡ルートの再構築（多重化）」、「緊急時対応計画の見直しと緊急時対応訓練の逐次実施」と「特に標的型攻撃に対する対策の徹底」から成り立っています。

　まず、「CISO・CSIRTの設置等」ですが、最高情報セキュリティ責任者

---

[2]　標的型攻撃は、別のサイバー攻撃や迷惑メール送信のためのボット化などの手段としても用いられる。ボットとは、インターネットを介して感染端末を手先として自由に操る手口である。
[3]　インシデントとは、ISO 22300:2012（Societal security―Terminology）によって「中断・阻害、損失、緊急事態または危機になり得るまたはそれらを引き起こし得る状況」として定義されているセキュリティ用語である。

【図表2-1】 自治体情報セキュリティ対策検討チーム 中間報告

1. 組織体制の再検討、職員の訓練等の徹底
   (1) CISO・CSIRTの設置等
   (2) インシデント連絡ルートの再構築（多重化）
   (3) 緊急時対応計画の見直しと緊急時対応訓練の逐次実施
   (4) 特に標的型攻撃に対する対策の徹底
2. インシデント即応体制の整備
   (1) インシデント連絡ルートに沿って、都道府県による支援体制を再確認
   (2) 不正通信の監視機能の強化
   (3) 自治体情報セキュリティ支援プラットフォーム（仮称）の創設
3. インターネットのリスクへの対応
   (1) 安全性の確認
   (2) システム全体の強靱性の向上
   (3) 自治体情報セキュリティクラウドの検討
4. 総務省の役割

（CISO）を設置し、その任務を明らかにするとともに、CISOを支え、自治体情報セキュリティ対策を推進するCSIRT等の組織を構築することが必要としています。

岡村 CISOとはChief Information Security Officerの略称で、最高情報セキュリティ責任者と邦訳されるのが一般的です。組織の情報セキュリティを統括する役職です。CIO（Chief Information Officer）、つまり最高情報責任者と兼ねる場合もあります。すでに前述のガイドラインでも示されてきたものです。

CSIRTとはComputer Security Incident Response Teamの略称であり、情報システムに対するサイバー攻撃等のセキュリティインシデントが発生した際に、発生したインシデントを正確に把握・分析し、被害拡大防止、復旧、再発防止等を迅速かつ的確に行うための機能を有する体制です。CISOを支えて、自治体情報セキュリティ対策を推進する組織の一つです。

このCISO・CSIRTを、導入している大企業も現在増えています。

猿渡 それらを各自治体に設置すべきであるという趣旨です。CISOは通常は各自治体の副市区町村長や情報政策担当部長等が担当しています。

「インシデント連絡ルートの再構築（多重化）」とは、各自治体のインシデン

ト対応体制を再確認し、インシデント発生時の国までの連絡ルートを再構築（多重化）することです。各自治体が検知したインシデントについて、たとえば市区町村から一斉同報によって、都道府県、総務省、当該市区町村庁内に連絡ができるよう、インシデント連絡フローを整備するよう要請するものです。当該市区町村庁内には、CISOまでの連絡ルートの整備を含んでいます。

岡村 このような万一の事態が発生した場合に即座に対応するためには事前に連絡ルートを整備しておくことが不可欠です。この連絡ルートが適正に構築されているかという点は、民間企業も再確認しておくべき事柄です。

以上の点に加えて、「緊急時対応計画の見直しと緊急時対応訓練の逐次実施」が掲げられています。「特に標的型攻撃に対する緊急時対応計画の見直しと緊急時対応訓練の逐次実施（都道府県単位、全国訓練）」と。これを受けて「標的型攻撃に係るインシデント初動マニュアル」が策定されています。

猿渡 標的型攻撃への対応例として、必要な連絡を行うとともに、プロキシサーバをチェックし、外部への不審な通信を事案発覚後6時間以内に調査するものとしています[4]。

岡村 以上の点はインシデント発生時の対処方法ですが、標的型攻撃に対しても、まずは予防のための対策の徹底が重要ですね。

猿渡 はい、入口対策、内部対策、そして出口対策が謳われています。入口対策として、①注意喚起（不審なメールは届ける）、②訓練メールが位置付けられています。内部対策として、①AD（Active Directory）ログの定期的確認（管理者端末以外からの管理者ログオンの成功／失敗、ユーザ端末からのログオンの失敗）、②管理者端末でのメール、Webブラウザ使用禁止が掲げられており、出口対策として、不審な通信の確認（プロキシログ）が掲げられています。

---

4 中間報告は以下のとおり定めている。まず、検査できない場合には、外部へのWebアクセスおよびPCからのメール送受信を遮断するとともに（ネット遮断）、セキュリティ事案対処専門家と共に対応するものとする。検査ができて不審な通信が1台のPCから行われている場合には、PCを隔離し、引き続き不審な通信の監視を続ける。検査ができて不審な通信が2台以上のPCから行われている場合には、①外部へのWebアクセスおよびPCからのメール送受信を遮断するとともに（ネット遮断）、②不審なアクセスが、人間の操作に起因するものかを確認し、③不審なアクセスがウイルスによるものと疑われるときは、PCの隔離、AD（Active Directory）のログを確認して、人間以外のログオン（ログイン）（成功・失敗）を検査（不審なログオンが発見された場合）、感染範囲特定のできるセキュリティ事案対処専門家と共に対応して、感染範囲の特定・除去ができたと合理的に判断できた場合、ネット遮断を解除する。

岡村　標的型攻撃に対する注意喚起と訓練メールは、従来から情報セキュリティ意識向上のため内閣サイバーセキュリティセンター（NISC）の呼びかけによって中央省庁でも行われていますが、自治体でも同様の訓練が効果的であるという趣旨と理解しました。

　さて、中間報告の第二の柱は「インシデント即応体制の整備」です。残念ながら情報セキュリティ対策に「完全無欠」ということはあり得ません。そのため、インシデントが万一発生した際に、被害を拡大しないよう、常日頃から「即応体制の整備」が重要です。

猿渡　「インシデント即応体制の整備」は「インシデント連絡ルートに沿って、都道府県による支援体制を再確認」、「不正通信の監視機能の強化」、「自治体情報セキュリティ支援プラットフォームの創設」から成り立っています。

岡村　官民を問わず水準の高い情報セキュリティ人材の確保が困難な現状では、相談に乗ってもらえる「自治体情報セキュリティ支援プラットフォーム」が重要ですが、このプラットフォームはその後どのように動いていますか。

猿渡　同年9月30日に稼働を開始して、①インシデント関連掲示板によりインシデント情報を共有、②情報セキュリティQ&Aにより自治体の喫緊の課題に対応、③ワーキンググループの組成（情報セキュリティ専門人材から構成、インシデント初動マニュアルや対処訓練マニュアル等を作成の上、自治体に提供）、④その他関連情報の提供を行っています。

　情報セキュリティQ&Aは、「自治体情報セキュリティ支援プラットフォームQ&A」と命名されています。その機能とは、①自治体が問診表をWebから記入すると、②問診表を自動登録して、③メールにて登録情報セキュリティ専門人材に通知し、④当該人材から回答を受けて、⑤問診表を記入した自治体が回答情報をWebで確認するという仕組みです。他自治体の詳細を参照したい場合は、参照依頼を行い、投稿した自治体が同意した場合に参照可能としています。

岡村　水準の高い情報セキュリティ人材を登録情報セキュリティ専門人材として有効活用するとともに、自治体が他の自治体等の目を気にすることなく相談ができるようにするという仕組みですね。

　ところで中間報告の第三の柱は「インターネットのリスクへの対応」です。

猿渡 これについては、①安全性の確認、②システム全体の強靱性の向上、③自治体情報セキュリティクラウドの検討が提言されています。

①は、「マイナンバー制度が施行されるまでに、庁内の住民基本台帳システム（既存住基）がインターネットを介して不特定の外部との通信を行うことができないようになっていることを確認する」というものです。いわゆるネットワーク分離です。自治体では情報収集、メール、ホームページのため、インターネット接続を完全に廃止することはできません。しかし、既存住基については、インターネットを介したリスクを断つ必要があることから、ネットワーク分離が行われました。

岡村 ここで整理するための前提として自治体の情報システムはインターネットだけでなく、LGWAN（Local Government Wide Area Network）や、住基ネット（住民基本台帳ネットワークシステム）とも接続されていますね。

猿渡 LGWANは自治体を相互接続する行政専用ネットワークです。府省間ネットワークである政府共通ネットワークとも相互接続されています。LGWANは単に接続機能だけでなく、地方公共団体組織認証基盤（LGPKI）のシステムを運営するとともに、さまざまな行政用アプリケーション・サービス・プロバイダ（LGWAN-ASP）の役割を営んでいます。

岡村 簡潔に説明しますと、PKIとはpublic key infrastructureの略称で、「公開鍵基盤」と呼ばれています。公開鍵暗号や電子署名のために用いられる公開鍵とその保有主体の対応関係を第三者機関「認証局」が発行する公開鍵証明書など電子証明書によって担保するという仕組みになっています。わが国では電子署名法（電子署名及び認証業務に関する法律）に基づいています。この法律に基づいて主務大臣の認定を受けた認証業務を「特定認証業務」といいます。

公的部門の場合、どのようになっていますか。

猿渡 中央省庁には政府認証基盤（GPKI）、自治体には地方公共団体情報システム機構が運営する地方公共団体組織認証基盤（LGPKI）が存在します。LGPKIはGPKIと相互認証しています。

岡村 他方、住民基本台帳に記載された住民を認証する仕組みとして公的個人認証サービスがありますね。

猿渡 「電子署名等に係る地方公共団体情報システム機構の認証業務に関する

法律」に基づいています。市区町村の住民票に記載されている住民の方について窓口での本人確認を経て、その方だけの「電子証明書」[5]を発行するもので、公開鍵暗号方式を基盤としますので、この電子証明書のことを「マイキー」と呼んでいます。外部から読み取られるおそれのない個人番号カード等のICカードに記録されています。公的個人認証サービスとは、オンラインで申請や届出といった行政手続などやインターネットサイトにログイン時に、他人による「なりすまし」やデータの改ざんを防ぐために用いられる本人確認の手段です。

岡村　自治体情報セキュリティ対策検討チームに話を戻し、残った②システム全体の強靱性の向上、③自治体情報セキュリティクラウドの検討についてご説明ください。

猿渡　②は情報提供ネットワークシステムの稼働を見据え、機密性はもとより、可用性や完全性の確保にも十分配慮された攻撃に強い内部ネットワーク等の構築を図ることが望まれるということ、③は自治体における不正通信の監視機能の強化等への取組みに際し、より高い水準の情報セキュリティ対策を講じるため、インターネット接続ポイントの集約化や情報セキュリティ監視の共同利用等（自治体情報セキュリティクラウド）の検討を進めるべきであるということです。

　これらの点は同年11月24日付け「新たな自治体情報セキュリティ対策の抜本的強化に向けて～自治体情報セキュリティ対策検討チーム報告～」で具体化されることになります。

4　自治体情報セキュリティ対策検討チーム報告の概要

岡村　いま述べられたチーム報告は、中間報告から約3ヵ月後に公表されたものですが、その概要についてご説明をお願いします。

猿渡　この報告は、先の中間報告を変更するというよりも、それを深化させ、

---

[5] 電子証明書には、署名用電子証明書と利用者証明用電子証明書の2種類がある。前者はインターネット等で電子文書を作成・送信する際に利用するものであって、「作成・送信した電子文書が、利用者が作成した真性なものであり、利用者が送信したものであること」を証明し得る。後者は、インターネットサイトやコンビニ等のキオスク端末等にログインする際に利用し、「ログインした者が、利用者本人であること」を証明し得る。

また、必要事項を付け加えるものです。

　2017（平成29）年度の夏以降の、国・地方を通じてマイナンバーを活用した情報提供ネットワークシステムの稼働を見据えて、各自治体においては、インシデント即応体制や職員への訓練の徹底などの情報セキュリティ確保体制の強化を図るとともに、三段階の対策で、情報セキュリティ対策の抜本的強化を図るものとしました。

　三段階とは、具体的には①マイナンバー利用事務系の既存住基（マイナンバー付番システム）や税などの情報システムやデータについて、他のセグメントとシステム分離を行ったうえで、端末からの情報持出し不可設定等を図り、住民情報流出を徹底して防止すること、②マイナンバーによる情報連携に活用されるLGWAN環境の情報セキュリティ確保に資するため、LGWAN接続系とインターネット接続系を分割すること、③都道府県と市区町村が協力して、自治体情報セキュリティクラウドを構築し、高度な情報セキュリティ対策を講じることとの、三層からなる対策を講じることにより、早急に各自治体の情報セキュリティ対策の抜本的強化を図るというものです。これらは「自治体情報システム強靱性向上モデル」と呼ばれています。

岡村　都道府県はともかくとしても、市区町村の中には小規模なため自力で対策を講じるだけの余力に乏しいところもあるのではないかという点も、当初から課題となっていました。中間報告における「インシデント連絡ルートに沿って、都道府県による支援体制を再確認」も、そうした観点を踏まえたものと理解しています。この報告では、いかがであったでしょうか。

猿渡　その点を踏まえて、この報告では、都道府県は、市区町村に対する初動対応の支援体制の強化や、自治体情報セキュリティクラウドの構築等により、各市区町村における、必要な情報セキュリティ水準の確保に努めていただくことが求められるとしています。

岡村　総務省は、都道府県を含めた「新たな自治体情報セキュリティ対策の抜本的強化に向けて」により、どのような役割を果たすことになりましたか。

猿渡　この報告では、特に、財政力や専門的な担当者の確保が困難と思われる市町村においても必要な対策が講じられるよう、関係省庁や都道府県などと連携しながら、自治体情報セキュリティ対策を推進することが記されています。

5 報告以降の動向

岡村 これらを受けて同年12月25日総務大臣通知（総行情第77号）「新たな自治体情報セキュリティ対策の抜本的強化について」が出されました。
　「自治体情報システム強靭性向上モデル」では、さらに前述のネットワーク分離が徹底されていますね。

猿渡 はい、この総務大臣通知によって促進されました。
　ところで、チーム報告ではLGWAN環境とインターネット環境の分割を図ることが提唱されていました。さらに前者の中の個人番号利用事務を徹底分離して情報セキュリティ対策の向上を図るという観点から、①個人番号利用事務系、②LGWAN接続系、③インターネット接続系に三分割する方式が掲げられ、「自治体情報システム強靭性向上モデル」と呼ばれています。**図表2-2**をご覧いただくと理解していただきやすいと思います。

岡村 まず、①の個人番号利用事務系について、ご説明をお願いします。

猿渡 ①については、番号利用法に基づく情報連携のための情報提供ネットワークシステム等を集中監視する一方、②および③からネットワーク分離した上、データの持出し不可設定、二要素認証[6]によって自治体内の端末から住民情報の流出も徹底して防止します。

岡村 データの持出し不可設定は、悪意を持った内部不正対策だけでなく、携帯メモリーに書き出すことによる紛失などのリスク対策にも有効ですね。
　②もLGWANに接続されていますが、こちらは個人番号利用事務を扱わないものですね。これと③のインターネット接続系はどのような関係になっているのでしょうか。

猿渡 ②LGWAN接続系と③インターネット接続系とのセグメントはまず分離することとされました。③インターネット接続系のシステムにはマルウェアに感染するリスクがあるからです。ただ、業務の都合上、両セグメント間でファイルのやり取り等が必要な場合もあるでしょう。そのような場合にも、両

6　たとえばパスワードだけの認証である場合、不正入手者に悪用されるリスクが高まる。そこで、二つ以上の認証方式を組み合わせて、リスク回避を図ろうとする仕組みが二要素認証である。

第 2 章　自治体情報セキュリティ

【図表 2-2】自治体情報システム強靱性向上モデル

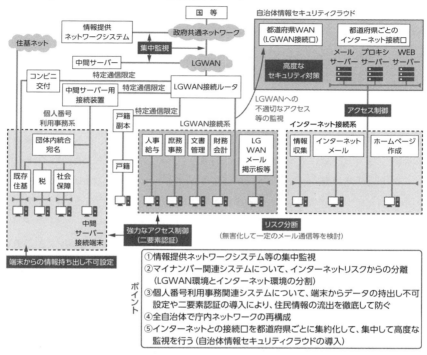

出典：総務省「地域経済好循環拡大推進会議（全国連絡会）」(2016 年 2 月 26 日)

セグメントを分離した上で、ウイルス感染の無い無害化通信を図ることでリスクからの分断を求めることとされました。このことを②LGWAN接続系と③インターネット接続系の「分割」と呼びました。

　さらに③については、インターネットとの接続口を都道府県単位で集約化して、集中して高度な監視を行い、自治体情報セキュリティクラウドを導入するというものです。導入効果として市区町村の情報セキュリティ水準を引き上げるとともに、個別導入した場合と比べてコストダウンを図ることも想定することができます。

岡村　三分割する方式では、自治体も端末を 3 台ずつ用意するので煩瑣でコストも要するという質問を受けませんでしょうか。

55

猿渡　まず、業務ごとにセキュリティに対する責任の重さを明確にしていただきました。①の個人番号利用事務系で仕事をされる方は、業務用の端末でインターネットを介した情報交換ができないことはもちろん、データの持出し禁止等の制約は不可欠かと。②のLGWAN接続系の業務用端末もインターネットとは完全に分離し、三つの業務用端末群をそれぞれ独立させて組織編成をされたところも多くあります。ただ、この場合、①や②の業務に従事する皆さんにインターネット接続用端末も一定数別途用意することになります。やはり庁舎のフロアが比較的狭く、別途用意する共用端末の数が少なくても不便の少ない自治体が採用しやすくなりますね。また、②LGWAN接続系と③インターネット接続系との間で無害化通信を設定された自治体も多くあります。無害化通信には、メール無害化、ファイル無害化、仮想サーバの活用といった方法があります。メール無害化とは、インターネットメールについて、添付ファイルやハイパーリンクの削除、HTMLメールをテキストメールに変換するなどの無害化処理を加えて、LGWAN接続系に取り込むものです。ファイル無害化とは、ファイルからテキストのみを抽出したり、ファイルを画像PDFに適切に変換したり、サニタイズ処理を加えたりして、LGWAN接続系に取り込むものです。仮想サーバの活用とは、インターネット接続系に置かれた仮想サーバ上に映し出された画像をLGWAN接続系にデータを取り込むことなく、画像転送用の通信によってLGWAN接続系の端末から閲覧する仕組みです。これらの手法をどの程度の規模で導入するのかは、セキュリティの確保を大前提としたうえで、真の利便性確保とコストの両立を図る工夫の結果だと思われます。

岡村　やや実務的な課題で恐縮ですが、最近ではソフトやウイルス対策ソフトのウイルスパターンのアップデートは、インターネットを介して行うことが一般的になっています。ネットワーク分離した場合、どのような方法でアップデートすればよいのでしょうか。

猿渡　①個人番号利用事務系および②LGWAN接続系では、Windows、Office、アンチウイルスソフトの更新ファイルをインターネット越しに利用することができないので、LGWAN-ASPとして「自治体セキュリティ向上プラットフォーム」の運用も開始されています。情報セキュリティと運用の利便性を確保しながら外部との通信を図る手法については、今後とも、様々な検討が進むことが

期待されます。

岡村 ところで、自治体情報セキュリティクラウドとは別に、冒頭でも述べておられるように、審議官は自治体クラウドも推進されてきました。

猿渡 メインフレームを採用していた時代には、いわばソフトもハードも特注品を使うといった感じで、開発・バージョンアップ等のコストは当該自治体が単独で負担する上に、システムのハードウェア、ソフトウェア、データなどを自庁舎で管理・運用することで大きな負担になっていました。その後、オープン化ということで、サーバ類は汎用品を導入するようになりコストが大幅に下がりました。ソフトについても、自治体の業務は法定業務が多いので、各ベンダーさんもパッケージソフトの開発を行っていたのですが、メインフレームやオフィスコンピューターを活用していた時代に、各自治体ごとに手を加えたアプリケーションを導入していたことによる微妙な業務プロセスの癖が残りました。そこで、ソフトの汎用品であるパッケージにカスタマイズを加えてきたのですが、ここに大きなコストが発生します。そこで、汎用品のパッケージと業務フローの調整が可能となれば、ハードもソフトも共同のシステムとして外部のデータセンターで管理・運用し、ネットワーク経由で利用することができるようになります。このように、複数の自治体の情報システムの集約と共同利用を推進しサービスの向上とコストの圧縮を図ろうとするものです。

岡村 どのような利点が考えられるのでしょうか。

猿渡 ホストコンピュータとも呼ばれるメインフレームは非常に高価なものでしたが、ソフトウェアはハードウェアの付属物として、自治体ごとに専用のアプリケーションを開発して組み込まれていたようです。その後、ソフト・ハード一体で一塊の製品であったコンピュータの各機能が、ハードウェアやOSなどの基盤ソフトウェアなどに分離され、部品であったそれぞれが汎用品化され、飛躍的に小型化・低価格化するという、システムのオープン化が進みました。また、仮想化技術によって、ハードウェアの機能を無駄なく利用できるようになると、さらに、低コスト化が可能となりました。ソフトウェアについても、Webシステムが本格的に導入されるようになると、職員の端末にはブラウザだけがあり、サーバ側で全てのアプリケーションを保有し、集中して業務処理を行えるようになりました。そこで、ソフトウェアの汎用品であるパッ

ケージソフトウェアも登場しました。ところが、ホストコンピュータ時代に、各自治体独自の作り込みが行われていたことを受けて、パッケージソフトウェアをそのまま活用するのではなく、スクラッチ開発と同様の作業によってカスタマイズが加えられることも多いようです。その結果、各自治体のアプリケーションソフトごとにシステム群が整備されることとなり、オープン化によるコストの割り勘効果を十分に享受できているとは言い難いようです。しかし、自治体の業務は法定の事務も多く、業務のビジネスモデルや必要なデータ項目等に大きな違いはなく安定的だと思われます。カスタマイズの内容についても、「あれば便利だ」という程度のものになっていないか検証する必要があるのではないかと思います。その結果、自治体業務についても、標準化によってクラウドコンピューティングなどの技術を本格的に導入できるのではないかと思います。ネットワークやデータベースなどのハードウェアについては、関心も高く、進歩も早いけれども、コンテンツの整備や保守については遅れがちだと言われています。自治体クラウドの問題も、この一環として捉えることができるのではないか、と思います。すなわち、日進月歩のITを活用し、サービスと生産性の向上とコスト削減の両立を図っていく取組みなのです。

6 結びに代えて

岡村 行政事務の効率化とセキュリティとの調和は今後も継続して検討すべき重要課題であると考えていますが、最後に、自治体情報セキュリティに関する今後の課題について、あるいは自治体の情報セキュリティを支援する民間事業者に対し、何かメッセージがありましたら、お願いします。

猿渡 すべての地方公共団体において情報セキュリティ対策の抜本的強化が図られるとの報告をいただいています。しかしながら、情報セキュリティに絶対はないことから、総務省としては、決して気を緩めることなく、全国の都道府県や市区町村と緊密に連携しながら、今後も地方公共団体の情報セキュリティ対策に万全を期すべく努めてまいります。また、高度なセキュリティ人材が自治体には不足していることから、自治体を支援する民間企業におかれても、より一層の協力をお願い致します。

岡村 本日は、ご多用のところ、たいへんありがとうございました。

（追記）本対談後に「地方公共団体における情報セキュリティポリシーに関するガイドライン（平成30年9月版）」が公表された。地方公共団体における情報セキュリティは、各地方公共団体が保有する情報資産を守るにあたって自ら責任を持って確保すべきものであり、情報セキュリティポリシーも各地方公共団体が組織の実態に応じて自主的に策定するものであるが、各地方公共団体が情報セキュリティポリシーの策定や見直しを行う際の参考として、情報セキュリティポリシーの考え方および内容について解説したものである。主たる改訂点は、①利活用しやすいように本ガイドラインを「総則」「例文」「解説」「付録」の4編構成に変更、②自治体情報セキュリティ対策の抜本的強化にあたり、マイナンバー利用事務系、LGWAN接続系およびインターネット接続系において、情報システム全体の強靭性向上（強靭化）を講じることについて記載、③マイナンバー利用事務系ではパスワード認証、生体認証、スマートカード認証等から複数の認証を用いる多要素認証を実施しなければならないことについて記載、④多要素認証において、認証情報を適切に管理し、認証情報の不正利用の防止をしなければならないことについて記載、⑤情報セキュリティインシデントへの対処として、CSIRTの設置・役割について記載、⑥本ガイドラインの改定内容を踏まえ「地方公共団体における情報セキュリティ監査に関するガイドライン」についても所要の改定を実施というものである（総務省「『地方公共団体における情報セキュリティポリシーに関するガイドライン』等の改定について」（平成30年9月））。

第3章　ITとサイバーセキュリティ

前経済産業省サイバーセキュリティ・情報化審議官
ファイア・アイ株式会社最高技術責任者

伊東　寛　Hiroshi Ito

　経済産業省は、IT関連事業を所管する省として、わが国のサイバーセキュリティ政策を牽引してきています。そこで、今回は同省のサイバーセキュリティ・情報化担当の伊東寛前審議官に、同省のセキュリティ政策について、法制度・ガイドラインを含め、お聴きします[1]。

1　はじめに

岡村　伊東審議官は、経済産業省の大臣官房「サイバーセキュリティ・情報化審議官」に就いておられますが、ユニークな経歴をお持ちであるとお聞きしています。

伊東　慶應義塾大学を卒業し同大学院修士課程を修了後、1980（昭和55）年に陸上自衛隊に入り、技術・情報系の指揮官・幕僚などを歴任した後、陸自初のサイバー戦部隊であるシステム防護隊の初代隊長に就任しました。この部隊は2000（平成12）年発生の中央省庁ウェブサイト改ざん事件を契機として設けられたものです。これが私とサイバーセキュリティとの本格的な出会いでした。その後、自衛隊を退職しセキュリティ関係の大手民間企業における研究職を経て、ただ今ご紹介いただいたとおり2016（平成28）年より経済産業省のサイバーセキュリティ・情報化審議官に就任しました。

　この審議官の本来の任務は当省内のサイバーセキュリティとIT化を推進する司令塔ということになります。しかし、当省は国益を配分するのではなく増

1　本稿は、2018（平成30）年5月17日に行われた対談（NBL1124号掲載）に加筆修正を加えたものである。なお、伊東氏は同年5月末日をもって経済産業省を退官されている。

進させるための仕事をする役所です。高度専門人材として民間から当省に登用された立場として、私には「サイバーセキュリティの観点から、日本の産業界を守り、発展させる」という大きなミッションを果たすことを期待されていると考えています。

岡村 ご指摘の事件は、複数の中央省庁サイトがハッカーに侵入され、犯行声明まがいの画面表示に書き換えられたという衝撃的な事件でした。当時、メディアでも大きく報道されました。

この事件が発生した2000（平成12）年は、IT基本法（高度情報通信ネットワーク社会形成基本法）が制定された年でもありました。この法律は、日本のインターネットへの対応を促進するという意味で、いわば利活用に向けてアクセルを踏み込もうとするものでした。この法案の参考人として私は参議院の委員会審議に出席しましたが、法案内容として、アクセルとセットとなるブレーキ役ともいうべきセキュリティへの配慮は十分とはいえませんでした。「安全性及び信頼性の確保」（同法22条）等が抽象的に謳われている程度だったからです。そのため、参考人としてセキュリティを今後の課題として注意喚起する趣旨の発言をしたと記憶しています。サイバーセキュリティ基本法が2014（平成26）年に制定されるまで、こうした空白状態が続いてきました。

とはいっても、その間も政府や関係省庁のセキュリティ対策は進展を遂げています[2]。

現状における課題の前提として、IT基本法制定の前後から現在に至るまでの貴省のセキュリティ政策について、この対談の性格上、制度面を中心に概要をお聴きします。

---

2 前者の観点から、翌2001年に「e-Japan戦略」が策定されており、2003年の「e-Japan戦略Ⅱ」、2006年の「IT新改革戦略」等へと連なっている。後者の観点から、2000年に内閣官房に情報セキュリティ対策推進室が設置され、政府機関対策として「情報セキュリティポリシーに関するガイドライン」、重要インフラ対策として「重要インフラのサイバーテロ対策に係る特別行動計画」が決定され、その後も2005年に「内閣官房情報セキュリティセンター」と「情報セキュリティ政策会議」が設置されるとともに、「政府機関の情報セキュリティ対策のための統一基準」と「重要インフラの情報セキュリティ対策に係る行動計画」が決定され、その後も統一基準と行動計画のバージョンアップが重ねられている。翌2006年に「第1次情報セキュリティ基本計画」、2009年に「第2次情報セキュリティ基本計画」が決定された。翌2010年には「新たな情報通信技術戦略」が決定される一方、「国民を守る情報セキュリティ戦略」が決定されている。2013年に「サイバーセキュリティ戦略」が政策会議決定され、翌2014年に「サイバーセキュリティ基本法」が公布された。2015年には「内閣官房内閣サイバーセキュリティセンター」と「サイバーセキュリティ戦略本部」が設置され、「サイバーセキュリティ戦略」が閣議決定、2016年には同法の改正が公布された。

❷ 安対制度からISMS適合性評価制度へ

伊東 IT基本法が施行された2001（平成13）年に中央省庁再編が実施され、当省は通商産業省から経済産業省となりました。

再編前の時代から、IT部門を所管する当省は、「情報処理の促進に関する法律」（昭和45年法律第90号）等に基づき、関連基準・制度の策定・公表等を行ってきています。

その一つとして、昭和56年通商産業省告示第342号に基づき「情報処理サービス業情報システム安全対策実施事業所認定制度」（略称・安対制度）を運用してきました[3]。これは集中管理されていた情報システムの施設・設備等の物理的な対策に重点を置いたものでした。しかし、その後は技術的対策に限らず人的セキュリティ対策を含む組織全体のマネジメントの確立を要する状況へと変化していました。こうした状況の変化を踏まえ、IT基本法が制定された2000（平成12）年に、当省は「情報セキュリティ管理に関する国際的なスタンダードの導入および情報処理サービス業情報システム安全対策実施事業所認定制度の改革」を策定・公表しました。これに伴い安対制度を2001（平成13）年3月末日をもって廃止しました。それに代わるものとして「情報セキュリティマネジメントシステム（ISMS：Information Security Management System）適合性評価制度」のような情報セキュリティに関する国際標準規格に基づいた認証制度を活用するなど、新たな時代の要請に合致するよう、人間系の運用・管理面をバランス良く取り込んでいます。

岡村 セキュリティ強化のための管理策の総合化、マネジメントシステム化、ボーダレス性を反映した国際標準化への軸足の移行ですね。

ISMSにおける管理策のための国際標準規格はISO/IEC 17799：2000（JIS X 5080：2002）に遡ります。組織体が効果的な情報セキュリティマネジメント体制を構築し、適切な管理策を整備・運用するための実践的な規範として策定さ

---

[3] 1995（平成7）年に「情報システム安全対策基準」（略称・安対基準）を告示（平成7年通商産業省告示第518号、最終改正は平成9年通商産業省告示第536号）。情報システムの機密性、保全性及び可用性の確保を目的としたものであった。これに基づき情報処理サービス業のコンピュータシステムが十分な安全対策を実施しているかどうかを認定する制度として、安対制度が運用されてきた。

れました。

　2005（平成17）年に、ISO/IEC 17799をベースとしてISO/IEC 27001：2005（JIS Q 27001：2006）〔ISMS要求事項〕およびISO/IEC 27002：2005（JIS Q 27002：2006）〔情報セキュリティマネジメントのための実践規範〕が策定され、さらに、2013（平成25）年に、ISO/IEC 27001および27002は、ISO/IEC 27001：2013（JIS Q 27001：2014）および、ISO/IEC 27002：2013（JIS Q 27002：2014）に改訂されています。この最新のISO/IEC・JISに基づいて現在のISMS適合性評価制度は運用されています。

伊東　ISO/IEC 27000シリーズは、さらに多様化を遂げています。ボーダレスな流れに対応するためには国際標準化が不可欠です。ところが、サイバーセキュリティの国際的なルールとしてはサイバー犯罪に関するブダペスト条約くらいしかありません。他方で最新の国際動向も注視すべきところですが、この点は後述することにします。

3　情報セキュリティ管理基準・システム管理基準

岡村　時計の針をIT基本法の施行直後へ戻しますと、貴省のセキュリティ政策面のマイルストーンとなったのは2003（平成15）年の「情報セキュリティ総合戦略」の策定でした。世界最高水準の「高信頼性社会」の構築を基本目標に、「情報セキュリティを強化するための3つの戦略」として、①しなやかな「事故前提社会システム」の構築、②「高信頼性」を強みとするための公的対応の強化、③内閣機能強化による統一的推進が示されています。この骨子は現在でもおおむね重視されるべきところです。

　同年には「情報セキュリティ管理基準」が告示されており、改正を経て現行の2016（平成28）年改正版に至っています[4]。

伊東　情報セキュリティ管理基準は、もともとISO/IEC 17799：2000（JIS X 5080：2002）をベースに策定されました。その後におけるISO/IEC 27001（JIS Q 27001）への衣替え、改訂に伴って、それと整合を取るため2008（平成20）

4　平成15年経済産業省告示第112号。平成28年改正版は同年経済産業省告示第37号。関連して「個別管理基準（監査項目）策定ガイドライン」「電子政府情報セキュリティ管理基準モデル」も策定。

年と 2016（平成 28）年に、この管理基準を改正して現在に至っています。

　これに関連して、2003（平成 15）年 4 月から「情報セキュリティ監査制度」もスタートしました。この管理基準と姉妹編をなす「情報セキュリティ監査基準」[5]に従って監査を行う場合、この管理基準は、原則として、監査人が監査上の判断の尺度として用いるべき基準となります。また、この管理基準は、日本における ISMS 認証制度である「ISMS 適合性評価制度」で用いられる適合性評価の尺度にも整合するように配慮しています。

　情報セキュリティ監査制度は、監査内容に関し基本的に被監査主体の選択の自由度が高く、助言型監査を積み重ねて徐々にレベルを ISMS 認証取得レベルに向上させていくという利用方法もある一方、ISMS 認証取得後に技術的な管理策についての重点的な保証型監査を受けるという利用方法などもあります。

岡村　貴省では「システム監査基準」[6]および「システム管理基準」[7]も策定・改訂されています。これらも広い意味ではセキュリティに関連しますので、その位置付けについてご説明ください。

伊東　システム監査制度は、経済・社会において必要不可欠な情報システムに想定されるリスクを適切にコントロール・運用するための手段の一つであり、システム管理基準は、システム監査基準に基づいて運営されるシステム監査を行う場合、監査人が監査上の判断の尺度として用い、監査対象がシステム管理基準に準拠しているかどうかという視点で行われることを原則としています。また 2018（平成 30）年 4 月にも、システム管理基準は技術の進展に伴う新たな開発手法等への対応や 2004（平成 16）年以降に成立した IT ガバナンスや事業継続管理といった関連する国際標準規格や国際的な影響力のある規格の内容を踏まえた見直しを、システム監査基準も実務への適用を踏まえて監査実施の流れに沿った構成にするなど全面的な改訂を行いました。システム監査に限ら

5　平成 15 年経済産業省告示第 114 号。関連して「情報セキュリティ監査基準実施基準ガイドライン」「情報セキュリティ監査基準報告基準ガイドライン」「情報セキュリティ監査手続ガイドライン」「情報セキュリティ監査手続ガイドラインを利用した監査手続策定の手引」「電子政府情報セキュリティ監査基準モデル」等も策定。
6　1985（昭和 60）年に策定、2004（平成 16）年および 2018（平成 30）年に改訂。
7　2004（平成 16）年に策定、2018（平成 30）年に改訂。組織体が主体的に経営戦略に沿って効果的な情報システム戦略を立案し、その戦略に基づき情報システムの企画・開発・運用・保守というライフサイクルの中で、効果的な情報システム投資のための、またリスクを低減するためのコントロールを適切に整備・運用するための実践規範。

ず、各種目的あるいは各種形態をもって実施されるシステム監査でも、この監査基準を活用することができます。

岡村 システム監査制度と情報セキュリティ監査制度との関係は、どのように考えられているのでしょうか。

伊東 情報セキュリティ監査は、「情報資産」全体のセキュリティの確保を目的としており、情報資産の分類やそのライフサイクルに沿った枠組みで構成されることが原則となります。これに対し、現行のシステム監査基準は、「情報システム」のライフサイクル（企画、開発、運用、保守）に従って、情報システムの信頼性、安全性および効率性を検証するという体系となっています。このように、情報セキュリティ監査基準とシステム監査基準は体系が異なることになります。

　一方で、情報資産は情報システム上で運用されることが多く、また、現在行われている実際のシステム監査の業務では、その手法として情報資産のリスクアセスメントを出発点としているものも存在します。したがって、体系が異なるといっても、両監査は排他的関係に立つものではないと説明されています。

4 サイバーセキュリティ経営ガイドライン

岡村 他にも独立行政法人情報処理推進機構（IPA: Information-technology Promotion Agency, Japan）と連名で「サイバーセキュリティ経営ガイドライン」が策定されています。その概要についてご説明ください。

伊東 2015（平成27）年に初版を策定、多少の手直しを経て2017（平成29）年にVer 2.0を公表しています。企業戦略として、ITに対する投資やセキュリティに対する投資等をどの程度行うかなど、経営者による判断が必要となっていることを受けたものです。サイバー攻撃から企業を守る観点で、**図表3-1**のとおり、経営者が認識する必要のある「3原則」と、経営者が情報セキュリティ対策を実施する上での責任者となる担当幹部（CISO等）に指示すべき「重要10項目」をまとめています。

　また、IPAが別途2009（平成21）年に「サイバーセキュリティ経営ガイドライン」の内容を中小企業向けに編集、「中小企業の情報セキュリティ対策ガイドライン」を策定しており、現時点における最終更新は2019（平成31）年で

【図表3-1】 サイバーセキュリティ経営ガイドライン Ver 2.0

経営者が認識すべき3原則	経営者は、サイバーセキュリティリスクを認識し、リーダーシップによって対策を進めることが必要
	自社は勿論のこと、ビジネスパートナーや委託先も含めたサプライチェーンに対するセキュリティ対策が必要
	平時及び緊急時のいずれにおいても、サイバーセキュリティリスクや対策に係る情報開示など、関係者との適切なコミュニケーションが必要
サイバーセキュリティ経営の重要10項目	サイバーセキュリティリスクの認識、組織全体での対応方針の策定
	サイバーセキュリティリスク管理体制の構築
	サイバーセキュリティ対策のための資源(予算、人材等)確保
	サイバーセキュリティリスクの把握とリスク対応に関する計画の策定
	サイバーセキュリティリスクに対応するための仕組みの構築
	サイバーセキュリティ対策におけるPDCAサイクルの実施
	インシデント発生時の緊急対応体制の整備
	インシデントによる被害に備えた復旧体制の整備
	ビジネスパートナーや委託先等を含めたサプライチェーン全体の対策及び状況把握
	情報共有活動への参加を通じた攻撃情報の入手とその有効活用及び提供

2017(平成29)年11月16日公開

す。「経営者編」と「管理実践編」に分けて実施すべき事項を解説しています。

岡村 適正なサイバーセキュリティ管理策を講じるためには、下世話かもしれませんが、どうしてもヒト、モノ、カネが必要となります。それを動かすことが可能な経営陣に、IT、そしてセキュリティについて理解を得ることが不可欠です。ISO/IEC 27014:2013（JIS Q 27014:2015）として「情報セキュリティガバナンスの枠組み」を定めているのも、その反映といえるでしょう。

　他方で、世界の企業時価総額ランキングを見ると、首位からアップル、アマゾン、マイクロソフト、アルファベット（グーグルの持株会社）といった順にIT企業が並んでいます。セキュリティだけでなく、もっと日本企業も積極的にIT事業で頑張ってもらいたいところです。そのためには経営陣がITに精通して迅速にIT事業拡大など前向きにIT化を図ってほしいのです。ところが、それを迅速に実施するためアクセルを踏むには、セキュリティ対策というブレーキ役も、それと必然的にセットになることを認識してほしいと考えています。

他方、どうしても体力が弱い中小企業がセキュリティホールとなったケースも少なくありません。サプライチェーン全般のセキュリティを保護する必要が生じる理由です。

伊東 当省が産業界に多種多様な提案・支援をしているのは、いわば将来への投資として「生産工場を作る」活動です。私の役割は、産業界のセキュリティ強化、サイバーセキュリティ産業の創設によって、忘れられがちな「工場の屋根や塀の作成、その屋根や塀を作る会社の応援」と考えています。

立派な工場を作っても、屋根がなければ、降雨時に操業できませんし、塀がなければ材料・資材や製品が盗まれるおそれがあります。このような観点からすれば、セキュリティ対策の実施は「コスト」ではなく「投資」あるいは「投資の一部」であるととらえることができるでしょう。「投資」ととらえるべき点は「サイバーセキュリティ経営ガイドライン」でも強調しています。

サプライチェーン全体のセキュリティ対策強化は重要課題です。経済産業省では、Society5.0、Connected Industriesに必要なセキュリティの確保に向けて、産業に求められる対策の全体像を整理した「サイバー・フィジカル・セキュリティ対策フレームワーク」の原案を作成し、2018（平成30）年4月27日からパブリックコメントを開始しています[8]。同年5月2日からは英語版も公表し、広く意見を求めることとしています。また、2018（平成30）年3月付けでIPA「ITサプライチェーンの業務委託におけるセキュリティインシデント及びマネジメントに関する調査」の報告書を公表していることを指摘しておきたいと思います。「ITサプライチェーン」といってもIT業界に限定したものではなく、ITユーザー企業を含めた全般的なものです。

岡村 これに関連して、2018（平成30）年2月に「情報セキュリティサービス基準」と「情報セキュリティサービスに関する審査登録機関基準」が策定されています。前者は情報セキュリティサービスに関する一定の技術要件および品質管理要件を示し、品質の維持・向上に努めている情報セキュリティサービスを明らかにするための基準を設けることで、情報セキュリティサービス業の普及を促進し、国民が情報セキュリティサービスを安心して活用することができ

8　2019（平成31）年4月18日付で策定。

る環境を醸成することを目的としています。後者は民間企業が提供する情報セキュリティサービスの情報セキュリティサービス基準への適合性について、審査および登録を行う機関である審査登録機関に求められる事項として、審査登録機関が備えるべき公平性や、組織管理および審査手続における通則的事項を定めています。

5　関連する個別法令

岡村　近時は法令中にセキュリティ関係の規定を置く個別法令が増えています。

　個人情報保護法制、番号利用法等が典型例ですが、各種の業法も安全管理体制の確保に役立ち得るはずです。

　貴省所管のものを例にとれば、割賦販売法はクレジットカード番号等の適切な管理を求めています。また、不正競争防止法は営業秘密を民刑事的に保護しています。「営業秘密」とは、秘密として管理されている生産方法、販売方法その他の事業活動に有用な技術上または営業上の情報であって、公然と知られていないものです。さらに、2018（平成30）年春の通常国会に提出された同法改正案にも、「限定提供データ」の法的保護等が含まれています（同年5月23日に参議院本会議で可決・成立）。限定提供データとは、業として特定の者に提供する情報として電磁的方法により相当量蓄積され、および管理されている技術上または営業上の情報です。

伊東　それらのセキュリティ関連の法制度が技術と両輪になって重要情報の保護に役立つことができればと考えます。

岡村　本来はIT関係ではないのですが、消費生活用製品安全法という法律に注目しています。消費者の生命・身体に特に危害を及ぼすおそれが多い製品について、国の定めた技術上の基準に適合した旨のPSCマークがないと販売できず、マークのない製品が出回った時は、国は製造事業者等に回収等の措置を命ずることができます。これらの規制対象品目は、自己確認が義務付けられている特定製品とその中でさらに第三者機関の検査が義務付けられている特別特定製品があります。重大製品事故が発生した場合、事故製品の製造・輸入事業者は、国に対して報告しなければなりません。販売・修理・設置工事事業者

は、重大製品事故を知った時点で、ただちに製品の製造・輸入事業者へ報告するよう努めなければなりません。他に長期使用製品安全点検・表示制度も用意されています。

　また、電気用品安全法は、電気用品の製造、輸入、販売等を規制するとともに、電気用品の安全性の確保につき民間事業者の自主的な活動を促進することにより、電気用品による危険・障害の発生を防止する法律です。電気用品の製造・輸入事業者は、電気用品の区分に従い経済産業大臣に届け出る義務、基準適合義務、特定電気用品の適合性検査制度、PSEマークがないと販売できないなどの義務が課されています。

　近時はIoT（Internet of Things）、つまり「モノのインターネット」に関する製品のセキュリティが課題となっています。そこでは従来の機密性、完全性、可用性に加え、安全性の確保が求められています[9]。そのため、消費生活用製品安全法や電気用品安全法に基づく基準等を、ICT製品に関する総務省所管の「技適」制度とあいまって、IoT製品のセキュリティ・バイ・デザインに適合するよう、国際的調和を図りつつ、今後は再構築していくべきではないかと考えています。

伊東　IoT製品のセキュリティ確保は重要な課題であると認識しています。経済産業省では、総務省およびIoT推進コンソーシアムと連携して、2016（平成28）年7月に「IoTセキュリティガイドライン」を作成しました。これに加えて、サプライチェーン全体のサイバーセキュリティ対策の強化においても、IoT製品のセキュリティ確保に取り組んでいく予定です。

岡村　IoTについては、①メーカー（設計・製造者）、販売・輸入業者、エンドユーザーなど関係者が複数という問題、②上記流通ステップのほか、時間の移行に伴って新たな脅威が出現するのに対し、IoT製品はライフサイクルが長いものがあるという問題、③インシデント発生時に複数の関係者中の誰が責任を負うべきかという責任境界線の問題（損害保険のあり方を含む）[10]、④誰がコス

9　内閣サイバーセキュリティセンター「安全なIoTシステムのためのセキュリティに関する一般的枠組」（2016年8月）。
10　自動運転に関し国土交通省自動車局「自動運転における損害賠償責任に関する研究会報告書」（平成30年3月）が公表されているが、これは厳密にはAIに関するものである。

ト負担するのかという問題、⑤多重防御をどのように設計するのかという問題など、検討課題は尽きない状況です[11]。

6 現行の課題

岡村 以上の経緯を踏まえて、次にサイバーセキュリティに関する現状と課題に話題を移したいと思います。その前提として、第4次産業革命[12]による技術革新を踏まえ、将来的に目指すべき未来社会である「Society 5.0」を実現するため提唱されている「Connected Industries」の概念について簡潔にご説明ください。

伊東 「Society 5.0」とは、サイバー空間(仮想空間)とフィジカル空間(現実空間)を高度に融合させたシステムにより、経済発展と社会的課題の解決を両立する、人間中心の社会(Society)です。狩猟社会(Society 1.0)、農耕社会(Society 2.0)、工業社会(Society 3.0)、情報社会(Society 4.0)に続く、新たな社会を指すものとして、第5期科学技術基本計画で、日本が目指すべき未来社会の姿として提唱されました。

そして、この「Society 5.0」を実現するためには、変化の担い手である「産業」自体も変わらなければなりません。そのための日本の産業が目指すべき姿として提示しているのが、「Connected Industries」という考え方です。「Connected Industries」は、データを介して、従来つながっていなかった機械、技術、人などさまざまなものが、組織や国境を越えてつながることにより新たな付加価値の創出と社会課題の解決を目指す産業のあり方です。

岡村 その一方では、サイバー攻撃も、「高度化、巧妙化、多様化」といった一般的な言葉では片付けられないような深刻な状況になっているように思われます。

個人による自己顕示的な不正行為が中心であった時代は遠く過ぎ去り、金銭

---

11 関連するものとして経済産業省・IoT推進コンソーシアム「データの利用権限に関する契約ガイドラインVer1.0」(平成29年5月)、経済産業省「AI・データの利用に関する契約ガイドライン」(平成30年6月)が公表されている。
12 第4次産業革命とは、第1次産業革命(18世紀末以降の水力や蒸気機関による工場の機械化)、第2次産業革命(20世紀初頭の分業に基づく電力を用いた大量生産)、第3次産業革命(1970年代初頭からの電子工学や情報技術を用いた一層のオートメーション化)に続く技術革新を指しており、IoTおよびビッグデータ、そしてAI等がコアとなる技術革新である。

取得目的による組織的犯罪化、そして、もはやサイバー空間は、陸、海、空、宇宙に続く「第五の作戦領域」と呼ばれて久しい状況に至っています。

伊東 かつて民間企業在籍時にメディアからのインタビューでも述べたことですが、国家間の国益を争う戦争というものが、プリミティブな「軍事力」の行使から、冷戦という名に代表される「経済」上の戦いへ、さらに現在では世論操作など「情報」戦争へと変化してきており、その戦いにおける主たる武器がサイバー技術であること。そして、今、我々は、すでにこの目には見えないサイバー上の非常に激しい戦いに巻き込まれているのに、そのことに多くの方は気がついておらず、日本はこの新しい戦争に敗北を喫しつつあるのではないかと心配しています。

　さて、身近を見れば、セキュリティについて個人情報保護に重点が置かれすぎてきた傾向があり、他にも守るべき重要情報があることを無視すべきでないと警鐘を鳴らしてきました。個人情報保護が重要であることは言うまでもありませんが、他にも国の外交情報や企業の知的財産など重要情報が存在するということを自覚する必要があります。さらに、単なるデータといえどもそれが大量になることで新たな価値を持つようになってきています。この保護も重要です。

岡村 Society 5.0、Connected Industriesの実現へ向けた社会の変化に伴いサイバー攻撃の脅威が増大しており、①大量のデータの流通・連携に関し、データプロテクションの重要性が増大、②フィジカルとサイバーの融合のため、フィジカル空間までサイバー攻撃が到達、③複雑につながるサプライチェーンのため、影響範囲が拡大しているという状況が指摘されています。諸外国はどのような状態ですか。

伊東 米国は、2017(平成29)年、NIST(国立標準技術研究所)策定のガイドライン「サイバーセキュリティフレームワーク」に、『サイバーサプライチェーンリスクマネジメント』を明記し、同年末には、防衛調達に参加するすべての企業に対してセキュリティ対策(SP800-171の遵守)を義務化しています。2018(平成30)年2月公表のNISTIR 8200(Draft)は、IoTの概念を抽象化し、個人の安全とプライバシーを担保することを目的としています。IoTの構成要素として、①ネットワーク接続されたデバイス、②システム、③これらにより構

成されたサービスの3つから構成されると定義した上、5つのアプリケーション（ユースケース）[13]に対するIoTサイバーセキュリティの目的、リスク、脅威の分析および国際標準化状況を整理したものです。

　EUは、2016（平成28）年、エネルギー等の重要インフラ事業者に、セキュリティ対策を義務化（NIS Directive）し、翌2017（平成29）年、単一サイバーセキュリティ市場を目指し、ネットワークにつながる機器の認証フレームの導入検討を発表しています。また、翌2018（平成30）年5月施行の一般データ保護規則では、それまでの個人データ保護指令と同様、EU域外諸国への個人データの移転規制が含まれています。

　中国は2017（平成29）年にサイバーセキュリティ法を施行しました。その中には外国への個人データや重要データの移転規制等も含まれています。この部分は遅れて施行される予定であり、そのための関連法令も整備されつつあります[14]。東南アジア諸国には、それと類似した法制度を設けるという動きも登場しています。

岡村　要するに、セキュリティやデータのブロック経済化ですね。
　わが国の今後の政策についてどうあるべきか、ご説明願います。

伊東　個人的には、インターネットは自由な空間であるべきで、ブロック経済や保護貿易のような体制は、世界経済の発展にとっても好ましくないと考えています。しかし、すでに諸外国がそのような方向にあるとすれば、それを日本として黙って見ているわけにもいきません。日本の企業が世界で活躍するためにも、日本はどうしたいのか・どうするのか、技術・法制、両面からの早急な対策を取らねばならないと思っています。それがまた諸外国と交渉する際の力にもなるはずです。

13　「5つ」とは、①コネクティッドカー（CV: Connected Vehicle）：車両、道路、交通インフラが交通データを共有するサービス、②カスタマーIoT：屋内のIoTアプリケーションと、ウェアラブル端末によるサービス、③ヘルスIoT・メディカルデバイス：電子化された診察記録や患者から取得されたヘルスケアデータを共有するサービス、④スマートビルディング：エネルギー使用量監視システム、制御セキュリティシステム、照明制御システム等のサービス、⑤スマート製造：データ、テクノロジー、高度な生産能力、クラウド、その他のサービスを統合するサービスである。
14　「個人情報と重要データ越境安全評価弁法（案）」の制定が検討中。

【図表 3-2】関連資格制度

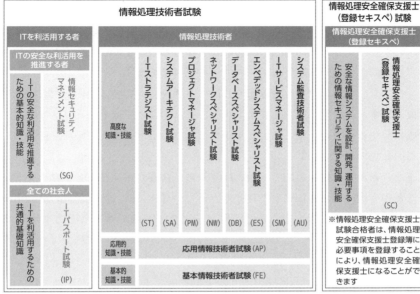

出典：IPA「試験区分一覧」

7 セキュリティ人材の育成

岡村 セキュリティ人材の育成も大きな課題となっています。この課題への貴省の取組みについてご説明ください。

伊東 まず、従来から当省がIPAを通じて実施しているものとして、セキュリティ・キャンプや国家試験方式による関連資格制度等があります。

　前者は、若年層に対してセキュリティに関する高度な教育を技術・モラルの両面から施すことで、次代の担い手となり得る若い優れたセキュリティ人材を発掘・育成するためのものであり、そのための具体的な事業として全国大会・地方大会が開催されています。後者は「情報処理の促進に関する法律」に基づいて当省が認定している国家試験である「情報処理安全確保支援士」をはじめとして、具体的には**図表 3-2**のものがあります。

岡村 関連資格は種類が多く、セキュリティに特化したものとそうでないものがあります。セキュリティ関連のものも複数存在しています。そのため、どのような規模や業種の企業に、どのような種類の資格を有する人材が必要なのか、わかりやすく「ものさし」になるようなものを示していただくと、受け入れる企業側の立場からしてもいいのではと思っています。

今後における人材育成への取組みに関する課題についてご説明ください。

伊東 まず、ご提案に感謝します。現在、経済産業省ではセキュリティ人材の育成に関する検討も実施していますが、ご指摘の点も踏まえて検討を深めていきたいと思います。

また、人材育成に関してですが、昨年から、産業サイバーセキュリティセンターという機関をIPA内に新たに立ち上げたところです。30歳前後の脂の乗ってきたIT・OT技術者を中心とし、現在、約80名の第1期生が1年にわたる研修を受けています。ここでは、単なる技術に関する知識の習得ではなく、幅広い知恵と人間関係を含めた教育を行い、将来の産業界を背負っていけるような、いわば軍隊における将校のような人物を育てたいと考えています。つまり、技術を理解した上で現場を適切に指揮・監督することができ、かつ、経営層と話がきちんとできる人材です。

このように、今、日本では他省庁のものも含めて多くの人材育成プログラムが走っていますが、国全体を俯瞰した人材育成や、諸外国で行われている高度な人材育成プログラムに関しては、質・量ともにまだまだであると思っています。そのために、これらのプログラムを推進することはもちろんですが、さらに、良い「教師」を育てることも課題の一つであると感じています。

8　おわりに

岡村 最後に、付け加えるべき点などがありましたら、お願いします。

伊東 これからも当省として他省庁等とも連携しつつ、サイバーセキュリティに関する総合的・俯瞰的な対策をとっていくつもりです。しかし、サイバーセキュリティはきわめて幅広い分野にまたがるとともに新しい分野であるため一筋縄ではいきません。特に、これに関する法の整備が遅れ気味であることも事実ではないでしょうか。急速に発展するサイバーセキュリティに関する法の整

備は、これまでのように「何か問題が起こり、その事案の数が十分に集まってから手をつけよう」では、間に合わないのではないかと思えるのです。法律家の皆さんには、何か 21 世紀にふさわしいスピード感のある法の考え方・やり方を生みだしていただくことを期待しています。

岡村 本日は、有益かつ最先端のお話をいただき、ありがとうございました。

第4章　ICT（情報通信技術）とサイバーセキュリティ

総務省総合通信基盤局長
(前政策統括官（情報セキュリティ担当）)

谷脇康彦　Yasuhiko Taniwaki

現代社会ではICT（情報通信技術）が欠くことのできないインフラとなっており、セキュリティの中心的課題となっています。しかもIoT、AIなど新たな課題が山積です。

そこで、総務省の政策統括官（情報セキュリティ担当）（当時）の谷脇康彦氏に、ICT分野におけるサイバーセキュリティ政策について、制度面を中心にお聴きします。

1　はじめに

岡村　谷脇統括官とは、これまで総務省など数多くの会議でご一緒させていただきましたが、以下のご経歴にも示されているとおり、中央省庁でセキュリティ分野において屈指の存在です。この対談では、ICT（情報通信技術）を所管する総務省のICTセキュリティ政策の概要を、過去から現在、そして今後の課題についてお聴きできればと存じます。まず、谷脇統括官のセキュリティとの関わりを簡単にご説明ください[1]。

谷脇　2012（平成24）年から総務省の審議官に就任して情報流通行政局を担当し、行政、医療、教育などの分野におけるICTの利活用や情報セキュリティ対策を進めました。その後、2013（平成25）年に内閣官房情報セキュリティセンター（旧NISC）の副センター長に就任しました。2014（平成26）年にはサイバーセキュリティ基本法[2]の制定に携わり、制定を受けてこのセンターを2015（平成27）年に改組した内閣サイバーセキュリティセンター（現NISC）の副セ

1　本稿は、2018（平成30）年3月7日に行われた対談（NBL1120号掲載）に加筆修正を加えたものである。
2　平成26年法律第104号、最終改正：令和元年法律第11号。

ンター長となって、同法の 2016（平成 28）年改正にも携わりました。同年 4 月に改正が可決成立して、同年 6 月に総務省に戻り、情報通信国際戦略局長を経て、2017（平成 29）年 7 月から情報セキュリティ担当の政策統括官に就任して、政策を進めています。

2　わが国における電気通信法制の枠組み

岡村　この対談の性格上、関係法令など制度的観点が中心となりますが、わが国における ICT セキュリティの前提となる現行の電気通信法制の枠組みについては、法律専門家でも必ずしも細部まで理解しているとは限りませんので、最初に整理しておきたいと思います[3]。

　簡潔にいえば、いわば一般法として電波法[4]と有線電気通信法[5]が存在する一方、事業法として電気通信事業法[6]が位置するという構成となっています[7]。

　1950（昭和 25）年制定の電波法は、電波の公平で能率的な利用が目的ですので、無線通信が対象になります。1953（昭和 28）年制定の有線電気通信法は、線条その他の導体を利用する電気通信を対象に、有線電気通信設備の設置・使用を規律し、有線電気通信に関する秩序を確立することを目的としています。このように両法制度は歴史が古く、改正を繰り返して現在に至っています[8]。

　これに対し、事業法のレベルで大きな節目となったのが 1985（昭和 60）年の通信自由化でした。

谷脇　1984（昭和 59）年に、日本電信電話株式会社法[9]と電気通信事業法が、

3　わが国に電信機が初めて紹介されたのは 1854 年で、米国のペリーが 2 度目に来訪した際、徳川幕府に献上された。1869（明治 2）年、明治政府により東京と横浜間に電信線が架設されて公衆電報の取扱いが開始された。わが国の電話交換業務は、1876（明治 9）年に米国で電話機が発明されたそのわずか 14 年後に開始された。電話交換業務は、戦前まで通信省により官営で提供された。業務開始当初より多数の加入申込みがあり、第 1 次、第 2 次の電話拡充計画が実施された。終戦から 4 年後の 1949（昭和 24）年、通信省は郵政省と電気通信省に分離され、電信電話事業は電気通信省の所管となった。さらに 1952（昭和 23）年、電信電話事業は日本電信電話公社の独占事業として運営され、郵政省がそれを監督するという戦後の通信サービスを供給する体制が発足した。
4　昭和 25 年法律第 131 号、最終改正：令和元年法律第 6 号。
5　昭和 28 年法律第 96 号、最終改正：平成 27 年法律第 26 号。
6　昭和 59 年法律第 86 号、最終改正：令和元年法律第 5 号。
7　他に日本電信電話株式会社法。
8　他にも 1957（昭和 32）年制定の有線放送電話法があったが、2011（平成 23）年に廃止。同法は、有線ラジオ放送の業務を行うための有線電気通信設備およびこれに附置する送受話器その他の有線電気通信設備を用いて他人の通信を媒介し、その他これらの有線電気通信設備を他人の通信の用に供するものを対象としていた。
9　昭和 59 年法律第 85 号、最終改正：平成 26 年法律第 91 号。

整備法[10]とともに通信改革関連3法として国会で成立しました。ちょうどこの年に私は旧郵政省（現総務省）に入省しました。これらの3法は翌1985（昭和60）年に施行され、これに伴って、それまで電気通信業務を所管していた公衆電気通信法が廃止されました。これによって電気通信事業の運営体制は、それ以前の国内通信は電電公社、国際通信は国際電電（KDD）という一元的な体制から民間事業者主体へと移行し、現行の電気通信法制の基本的な枠組みができ上がりました。

　この通信自由化は、通信分野への競争原理に基づく民間活力を積極的に導入し、通信事業の効率化、活性化を図り、通信分野における技術革新およびわが国社会経済の発展ならびに国際化の進展等を目指すという観点に基づいたものでした。このようにして制定された電気通信事業法は、制定以来、幾度も改正を重ねています。

岡村　電気通信事業法のことを、この対談では事業法と略称して、特に法令名を示さなければ、条項は事業法を指すことにします。現行の事業法は、①電気通信役務とは、電気通信設備を用いて他人の通信を媒介し、その他電気通信設備を他人の通信の用に供すること、②電気通信事業とは、電気通信役務を他人の需要に応ずるために提供する事業であって、放送法118条1項の放送局設備供給役務に係る事業を除くもの、③電気通信事業者とは、電気通信事業を営むことについて、9条の登録を受けた者および16条1項の規定による届出をした者と、それぞれ定義しています（2条3号〜5号）。

谷脇　事業法では、**図表4-1**のように、電気通信事業への参入について、原則として登録または届出を要しますが、この図の右側の部分に該当する場合など、164条1項各号で事業法の適用除外となる場合を定めており、その場合には登録・届出は不要です。

岡村　この適用除外部分を除いた電気通信事業のうち、登録制と届出制は、どのように区分されていますか。

谷脇　電気通信回線設備の設置の有無や規模等によって、**図表4-2**のように区分されています。登録電気通信事業者、届出電気通信事業者と呼んで区別して

10　昭和59年法律第87号。

第4章　ICT（情報通信技術）とサイバーセキュリティ

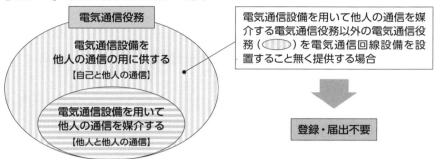

【図表 4-1】電気通信事業と登録・届出

出典：総務省「電気通信事業参入マニュアル［追補版］（令和元年10月1日最終改定）」

います。登録制、届出制に該当する場合、その違反は罰則の対象とされています（177条・185条）[11]。以上のように、電気通信事業への参入は、登録・届出の要否によって3種類に区分されます。詳細については、総務省サイトに掲載している「電気通信事業参入マニュアル」と「電気通信事業参入マニュアル［追補版］（令和元年10月1日最終改定）」を参照してください。

岡村　事業法に加えて、電気通信事業者が、そのネットワークに、無線設備を用いるときは電波法[12]が一般法として適用されますが、電波法にも広義のセキュリティ関連規定が含まれています[13]。ここに「広義の」と付けたのは、もともとセキュリティそれ自体を目的とした制度ではないものの、現在ではセキュリティ確保機能を事実上含んでいるからです。

11　登録・届出事項の変更や事業の休止等についても規定が置かれている。ただし、他人の通信を媒介しない電気通信役務を電気通信回線設備を設置することなく提供する場合、同法は適用除外となり（164条1項）、登録・届出は不要。
12　電波法では、携帯電話の端末機器にも無線局の免許が必要である。当該免許は携帯通信キャリアが包括的に取得する。すなわち、携帯電話等の特定無線設備（小規模な無線局に使用するための無線局であって総務省令で定めるもの）については、使用者の利便性の観点から、事前に電波法に基づく基準認証を受け、総務省令で定める「技適マーク」が付されている場合には、免許手続時の検査の省略等の無線局開設のための手続について特例措置が設けられており、それに基づき携帯通信キャリアが包括免許（電波法27条の2）を取得している。
13　これに対し、有線であっても、有線電気通信法の適用対象は、事業法の適用対象と基本的に区分されている。

【図表 4-2】登録・届出を要する電気通信事業

電気通信回線設備			必要となる手続
設置の有無	規模		
あり	① 以下のいずれかの基準に該当する場合 1) 端末系伝送路設備（端末設備又は自営電気通信設備と接続される伝送路設備（（例）局舎から利用者宅までの間の伝送路設備。同軸ケーブル、光ファイバといった線路設備のほか、無線系の設備も含む））の設置区域が一の市町村（特別区、地方自治法の指定都市の区・総合区を含む）を超える場合 2) 中継系伝送路設備（端末系伝送路設備以外の伝送路設備。（（例）局舎から局舎までの間の伝送路設備））の設置区間が、一の都道府県の区域を超える場合		登録
	② ①に該当しない電気通信回線設備 （例）同一市区町村内における CATV アクセスサービス		届出
なし	（例）・他の電気通信事業者の電気通信サービスを再販する場合 ・サーバやルータ等の伝送路設備以外の機器のみを設置・提供して電気通信サービスを提供する場合		届出

出典：総務省「電気通信事業参入マニュアル［追補版］（令和元年 10 月 1 日最終改定）」

③ 通信の秘密

岡村 憲法 21 条 2 項に基づく通信の秘密の保障は、通信分野の指導原理であって、現在では事実上、セキュリティにいう機密性（Confidentiality）と密接な関係があります。

谷脇 通信の秘密に関する規定は、従来から電波法と有線電気通信法に置かれていました。事業法のレベルでも、公衆電気通信法に規定されていましたが、その廃止に伴い、事業法に規定が置かれました。

　これらは基本的には現に取り扱われる具体的な通信が中心であり、その通信内容だけでなく、通信当事者や通信時間などの外延情報も対象となると考えられていること、侵害については知得、窃用、漏示が対象であり、罰則の対象となる点で原則として共通していますが、例外的に電波法の場合には、単に知得しただけでは侵害とならず、暗号通信の傍受者または暗号通信の媒介者であって当該暗号通信を受信したものが、当該暗号通信の秘密を漏示または窃用の目的で内容を復元したときに罰則の対象とされています（同法 109 条の 2）。これは誰でも受信できるという電波の性格から、単なる知得を対象外とする趣旨で

す。

4 電気通信事業の安全・信頼性の向上

岡村 ところで、通信自由化に伴って、事業法には電気通信事業の安全・信頼性の向上という観点から規定が置かれ、その後も時代の趨勢にあわせて改正等が行われています。この対談のテーマであるセキュリティに広い意味で関連するものですので、その概要をご説明願います。

谷脇 電気通信回線設備を設置する電気通信事業者、基礎的電気通信役務を提供する電気通信事業者は、電気通信事業の用に供する電気通信設備について、総務省令で定める技術基準への適合維持（41条）、電気通信設備の自己確認（42条）、管理規程の策定（44条）、電気通信設備統括管理者の選任（44条の3）、電気通信主任技術者の選任（45条）等の義務を負います。41条の技術基準は「事業用電気通信設備規則」[14]によって具体化されています。

これらの実効性を確保するため、総務大臣は、41条に不適合の場合には技術基準適合命令（43条）を、44条に不適合の場合には管理規程の変更命令等（44条の2）を、さらに電気通信設備統括管理者の解任命令（44条の5）等を行います[15]。

5 情報通信ネットワーク安全・信頼性基準

岡村 これら以外にも、「情報通信ネットワーク安全・信頼性基準」[16]が設けら

---

14 昭和60年郵政省令第30号、最終改正：令和元年総務省令第5号。
15 これらの規定は2014（平成26）年改正によって厳格化が図られている。この改正で管理規程の記載事項として全社的・横断的な「設備管理の方針・体制・方法」等が定められた。設備管理の専門化・細分化等が進む中で、従来の「管理規程」では、設備管理が縦割りになる傾向があった。関連設備間の設定値の誤設定等、設備全体の不整合性に起因した事故が多発したことを踏まえ、全社的・横断的な設備管理を確保する観点から記載事項を明確化したものである。44条の2の変更命令や遵守命令も、事故を頻発する事業者が管理規程の見直しを行わない場合や、管理規程の遵守等をしない場合の是正措置を確保するため、この改正で追加された。他にも、この改正によって、経営レベルでの対応を図るため、44条の3の電気通信設備統括管理者も導入された。44条の5も電気通信主任技術者による監督の実効性確保を図るために導入されたものである。回線非設置事業者への対応に関する規定も整備されている。
16 昭和62年郵政省告示第73号。他に「情報通信ネットワーク安全・信頼性対策実施登録規程」（昭和62年2月14日郵政省告示第74号）も存在した。これは情報通信ネットワーク（有線・無線等により、符号・音響・影像を送受信等するためのネットワーク）のうち一定の安全・信頼性対策が実施されているものを登録することにより、情報通信ネットワークの安全・信頼性の向上を図り、もって社会の情報通信の健全な発展に資することを目的としたものであったが、平成27年4月の安全・信頼性基準の改正に併せて廃止となった。

れており、一般に「安全・信頼性基準」と略称されています。これは「情報通信ネットワーク」について、①２条４号に規定する電気通信事業の用に供する情報通信ネットワークを「電気通信事業用ネットワーク」、②電気通信事業用ネットワーク以外の情報通信ネットワークのうち電気通信回線設備を設置するものを「自営情報通信ネットワーク」、③この①および②以外の情報通信ネットワークを「ユーザネットワーク」に区分した上、情報通信ネットワークのうち社会的に重要なものまたはそれに準ずるものを対象に、その安全・信頼性対策の指標としての基準を定めることにより、安全・信頼性対策の普及を促進することによって、情報通信ネットワークの健全な発展に寄与することを目的とするとしています。

谷脇 安全・信頼性対策全般にわたり、基本的かつ総括的な指標（ガイドライン）として、ネットワーク構築者には安全・信頼性対策の立案、実施の際の指針として活用されるとともに、利用者の安全・信頼性対策の理解を促進することにより、ネットワークの安全・信頼性対策の自発的な実施促進を図ることを期待して作成したものです。自発的なものという性格上、「任意基準」と呼ばれています。

この基準は時代の変化に対応するため何回も改訂されています。たとえば2001（平成13）年には、情報セキュリティポリシーへの対応、サイバーテロ等に関する対策の充実が図られました。

現在の安全・信頼性基準の内容は、設備および設備を設置する環境の基準である「設備等基準」と、設計・施工・維持・運用の段階での「管理基準」に区分され、合計108項目347対策から構成されています（2019（令和元）年7月18日現在）。これらの対策について、措置例等を参考として「情報通信ネットワーク安全・信頼性基準解説」を公表しており、総務省サイトで見ることができますので、参照していただくようお願いします。

岡村 ここまでの点を整理すれば、①技術基準は41条に基づくものなので「強制基準」、②安全・信頼性基準はガイドラインに基づく自発的なものなので「任意基準」、③管理規程は事業者の「自主基準」であり、これらの3層の基準があいまって、情報通信ネットワークの安全・信頼性の確保・向上が図られるという構造ですね。

6 電気通信に関する事故報告制度

岡村 事前の管理策に加えて、事業法は28条で、電気通信事業者は、電気通信業務に関し通信の秘密の漏えいその他総務省令で定める重大な事故が生じたときなどには、その旨をその理由または原因とともに、遅滞なく、総務大臣に報告する義務を負うと規定しています。

谷脇 これを「事故報告制度」と呼んでいます。次の2種類に区分されています。

まず、一定の規模以上の「重大な事故」について報告を義務付けています。電気通信事業者が提供するサービスが停止して利用できない「事故」が発生すると利用者への影響も大きいので、当該事故の状況把握やその後の再発防止に向けた施策に活用するためです。「電気通信事業法施行規則」[17]が、57条で「業務の停止等の報告」を、58条で「報告を要する重大な事故」を定めています[18]。すみやかに状況を報告した上、30日以内に詳細報告をするというものです。

次に、「重大な事故」に該当しない事故でも、「電気通信事業報告規則」[19] 7条の3は、電気通信役務の提供を停止または品質を低下させた事故のうち、影響利用者数3万以上または継続時間2時間以上のもの等については四半期ごとに、2ヵ月以内に報告するものとしています。これを「四半期報告事故報告制度」と呼んでおり、選択肢式の簡易な報告を求めるものです。

岡村 関連して「電気通信事故に係る電気通信事業法関係法令の適用に関するガイドライン（第4版）」（2019（令和元）年6月27日）も公表されています。

谷脇 事業法等の関係省令等の規定に基づき総務大臣へ報告を要する事故の範囲の目安を定め、報告を行う電気通信事業者が、関係法令を遵守するための指針です。ネットワークのIP化の進展に伴い、電気通信事故の件数は増加傾向

17　昭和60年4月1日郵政省令第25号、最終改正：平成30年2月26日総務省令第6号。
18　同条では加入者線系、中継線系、第二種事業者に区分していた。2003（平成15）年の事業法改正によって従来の第一種・第二種の区分が廃止された。それに伴い、平成16年総務省令第44号（同年4月1日施行）では、そうした事業区分等ごとの規定を撤廃し、すべての事業者に一律の基準として「2時間以上かつ3万人以上の事故」を対象にした。平成19年総務省令第138号（平成20年4月1日施行）では役務の停止に加え、つながりにくいといった品質低下も新たに事故と規定した。さらにサービスの多様化を踏まえ、平成27年度から「重大な事故」の報告基準を、「サービス一律の基準」から「サービス区分別の基準」に見直して現行に至っている。
19　昭和63年7月30日郵政省令第46号、最終改正：令和元年総務省令第5号。

にあり、特にインターネット接続サービスや電子メールサービスに関連する事故の発生件数が急増したことを受けて2010（平成22）年に初版を策定しました。その後におけるネットワークのIP化・ブロードバンド化等のさらなる進展や、これによる電気通信事業者の増加や提供サービスの多様化・複雑化に伴い、電気通信事故の要因も多様化・複雑化してきていることを踏まえ、見直しを行った第2版を2015（平成27）年に策定しました。最新版は2019（令和元）年の第4版です。

岡村　これらの制度によって総務省が報告を受けた情報は、どのように扱われるのでしょうか。

谷脇　この2種類の事故報告を受けた事故を、「事故発生状況」として毎年度公表しています。さらに、第三者たる外部専門家による「電気通信事故検証会議」が報告の分析・検証等を行ったものを、「電気通信事故に関する検証報告」という年次報告書として公表しています。再発防止に向けた各種の取組みへの有効活用のために設けられているものです。これらは総務省サイトで閲覧することができます。

岡村　単に報告した事業者の再発防止のためだけでなく、他の事業者が同種事故の発生を未然に防止するために情報共有し、さらには技術基準等への反映など今後講じるべき政策を検討するために、フィードバックという意味で、事故情報を活用することは非常に有益であると思われます。ただ、事故の中でもサイバー攻撃によるものは、その手口が悪い意味で日進月歩ですので、その防御のための情報共有という点では、同種被害防止のため、近い将来、リアルタイムでの情報共有が可能になるよう制度の見直しをお願いしたいところです。

7　端末機器に関する基準認証制度

岡村　ご説明いただいた電気通信設備は電気通信事業者側が役務の提供に用いるものですが、それに接続するスマートフォンのような利用者側の端末機器についてはいかがでしょうか。

谷脇　端末機器を電気通信事業者のネットワークなど電気通信回線設備に接続して使用する場合には、原則として利用者は、電気通信事業者の接続の検査を受け、当該端末機器が事業法に基づく技術基準に適合していることを確認する

第 4 章　ICT（情報通信技術）とサイバーセキュリティ

【図表 4-3】 端末機器に関する技術基準・認定制度

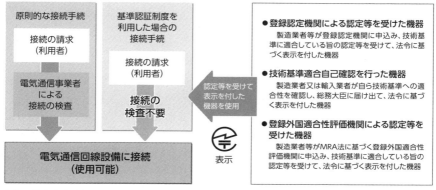

出典：総務省「端末機器に関する基準認証制度について」

必要があります。例外として、登録認定機関から技術基準に適合していることの認定を受けるなどして総務省令で定める「技適マーク」が付された機器を接続する場合には、当該端末機器の利用者は、電気通信事業者による接続の検査を受けることなく接続し使用することができます（69 条）。

電気通信事業者は、総務省令で定める技術基準に適合している端末設備について、当該事業者の電気通信回線設備への接続請求を拒むことができず（52 条）、自営電気通信設備（電気通信回線設備を設置する電気通信事業者以外の者の電気通信設備）の接続も同様です（70 条）。

こちらの技術基準・認定制度は、52 条 2 項が定める事項が確保されるものとして、「端末設備等規則」[20] で**図表 4-3** のとおり定めています。

20　昭和 60 年 4 月 1 日郵政省令第 31 号。近年、インターネットにつながる IoT 機器が乗っ取られてサイバー攻撃に悪用され、インターネットに障害を及ぼす事案が増加しており、その原因としては、パスワードの不適切な設定など IoT 機器のセキュリティ上の脆弱性を悪用するケースが多いことから、IoT 機器を含む端末設備のセキュリティ対策のため、本対談後、端末設備等規則が一部改正された（平成 31 年総務省令第 12 号）。具体的には、インターネットプロトコルを使用し、電気通信回線設備を介して接続することにより、電気通信の送受信に係る機能を操作することが可能な端末設備について、最低限のセキュリティ対策として、次の機能を具備することを技術基準に追加するというものである。その概要は、①アクセス制御機能、②アクセス制御の際に使用する ID/パスワードの適切な設定を促す等の機能、③ファームウェアの更新機能、または①〜③と同等以上の機能であるが、PC やスマートフォン等、利用者が随時かつ容易に任意のソフトウェアを導入することが可能な機器については対象外とした（総務省「電気通信事業法に基づく基準認証に関するガイドライン（第 1 版）」（平成 31 年 4 月 22 日））。

岡村 「技適」についても、後述のセキュリティ・バイ・デザインの観点から、国際基準との調整を図りつつ国内基準化すべく、端末のセキュリティに役立てるべき時代が近いのではないでしょうか。

8 インターネットへの対応

岡村 ここからは少し視点を変えてお話をお聞きしますが、通信自由化以降における全体的な動向を、今ではやや古くなりましたが「平成27年版 情報通信白書」は、①電話の時代（1985年頃～1995年頃）、②インターネットと携帯電話の時代（1995年頃～2005年頃）、③ブロードバンドとスマートフォンの時代（2005年頃～現在）の3時代に大別しています。

谷脇 そうした時代ごとの課題に対応するため、事業法は何度か改正されて現在に至っています。①の時代には競争導入以来10年で、通信市場には多数の事業者が新たに参入し、事業者間の競争により料金の低廉化やサービスの多様化が生じたとしています。たとえば自前の回線を持たなくてもよい第二種電気通信事業者（当時）が創設され、それによってパソコン通信などが開花し、それに伴って電気通信を取り巻く環境も変化しました。

岡村 純然たる業務用ネットワークと異なり、パソコン通信は会員になれば誰でもアクセスできるという限度でオープンである半面、その副作用として不正アクセスやマルウェア関連の事件が発生し始めました。とはいえ、基本的には国内で閉じたネットワークであって、全体を運営する管理者が存在して会員規約もありました。ところが、この白書にいう②の時代には、1995（平成7）年のインターネットの民間開放を契機に、セキュリティを取り巻く環境は大きく様変わりしました。インターネットは国際的に接続されており、一元的な全体の管理者もおらず、会員規約は個々の接続プロバイダのものにすぎず、ネットワーク全体に関するものではありません。

谷脇 インターネットの民間開放を受けて、主としてその普及を推進するという観点から、2000（平成12）年に高度情報通信ネットワーク社会形成基本法が制定されました。いわゆるIT基本法と略称されています。その一方、ボーダレスな環境の下で、不正アクセスなどセキュリティ関連の事件やマルウェアが急増しましたので、不正アクセス禁止法など制度面における整備が逐次進めら

れました。現在では、マルウェアの作成等も「不正指令電磁的記録に関する罪」として刑法犯とされています。といっても、インターネットを介したサイバー攻撃は高度化、巧妙化、多様化、複雑化しており、常に新たな課題が発生し続けています。

岡村 アダルトサイトなどの広告・宣伝を目的とする迷惑メールは、パソコン通信と携帯電話（フィーチャーフォン）の時代にも問題となっており、この時期、いわゆる迷惑メールが急増し、それによって違法有害情報サイトへの誘導問題がクローズアップされるとともに、インターネットを介して大量に送り付けられる迷惑メールによって、プロバイダに通信障害を発生させ、あるいは携帯電話のメールシステムがダウンするなど障害が発生するという事態も問題となったことなどから裁判沙汰に発展する事例もありました。セキュリティの要素である可用性（Availability）にも関連するところです。

谷脇 それに対処するため、総務省は2002（平成14）年に「特定電子メールの送信の適正化等に関する法律」（略称：特定電子メール送信適正化法）を制定しました。制定当初は送り付けについてオプトアウト制を採用していましたが、その後の改正によって、現在ではオプトイン制へと改正され、さらに違反行為を罰則の対象としています。他にも迷惑メールに対する規律を厳格化しています。その後もネット選挙運動解禁に伴い一部改正されています。

　その一方で、特定電子メール送信適正化法の制定直後から「ワン切り」が発生しました。電気通信事業者の交換機が輻輳によって大阪の市外局番「06」において広域にわたってダウンして通話できなくなるという事件であり、社会問題となりました。これに対処するため急いで有線電気通信法を改正して、いわゆるワン切り罪の罰則規定（同法15条）が新設されました。

岡村 私も研究会構成員として関係しましたが、電気通信事業者ではなく利用者が、当該利用者の固定電話、つまり当該利用者の責任領域から行うものだったため、事業法ではなく有線電気通信法の改正によって対処したものでした。

9　ブロードバンド時代とサイバーセキュリティ基本法

岡村 ③の新たなブロードバンドの時代におけるセキュリティを象徴するものとして、冒頭でも述べていただいたとおり2014（平成26）年にサイバーセキュ

リティ基本法が制定され、2016（平成28）年に一部改正されました。

谷脇　情報通信という分野は、同法3条1項が定義する「重要社会基盤事業者」の対象事業に含まれており、同法6条所定の責務を負います。「サイバー関連事業者」は同法7条が「インターネットその他の高度情報通信ネットワークの整備、情報通信技術の活用又はサイバーセキュリティに関する事業を行う者をいう」と定義しており、同条所定の責務を負います。

10 フィーチャーフォンからスマートフォンへの移行

岡村　2000年代後半になるとスマートフォンが登場して急速に普及に向かいました[21]。先の白書にいう③の時代の到来です。

　従来のフィーチャーフォンの時代には、基幹部分はすべて国内の携帯通信キャリア（携帯電話会社）が主導してきました。接続回線の提供はもちろん、おサイフケータイなどのサービス内容、端末機器の基本規格、コンテンツへの課金を含めて、すべての決定権、いわば根幹部分を携帯通信キャリアが掌握してきたといえるでしょう。フィーチャーフォンはOSも個別化されており、その上で作動するアプリも少なく、しかも個々の機種への依存性が強い閉鎖的なものであり、サードパーティが自由にアプリケーションを作成・配布することは予定されていませんでした。このため、汎用性のない従来型フィーチャーフォンの世界では、こうした個別化が、ある意味で幸いしたのか、外部攻撃を受けることは少なく、特筆すべき重大なマルウェア被害も発生し難い状態でした。他の点を含めて整理すると、①通信キャリア主導の垂直統合モデル、②端末機器（ハードウェア）における通信キャリア依存性と機種依存性の強さ、③携帯電話網を介した接続モデル、④電波法・事業法を中心とした事業者規制が、その基本的な特徴であったと分析していました。

　ところが、スマートフォンの登場・普及によって、iPhoneの米国アップル社と、Android携帯の米国グーグル社という2大オーバー・ザ・トップ（OTT）が、端末の規格等について主導権を握る時代へと急速に移行しました。コンテ

21　初代iPhoneの発表は2007（平成19）年1月。わが国では二代目のiPhone 3Gが2008年に発売された。世界初の商用Android搭載端末は2008（平成20）年に発表され、わが国では2009（平成21）年から発売された。

ンツやアプリもサードパーティのアプリベンダ製が通常となり、その数も飛躍的に増大する一方、主として2大OTTがプラットフォームを握って配布するという仕組みになっています。それによって、従来の携帯通信キャリアを中心とした閉鎖的な垂直統合モデルが崩壊し、他の電気通信事業者にもWi-Fi等で接続できるので、その場合には携帯通信キャリアの携帯電話網すらバイパスされます。こうして通信サービスのアンバンドル化が進みました。

谷脇 そうしたスマートフォンへのパラダイムシフトに伴い、新たに発生した諸問題に対応するための枠組みについても、再検討が必要となりました。そのため総務省ではスマートフォン・クラウドセキュリティ研究会を開催し、2012（平成24）年6月に「最終報告」を公表しました。岡村さんも構成員でした。その中で「スマートフォンの特性」として、①PCと比較してハードウェアの処理能力が限られるため、PCでは可能なセキュリティ対策が困難な可能性がある一方、通話機能に加え、カメラやGPS等のデバイスが搭載されているなど、PCにはない機能がスマートフォンに具備されていることにより、利便性が高いがゆえに新たな脅威が発生、または脅威が大きくなり得ること、②アプリに対して過大なアクセス範囲を利用者がいったん承認してしまえば、サンドボックスなどのセキュリティモデルが有効に機能しなくなり得ること、③通信路の多様化、④ビジネスモデルの変容を指摘しています。

岡村 そうした特性を踏まえ、「最終報告」では、スマートフォンのセキュリティ上の脅威について、脅威のあるアプリケーションとして、スマートフォンを対象としたマルウェア、脆弱性を含むアプリケーション、利用者が意図しない利用者情報の外部送信を行うアプリケーションが掲げられています。さらに、端末の紛失・盗難等による情報の漏えい等の脅威や、無線LAN利用による脅威も指摘されています。もはや携帯電話網のゲートウェイ側だけでなく、端末側でセキュリティを図らなければならなくなっています。

谷脇 この「最終報告」では、セキュリティ上の課題、課題に対する事業者における対策、そして課題に関する政府が果たすべき役割を、**図表4-4**のとおり整理しています。端末機器に関する技術基準・認定制度については、先に説明したとおりです。

【図表4-4】スマートフォンのセキュリティ

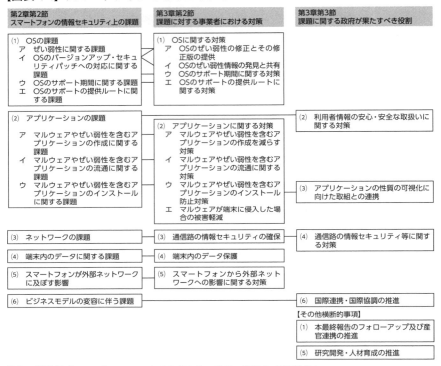

出典：総務省「スマートフォン・クラウドセキュリティ研究会 最終報告」

11 IoTセキュリティ

岡村 新たなセキュリティ上の課題として、コネクティッドカーに代表されるように、「モノのインターネット」と邦訳されるIoT（Internet of Things）への対応が要請されています。

あらゆるものがインターネット等のネットワークに接続される時代の到来によって、セキュリティの確保が、安心安全な国民生活や、社会経済活動確保の観点からきわめて重要な課題となっています。総務省の情報セキュリティアドバイザリーボードが2015（平成27）年5月に公表した「サイバーセキュリティ政策推進に関する提言」の中でも、IoT社会の本格的到来によりサイバー空間

と物理空間との融合が進展、各分野で新たな価値が生み出されイノベーションが創発する一方、サイバー攻撃の脅威が大幅に増大することが指摘されています。同年10月には、民間主導の組織として「IoT推進コンソーシアム（IoT Acceleration Consortium：ITAC）」も設立され、IoTセキュリティワーキンググループが置かれています。

谷脇　私がNISC審議官であった2016（平成28）年8月に、「安全なIoTシステムのためのセキュリティに関する一般的枠組」を公表しました。IoTでは一つの IoT システムのリスクが他のIoTシステムに波及する可能性があることに鑑み、IoT システムの集合体である "System of Systems（SoS）" としてとらえる必要があるとした上、従来におけるセキュリティのための一般的枠組みである機密性、完全性、可用性の3要件に加えて、IoTセキュリティでは安全確保が重要となるため、新たに安全性を要件としています。次に、「機器、ネットワーク、認証等のプラットフォーム、サービス等のレイヤーに分けて分析・検討を行う」ものとしています。

　それを踏まえて、ITACが総務省・経済産業省と連名で「IoTセキュリティガイドライン ver1.0」を公表する一方、総務省では「サイバーセキュリティタスクフォース」を2017（平成29）年1月から開催し、その検討結果を、同年4月に「IoTセキュリティ対策に関する提言」としてまとめて公表しました。その中の「IoTセキュリティ対策の取組方針 ver1.0」で、緊急に取り組むべき検討事項を明らかにしました。これを受けて総務省は「IoTセキュリティ総合対策」を2017（平成29）年10月に公表しました[22]。

岡村　この「一般的枠組」と「取組方針」を受けて策定された「総合対策」では、IoT化の進展は、これまで個別領域ごとに進められてきたICT化を超え、異なるシステムの連携による仮想的な統合システム（System of Systems）となって異なる領域のデータ連携を実現すること、その結果、IoTシステムはリアルな現実空間とサイバー空間を緊密に連携させたデータの生成・収集・連携・解析を通じ、社会課題の解決をもたらす社会基盤として機能していくこと

22　同タスクフォースから、2018（平成30）年、2019（令和元）年にプログレスレポートが公表され、同年8月に「IoT・5Gセキュリティ総合対策」が公表された。

が期待される半面、社会基盤としてのIoT化が進展すると、IoTセキュリティ対策が不十分な場合の影響として広範囲に及ぶ連鎖のリスク（システミックリスク）が顕在化する可能性があるため、IoTセキュリティ対策には、部分最適ではなく、システム全体を俯瞰した全体最適を実現する観点から総合的な対策を講じていく必要があるとした上で、レイヤーごとに、想定される課題が抽出されています。

「総合対策」の「基本的考え方」では、NISCの「一般的枠組」が示すように、レイヤーを、サービス（データ流通）層、プラットフォーム層、ネットワーク層、そして機器層に区分して分析・検討されています。

谷脇 まず、サービス層では、IoTシステムの作動が正しいデータに基づくことが必須要件です。データの改ざんを防止したデータの真正性の確保のための対策の強化や暗号化技術の高度化・軽量化の取組みが必要です。

次にプラットフォーム層では、異なるシステム間の認証等を通じて相互接続されますので、システム間のセキュリティ対策の運用基準の共通化や異なるシステム間の情報共有体制の強化が課題です。

第3にネットワーク層では、機器層とプラットフォーム層をつなぐデータ伝送の役割を担い、特にIoTシステムを構成する無線ネットワークの脆弱性を最小化する取組みが求められます。たとえば、商用化が目指されている5G（第5世代移動通信システム）や実導入が開始されているLPWA（Low Power Wide Area）[23]といった無線ネットワークのセキュリティ対策を強化するほか、ネットワークの制御がソフトウェアで行われるSDN/NFV技術[24]が実装されていくと見込まれることから、当該技術のセキュリティ対策の強化が課題です。

さらに、機器層では、IoT機器の管理と脆弱性の検知・措置・切り離しなどを関係者の連携と明確な責任関係の上で実現するための体制構築が不可欠です。

岡村 この「総合対策」における「具体的施策」ではレイヤーごとに抽出され

---

23 「平成27年版 情報通信白書」は、IoT時代では多様なアプリケーションの通信ニーズに対応することが求められており、こうした要件に特化して現在開発・提供等が進んでいるのがLPWAと呼ばれるコンセプトであって、「LPWAの通信速度は数kbpsから数百kbps程度と携帯電話システムと比較して低速なものの、一般的な電池で数年から数十年にわたって運用可能な省電力性や、数kmから数十kmもの通信が可能な広域性を有している」とする。

第4章　ICT（情報通信技術）とサイバーセキュリティ

【図表 4-5】脆弱性対策に係る体制の整備

設計・製造段階	①セキュリティ・バイ・デザイン等の意識啓発・支援の実施
販売段階	②認証マークの付与および比較サイト等を通じた推奨
設置段階	③IoTセキュアゲートウェイ
運用・保守段階	④セキュリティ検査の仕組み作り
	⑤簡易な脆弱性チェックソフトの開発等
利用段階	⑥利用者に対する意識啓発の実施や相談窓口等の設置
脆弱性調査の実施	⑦重要IoT機器に係る脆弱性調査
	⑧サイバー攻撃の踏み台となるおそれがある機器に係る脆弱性調査
	⑨被害拡大を防止するための取組みの推進
	⑩IoT機器に関する脆弱性対策に関する実施体制の整備

た課題を踏まえつつ、複数レイヤーに関わる施策を一体的に推進することが効率的であるという見地から、具体的な施策群として、(1)脆弱性対策に係る体制の整備、(2)研究開発の推進、(3)民間企業等におけるサイバーセキュリティ対策の促進、(4)人材育成の強化、(5)国際連携の推進の5項目に分けて整理されています。

谷脇　(1)については、図表4-5のとおりライフサイクル全体を見通した対策が必要であるとしています。それに加え、設置済みのIoT機器、さらには製造・販売された新規のIoT機器に新たな脆弱性が発見され、それを突いたサイバー攻撃が行われる可能性に備えたものです。IoT機器といっても、重要インフラで利用される重要機器と、サイバー攻撃の踏み台となってネットに悪影響を及ぼすおそれのある機器の双方に対する対策の必要性、脆弱性調査の効果を高める観点から所要の法制度の整備についても併せて検討する必要があるとしています。

岡村　以上の詳細については「総合対策」を直接参照してほしいと思います。

24　クラウドサービスでは、1台の物理マシン上に多数の「仮想マシン（Virtual Machine; VM）」を動作させて利用することが増加傾向にあるが、ユーザーとしては物理マシンの特定は大きな意味がなく、VMは必要な時に生成し、不要になれば消滅させ、必要に応じて異なる物理サーバ上への移動も想定されるというきわめて動的な仮想化が進んでいる。仮想サーバと仮想ネットワークを自由に結合したシステム全体を、ハードウェアと独立させて動的に構成可能な環境を作り上げるため、サーバ仮想化と同レベルの動的なネットワーク仮想化を実現する技術が必要となる。「SDN」は「Software-Defined Networking」の略称であり、ソフトウェア技術により動的なネットワークの仮想化を実現し、新たな仮想ネットワークの構築や制御を、ソフトウェアにより自由に可能にしようという考え方である。「NFV」とは、「Network Functions Virtualization」の略称であり、サーバ仮想化技術を活用して、VMを必要に応じて立ち上げ、それらのVM上で必要な諸機能を動作させて、その機能間でどうパケットを転送するべきかをSDN技術を用いて制御すれば良い、という考え方の一つである。以上の詳細はJPNIC（一般社団法人日本ネットワークインフォメーションセンター）ニュースレター58号（2014）「ネットワークの仮想化技術」参照。

これに関連して、IoT機器というハードウェアは、動産ですのでPL法（製造物責任法）の対象となります。これに対し、ソフトウェアそれ自体は、動産といえないので、単独では同法の対象となりません。しかし、IoT機器メーカーは、当該ハードウェアに用いられるべきソフトウェアプログラムも自社で調達してオールインワンの形式で組み込んでいることが少なくありません。このため、当該組み込みソフトも、IoT機器の一部を構成するものとして、同法の対象となるものと考えられます。ただし、組み込みソフトの脆弱性が、同法の責任原因となる「欠陥」に該当するか、その範囲をどう考えるべきかについては必ずしも議論が進んでいません[25]。電気通信事業者の通信障害や、利用者が入れたサードパーティ製アプリの脆弱性に起因して障害が発生する場合もあれば、利用者が機器のメンテナンスを怠ったためインシデントが発生することも想定されます。その一方、新たな技術の進歩に伴うセキュリティ上の脅威は次々に登場するので、同法の出荷後10年という責任期間は非常に長く思われます。ネット経由で当該機器にセキュリティパッチを当てることができるとしても、そのための製品コストが製品価格に反映して国際競争力を失わせないか、搭載メモリー量等の関係でパッチという方法にも限界があるのではないかといった点の検討も、将来に委ねられています。いずれにしても、省庁間の連携に基づく制度面も含めた検討が求められるところであると考えます。

　ところで、(2)(4)(5)の点も重要ですが、民間部門としては、(3)の「民間企業等におけるサイバーセキュリティ対策の促進」が気になるところです。

谷脇　(3)については、2017（平成29）年7月のサイバーセキュリティ戦略本部決定「2020年及びその後を見据えたサイバーセキュリティの在り方について──サイバーセキュリティ戦略中間レビュー──」を踏まえています。「総合対策」における「具体的施策」は**図表4-6**のとおりです。これを踏まえ、「サイバーセキュリティタスクフォース」に「情報開示分科会」を新たに立ち上げています。

岡村　私が分科会の主査を担当していますので説明しますと、「情報開示分科

25　他に、主として一般消費者の生活の用に供される製品である場合、消費生活用製品安全法の対象にもなり得る。ただし、具体的に適用されるのは製品事故情報報告・公表制度である。現に、埼玉県で携帯電話から出火したとして2010（平成22）年10月に重大製品事故の報告が消費者庁に受理されている。

【図表4-6】民間企業等におけるサイバーセキュリティ対策の促進

①民間企業のセキュリティ投資等の促進
②セキュリティ対策に係る情報開示の促進
③事業者間での情報共有を促進するための仕組みの構築
④情報共有時の匿名化処理に関する検討
⑤公衆無線LANのサイバーセキュリティ確保に関する検討

会」は、セキュリティ対策に関する情報開示がマーケットにおいて評価され、それがさらに企業価値を高めるという好循環を作るために、どのような政策の展開が民間企業にとって良い環境作りにつながるかという視点における検討であり、あくまで任意の情報開示であることを前提に、企業のセキュリティ対策に係る情報開示に関するガイドラインの策定につき、関係府省と連携しつつ検討するというものですね。具体的には、どのような項目を、どのような粒度で公表するべきか、どのような媒体で、どのようなフォーマットで公表するのが望ましいか、情報開示のインセンティブとなり得るサイバーセキュリティ保険商品の利用を民間企業に普及させるには、どのような方策が有効かなどが検討課題となっています。2018（平成30）年6月に同分科会報告書を公表しました。

　ところで、「サイバーセキュリティタスクフォース」には、「公衆無線LANセキュリティ分科会」も立ち上げられています。

谷脇　「公衆無線LANセキュリティ分科会」は、公衆無線LANサービスの普及が進んでいる一方、セキュリティ上の脅威への対応として、利便性と安全性のバランスに配慮しつつ、利用者が安心して同サービスを利用するには、どのような認証方式が望ましいか、不正アクセス等の防止に、どのような対策が求められるか、セキュリティに配慮した同サービスの普及を図ることができるか、どのようなアクセスポイントの設置形態がセキュリティの観点から望ましいかというものです。

岡村　総務省から「無線LANビジネスガイドライン〔第2版〕」（平成28年9月23日）が公表されており、これにもサービス提供時の個人情報保護や通信の秘密の保護について言及されていますが、セキュリティという観点から、どのような対策をしておけば必要十分なのか、さらに具体的に明らかになれば、自治体等の設置側としても、より設置しやすくなり、普及が進むはずです[26]。

⓬　新たな制度整備

岡村　さらに、総務省は「円滑なインターネット利用環境の確保に関する検討会」による「対応の方向性」(2018年2月)を公表しました。また、2018(平成30)年春の通常国会には、「電気通信事業法及び国立研究開発法人情報通信研究機構法の一部を改正する法律案」も提出されています。これらについて簡潔にご説明ください。

谷脇　前者の「対応の方向性」ですが、まず「基本的な考え方」として、DDoS (Distributed Denial of Service) 攻撃(分散型サービス妨害攻撃)等の大規模化に伴いセキュリティ上の脅威が深刻化し、関係者ごとの独自の取組みだけでは対応が困難となりつつあること、社会全体におけるインターネット利用の拡大やIoT機器等の攻撃基盤となり得る端末設備が急増、拡散しているといった状況を踏まえると、IoT機器等を踏み台としたDDoS攻撃等によるインターネットの障害を回避し、円滑なインターネット利用環境を確保するには、インターネット全体での対応が必要となることを前提に、インターネットの円滑な利用環境を確保するには、多数の者による通信基盤として利用されている電気通信事業者の通信ネットワーク保護が強く求められ、その保護には、電気通信事業者だけでなく、端末機器の製造業者等の通信ネットワークに関わる者全体が連携して対応を進めることが重要であるという見地から、電気通信事業者がセキュリティ対策を積極的に講じるべきこと、関係者間における情報共有と相互連携の必要性、ネットワーク接続されるIoT機器など端末設備のセキュリティ対策の必要性を指摘しています。

岡村　ここで簡潔に用語を説明しておきますと、コンピュータウイルスなどマルウェアに感染して乗っ取られた機器に対しインターネットを介してサイバー攻撃等を行うように指令を出す指令サーバのことを、一般にC&Cサーバ (Command and Control server) と呼んでいます。この指令によってマルウェア感染機器が攻撃等の踏み台とされてしまいますが、なかでも当該指令によって

26　本対談段階で、案文が意見募集終了段階にあった総務省サイバーセキュリティタスクフォース「公衆無線LANセキュリティ分科会報告書」が、2018(平成30)年3月22日付けで公表された。

大量の感染機器からインターネット上の特定のサーバ等に対して一斉攻撃を仕掛け、当該サーバが提供するサービスを妨害する攻撃手法は、DDoS 攻撃と呼ばれています。最近では IoT 機器を踏み台とするケースが急増しています。

　次に、この「基本的な考え方」に基づき「対応の方向性」で示された概要についてもご説明ください。

谷脇　「電気通信事業者の取り得るDDoS攻撃等への防止措置」として、①DDoS 攻撃等に利用されることにより情報通信ネットワークに障害を生じさせる可能性の高い端末等の利用者に対する注意喚起、②DDoS攻撃等を実施している端末やC&Cサーバと通信をしている端末等の検知、③マルウェア感染者等の通信を利用したC&Cサーバ等の検知を掲げています。次に、「電気通信事業者その他の関係者における情報共有」として、その必要性、課題、今後の対応の方向性を示しています。さらに、「IoT機器を含む脆弱な端末設備への対策」として、対策の必要性、今後の対応の方向性を示しています。最後に、「2017年8月に我が国で発生した大規模なインターネットの障害に関する検証と今後の対策」についても触れています[27]。「対応の方向性」も総務省サイトで閲覧できますので、詳しくは直接参照してください。

岡村　2018（平成30）年春の通常国会に提出された電気通信事業法等の改正案の概要は、いかがでしょう。

谷脇　事業法の改正事項は、①深刻化するサイバー攻撃への通信事業者の対処の促進、②電気通信番号に関する制度整備、そして③電気通信業務等の休廃止に係る利用者保護の3件です[28]。

　このうちサイバーセキュリティ関係は①ですので、それに焦点を当てて説明します。IoT機器などインターネットに接続される機器の増加に伴い、それが

---

[27] 「対応の方向性」から引用すると、この「障害」とは「2017年8月、海外事業者Xが本来配信予定のなかった大量かつ詳細な経路情報を海外事業者Yに誤配信したことを契機に、①当該経路情報に含まれていた国内電気通信事業者A宛の経路情報により、日本国内での通信も含め、A宛の通信が海外のX及びYを経由する設定となったことからA宛の通信がつながりにくい状態となるとともに、②Yから当該経路情報を受信した国内電気通信事業者Bにおいて、同社の法人向けインターネット接続サービス用のルータが不安定となり、当該ルータを利用する法人が提供するサービスにインターネット経由でアクセスしづらい状態となり、長時間にわたり大規模な通信遅延が生じた事象」である。

[28] 電気通信事業法及び国立研究開発法人情報通信研究機構法（NICT法）の一部を改正する法律（平成30年法律第24号）は平成30年5月23日公布。このうち、深刻化するサイバー攻撃への通信事業者の対処の促進に係る改正およびNICT法の改正については平成30年11月1日施行。

マルウェア感染して乗っ取られて踏み台にされ、大規模なサイバー攻撃が行われる事態が生じていることは前述しました。現に、これまでのオリンピック・パラリンピックでも、こうした攻撃が観測されていますので、2020年東京大会の開催に向け、わが国でもこうしたサイバー攻撃の標的となるリスクが格段に高まると予想されるため、早急な対策が必要となっています。

　電気通信事業者によるサイバー攻撃への対処としては、「対応の方向性」にも示されていますように、C&Cサーバからの通信をブロックすることが、また、マルウェア感染機器を所有する利用者に対してマルウェアを駆除できるよう注意喚起することが効果的と考えられます。このような対処を電気通信事業者が行うためには、C&Cサーバやマルウェア感染機器に関する情報が必要であり、電気通信事業者間で通信の履歴等の情報を共有して対処することが必要ですが、電気通信事業者は通信の秘密の保護が義務付けられているので、情報共有の取組みが進んでいない状況にあります。

　このような課題に対応するため、今回の事業法改正により、C&Cサーバやマルウェア感染機器に関する情報を電気通信事業者間で情報共有するハブとなる第三者機関を総務大臣が認定し、適切な情報の取扱い等を確保する制度を整備したいと考えています。この第三者機関として、具体的には、ICT分野のサイバーセキュリティに関する情報収集・調査・分析を実施している「一般社団法人ICT-ISAC」を念頭に置いています。

岡村　この改正には、同時に国立研究開発法人情報通信研究機構法（NICT法）の一部改正も含まれていますが、これもサイバー攻撃への対処という趣旨と目的のものですね。

谷脇　インターネットに接続される機器を踏み台とするサイバー攻撃の脅威が顕在化してきていることは繰り返し述べましたが、特に「1234」などの容易に推測可能なパスワードを使用するケースのようにパスワード設定に不備があれば、ネットワークを介して外部から侵入されてマルウェア感染し、サイバー攻撃の踏み台として悪用されるリスクが高まります。

　このような機器への対策を実効的に進めるためには、パスワード設定に不備のある機器を特定し、電気通信事業者の協力も得つつ、個々の利用者に対してパスワードの設定変更を求める注意喚起を行うことが効果的です。このため、

今回の法改正により、約5年間の時限措置として、情報通信研究機構（NICT）の業務範囲に、パスワード設定に不備のある機器をインターネット上で調査するとともに、機器利用者の特定に必要な情報を電気通信事業者へ提供する等の業務を追加する一方、電気通信事業者への情報提供業務につき、対象となる通信事業者が多数となることが見込まれるため、先ほどご説明申し上げた事業法上の第三者機関を通じて的確かつ効果的に情報提供できるようにする趣旨のものです。

13　結びに代えて

岡村　他にもAIセキュリティなど多様な問題が指摘されていますが、最後に今後の課題についてご指摘ください。

谷脇　サイバーセキュリティの分野は、技術的な対策のみならず、民間企業の設備投資の促進、所要の法制度の見直し、セキュリティ人材の育成、国際連携の強化など、さまざまな観点から取り組んでいくことが必要です。総務省としても、こうした観点を踏まえ、NISCをはじめ関係機関と連携しつつ、「総合対策」を積極的に推進していきたいと考えています。

岡村　本日は長時間、多様な点にわたり、たいへんありがとうございました。

第5章 サイバーセキュリティと国際・国内標準および適合性評価制度

一般社団法人情報マネジメントシステム認定センター
(ISMS-AC) 代表理事

山内　徹　Toru Yamauchi

　サイバーセキュリティの重要性が高まる中で、情報セキュリティや個人情報保護に関連するさまざまな国際規格・国内規格が発行され、それに基づく適合性評価制度が運営されています。わが国でも、こうした適合性評価制度に基づく認証を取得する企業その他の組織が増えています。これらの認証取得は、公共入札等の要件とされているケースもあります。その取得・更新手続には内部規程の整備など法務関係者も関与せざるをえません。
　わが国における情報セキュリティマネジメントシステム等の適合性評価制度において、審査を行う能力を有する認証機関を認定する情報マネジメントシステム認定センター(ISMS-AC)があります。今回は、同センター代表理事の山内徹氏に、これらの国際・国内規格および適合性評価制度についてお聞きします。

１　情報マネジメントシステム認定センターについて

岡村　山内さんは情報セキュリティ分野への造詣がたいへん深い方であり、代表理事を務めておられる一般社団法人情報マネジメントシステム認定センター(ISMS-AC)について、最初にご説明をお願いします。

山内　一般社団法人情報マネジメントシステム認定センターは、国際規格(ISO/IEC)に基づいた情報セキュリティマネジメントシステム等の適合性評価制度における認定機関として、2018(平成30)年4月に設立されました。従来は、一般財団法人日本情報経済社会推進協会(JIPDEC)が適合性評価制度を確立、その普及啓発活動を進めながら、組織を審査する認証機関を認定する役割も果たしてきました。このうち、認定の役割を分離してJIPDECとは別法人とすることにより、適合性評価制度における認定機関としての独立性が明確

になりました。一般社団法人情報マネジメントシステム認定センターの英語での名称は「ISMS Accreditation Center」であり、略称は「ISMS-AC」です。ISMSとはInformation Security Management Systemの略であり、一般に「情報セキュリティマネジメントシステム」と邦訳されています。

ISMS-ACは、ISMS等のマネジメントシステムの認証機関の認定、国際レベルの認定機関間の相互承認および協力等の事業を実施しています。2018（平成30）年8月には、認定機関の国際的組織であるIAF（International Accreditation Forum, Inc. 国際認定フォーラム）において、ISMSのMLA（国際相互承認協定）への加盟を果たしました。

なお、ISMS等の適合性評価制度の普及啓発活動は、引き続きJIPDECが行っています。

2 ISO/IEC 27000ファミリーとISMS適合性評価制度

岡村 情報セキュリティに関する国際規格として、ISO/IEC 27000ファミリー（シリーズ）が有名です。ISO（International Organization for Standardization）は「国際標準化機構」、IEC（International Electrotechnical Commission）は「国際電気標準会議」であり、共同で国際標準化されてきました。

ISO/IEC 27000ファミリー全体の構成について、ご説明ください。

山内 ISO/IEC 27000ファミリーは、**図表5-1**に示すとおり、ISMSに関する国際規格群です。ISMSを構築、運用するための要求事項を規定したISO/IEC 27001[1]を中心として、ISMSを構築運用する際のガイドライン、特定の分野固有のセキュリティに関するセクター規格、ISMSを認証する際の要求事項などから構成されています。

岡村 それらの中で、ISO/IEC 27001に沿ってISMSを構築する際に重要となるのは、どの規格でしょうか。

山内 ISO/IEC 27000とISO/IEC 27002です。ISO/IEC 27000は用語を定め

---

1 英国規格協会（BSI）が作った英国標準規格BS 7799をベースに、2000（平成12）年にISO/IEC 17799 : 2000として国際規格化された後、2005（平成17）年改訂を経て、ISO/IEC 27000シリーズ化に伴い、2007（平成19）年にISO/IEC 27002 : 2005へと改称される一方、情報セキュリティマネジメントの認証に用いるための英国規格BS 7799 Part.2が、2005（平成17）年にISO/IEC 27001 : 2005として国際規格化。ISO/IEC 27001・27002の最終改正は2013（平成25）年。これらは順次JIS化され、その最終改正は2014（平成26）年。

【図表 5-1】 ISO/IEC 27000 ファミリー

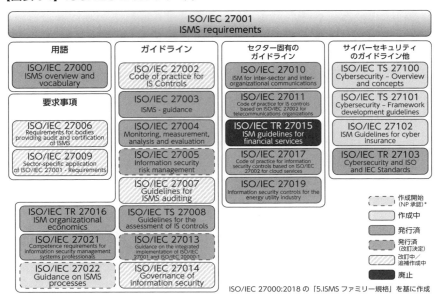

出典：JIPDEC「ISO/IEC 27000 ファミリーについて」（2019（令和元）年 5 月 20 日）

た規格で、ISO/IEC 27001 を導入するにあたって必要になります。また、ISO/IEC 27002 は、ISO/IEC 27001 に規定する管理策（セキュリティに関する対策）のガイドライン規格で、ISO/IEC 27001 の管理策を実装する際に参考になります。

その他、ほぼすべての 27000 ファミリー規格は、ISO/IEC 27001 をサポートするガイドラインです。この中にはクラウドサービスのための追加の管理策を規定したISO/IEC 27017 なども含まれています。また、最近の動向として、新たに 2710X 番台が設けられ、サイバーセキュリティ関連のガイドラインが作成されています。

なお、**図表 5-1** に記載した国際規格はISO/IEC JTC 1/SC 27/WG 1[2] という

---

2 ISOおよびIECの設置する合同専門委員会ISO/IEC JTC 1（情報技術）の分科委員会SC 27（セキュリティ技術）のもとに設置されたWG（ワーキンググループ）の1つで、ISMSの規格作成を担当。

【図表 5-2】マネジメントシステムの考え方

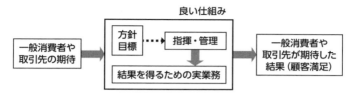

出典：JIPDEC

作業部会で作成されています。

岡村 ISO/IEC 27001 は情報セキュリティマネジメントシステムの国際標準ですが、そもそもマネジメントシステムとは、どのようなものですか。情報セキュリティにおいて、マネジメントシステムはどのような仕組みを有するのか、ご説明をお願いします。

山内 マネジメントシステムとは、ある組織が方針および目標を定め、その目標を達成するために組織を適切に指揮・管理するための仕組みを指します。ここでいう組織とは、企業、行政機関、事務所、非営利団体等を含む広い概念です。組織のマネジメントの改善により、結果として、製品やサービスの消費者や取引先に期待する結果が得られるという考え方です。良いマネジメントを実現するために求められる事項を規定したものが、マネジメントシステム規格であり、その対象の違いなどによって複数の種類があります。**図表 5-2** のような考え方となります。

岡村 すべてのマネジメントシステムに共通する枠組みをご説明ください。

山内 目的を達成するために、プラン（Plan：計画）、ドゥー（Do：実施）、チェック（Check：点検）、アクト（Act：処置）という PDCA サイクルを繰り返して、継続的に改善を行う方法論を採用していることです。

情報セキュリティは、情報の CIA（「機密性（Confidentiality）」、「完全性（Integrity）」、「可用性（Availability）」）を維持することと、ISO では定義されています。

つまり、情報セキュリティにおけるマネジメントシステムでは、情報が漏えいしないようにし（機密性）、改ざんや誤りがないようにし（完全性）、そして

必要なときに必要な人が利用できるようにする（可用性）ための仕組みを組織の中にもつということです。

　たとえば、ISMSには、技術的対策だけでなく、従業員の教育・訓練、組織体制の整備なども含まれます。ISMSをどのように構築、実施、維持、改善すべきなのかを規定した国際規格がISO/IEC 27001になります。

岡村　マネジメントシステムに関する国際規格は、JIS Q 27001などとして国内規格化されていますね。「JIS」（Japanese Industrial Standards）は、産業標準化法に基づいて制定される「日本産業規格」ですが、「Q」とは、どのような意味で付けられているのですか。

山内　この「Q」は、JISの分野を表すアルファベットです。JISには、分野ごとにAからZまでのアルファベットが付いています。「Q」は「管理システム」分野を示す記号です[3]。主要なマジジメントシステム規格には、JIS Q 27001（ISMS）の他、JIS Q 9001（品質マネジメントシステム）[4]、JIS Q 14001（環境マネジメントシステム）[5]などがあります。

岡村　それらのマネジメントシステム規格と適合性評価制度とは、どのような関係にあるのでしょうか。

山内　適合性評価制度とは、製品、サービス、組織等が基準（規格）に適合しているかどうかを評価するための枠組みです。たとえば、ISMS適合性評価制度は、組織のISMSがISO/IEC 27001に基づいて適切に構築、運用されているかを、公正な立場である認証機関が審査し認証するための枠組みです。

岡村　適合性評価制度は第三者による「認証」とも呼ばれることがありますが、どういう意味でしょうか。そもそも第一者による「認証」や、第二者による「認証」と呼ばれるものはあるのでしょうか。また、それらとの違いがあるのでしょうか。

山内　適合性評価制度においては、公平な立場の第三者（認証機関）が審査し、証明することを「認証」と呼びます。これによって、「認証」を取得した組織は、ISO/IEC 27001に沿ってISMSを構築、運用していることを取引先な

---

[3]　日本産業標準調査会「JISとは」(https://www.jisc.go.jp/jis-act/index.html) 参照。
[4]　QMS（Quality Management System）と呼ばれるISO 9001を、国内標準規格化したもの。
[5]　EMS（Environmental Management System）と呼ばれるISO 14001を、国内標準規格化したもの。

どに客観的に示すことができます。

　また、同じ規格の適合性評価であっても、組織自ら（第一者）が実施する「自己宣言」、ある組織（顧客や取引先）が他の組織を直接監査する「第二者監査」があります。「自己宣言」は、組織のトップが、内部監査等を通じて自組織のシステムが適切に運用されているのかを確認するために実施されます。「第二者監査」は、顧客や利害関係者が組織のシステムの適切さを判断するために実施されます。

岡村　適合性評価制度を活用する企業その他の組織としては、ご指摘のように公正な立場の認証機関による認証を受けることによって対外的な信用・信頼が確保されることに加え、組織として認証取得という目標に向けて全体で推進することによって、当該組織全体のセキュリティ水準を上昇するための取組みを一丸となって進めるための手法としても役立てることができるはずです。

　ところで、ISMS適合性評価制度とISO/IEC 27000ファミリーとの関係を、整理していただけますか。

山内　ISMS適合性評価制度は、組織のISMSが適切に構築、運用されていることを第三者による「認証」によって証明するための枠組みであり、国際規格に基づく他のマネジメントシステム（ISO 9001やISO 14001など）の適合性評価制度と同様に、認証機関、要員認証機関、認定機関から構成されます（**図表5-3**参照）。これらの機関は、ISO/IEC 27000ファミリーの規格に沿った活動を実施しています。

　認証機関は、組織のISMSを、認証基準であるISO/IEC 27001（JIS Q 27001）に基づき審査しています。これを認証審査といいます。また、要員認証機関は、認証審査に関する能力をもつ審査員を認証し、登録しています。

　認定機関は、認証機関が適切に認証審査を実施できるかどうかを、ISMS認証機関に対する認定基準のISO/IEC 27006（JIS Q 27006）、あるいは要員認証機関に対する認定基準のISO/IEC 17024（JIS Q 17024）に基づいて審査しています。これを認定審査といいます。

　私どもISMS-ACは、ISMS適合性評価制度における認定機関であり、認証機関と要員認証機関の認定を行っています。

岡村　企業その他の組織がISMS認証を取得するためには、どのような手順を

【図表 5-3】ISMS 適合性評価制度の運用体制

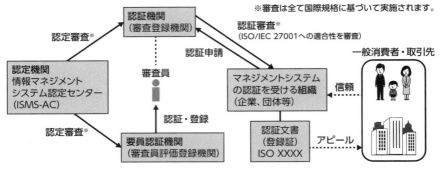

出典：JIPDEC

経ればいいのでしょうか。

山内 最初に行う必要があるのは認証機関の選択です。認定された認証機関の中から、申請先を選びます。認証機関については、認定機関が公開しているISMS認証機関一覧を参照してください[6]。

認定されたISMS認証機関は、業種による制限はありませんので、どの業種の組織でも審査することができます。ただし、審査において業種特有な専門的知識が必要な場合は、認証機関として審査を受付けない場合がありますので、事前に確認が必要です。

岡村 認証機関の選択が完了した後の手続をご説明ください。

山内 ここからは、つぎに述べるとおり**図表 5-4** の流れとなります。

① 申請

選んだ認証機関に認証を申請します。

② 審査

申請が受理され、審査に入れる状態になったら、認証機関によって審査が開始されます。

6　情報マネジメントシステム認定センター「ISMS認証機関一覧」(https://isms.jp/lst/isr/index.html) で参照が可能。

第5章 サイバーセキュリティと国際・国内標準および適合性評価制度

【図表 5-4】ISMS 認証取得手続き

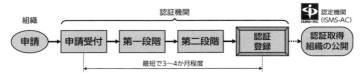

出典：JIPDEC

　組織は、審査を受けるまでに、ISO/IEC 27001（以下、JIS Q 27001として記述）に基づいたISMSを構築し、運用実績を積んでおく必要があります。
　初回審査は原則として第一段階と第二段階の2段階で行われます。
（審査日数や審査工数は、適用範囲、受審組織の規模等によって異なります）
　③　認証
　審査の結果、JIS Q 27001に適合していることが確認されると認証されます。認証の有効期限は3年になります。
　④　報告・公開
　認証された旨が各認証機関からISMS-ACに報告されましたら、ISMS-ACのホームページで公開します。
　⑤　認証の維持
　初回審査の後も年に1回以上の中間的な審査（サーベイランス審査）が、そして3年ごとに全面的な審査（再認証審査）が実施され、組織のISMSが引き続きJIS Q 27001に適合し、有効に維持されていることが確認されます。

岡村　ISMSの具体的な構築について、お聞きします。
　組織的管理策として内部規程等を作成する際には、セキュリティ担当部署と法務部、コンプライアンス部門等が相談する必要があると思います。たとえば、せっかくセキュリティ担当部署でパスワードを何桁以上にするよう設定しても、内部規程で定めておかなければ従業員に順守してもらえません。違反した場合に懲戒の対象にすることもできないので、実効性が確保できません。また、関連する法令との整合性についても、それらの部門間で協議しておく必要があります。というのも、ISO/IEC 27000ファミリーのような国際規格の場合、各国で法令の内容が異なっていることを踏まえて、法令内容との関係では、い

わば中立的な作り付けになっているからです。番号利用法、個人情報保護法のように安全管理措置義務を課す法令もあり、それらの指針等が具体的な管理策を明らかにしていますので、それらにも同時に留意して進める必要があります。2017（平成29）年5月に公表された厚生労働省「医療情報システムの安全管理に関するガイドライン第5版」のように、個別分野に関する公的指針にも適合する必要があります。

　その一方では、具体的な管理策を設けるためには、労働法規その他の関連法令を順守する必要もあります。

　ISMSを実際に構築する際の、情報セキュリティに関連する法令や規制要求事項の扱いについて説明してください。

山内　おっしゃるとおりISO/IEC 27001は国際規格なので、各国の法令や規制要求事項には直接言及していません。そのために、情報セキュリティに関する法的、規制または契約上の義務に対する違反、およびセキュリティ上のあらゆる要求事項に対する違反を避けることを目的とした「順守」という管理策が用意されています。その管理策を導入する組織は、自らに適用される法令および契約上の要求事項を特定して、それらを満足する取組みを明確にするとともに、最新に保つことが求められます。ISMSの認証審査では、法令の順守そのものの審査ではなく、組織に関係する法令などへの順守を確実にするための仕組みがあるかどうかを確認します。

　具体的な例については、むしろ岡村先生から教えていただけると有難いです。たとえば入退室管理その他のモニタリングのための監視カメラの設置を行った場合、わが国の法令上で、どのような事項の順守が必要となりますか。

岡村　そうですね。監視カメラ等によるモニタリングについては、個人情報保護委員会は、①モニタリングの目的（取得する個人情報の利用目的）をあらかじめ特定し、社内規程等に定め、従業者に明示すること、②モニタリングの実施に関する責任者とその権限を定めること、③あらかじめモニタリングの実施に関するルールを策定し、その内容を運用者に徹底すること、④モニタリングがあらかじめ定めたルールに従って適正に行われているか、確認を行うことを求めています。その場合、重要事項を定めるときは、事前に労働組合に通知し必要に応じて協議することが望ましく、また、定めた重要事項等を従業者に周知

することが望ましいとしています[7]。

　これは個人情報保護法が定める個人データの安全管理措置義務に関するものではありますが、実際上は、セキュリティ全般の管理策について順守が求められることになります。

山内　ご説明ありがとうございます。ISMSの認証審査では、その組織に適用される法令などが適切に洗い出されているか、それを順守する仕組みが機能しているかの確認が主であり、具体的な法令への順守については、確認するとしてもサンプリングで行うことになります。

岡村　ところで、わが国の法令には、安全管理措置のため委託先への監督義務を課す法令もありますが、ISMSでは、どのような対応が求められますか。

山内　ISMSでは、管理策の1つに「供給者のサービス提供の監視及びレビュー」があり、供給者（委託先）のサービス提供を定常的に監視し、レビューし、監査することが求められています。加えて、クラウドサービスの急速な普及の中で、クラウドサービスの委託者または受託者の立場で、それぞれにおけるセキュリティへの取組みが重要となっています。

3 クラウドセキュリティに関する認証

岡村　ご指摘のとおり、昨今はクラウドサービスが急速に普及しています。従来は、（もっぱら）自ら保持する情報システムのセキュリティ対策を実施していればよかったのですが、システムの機能の一部または全部をクラウドサービスで実現するようになると、その部分のセキュリティ対策はクラウドサービスの提供者に依存せざるを得ないことになります。このためクラウドサービス利用について情報セキュリティ上の懸念も高まってきました。現にクラウドのインシデントにより障害が広範囲に及んだ事例が2019（令和元）年8月に発生しました。その半面、クラウドサービスのデータセンターへの立入りが通常は厳格に制限されており、ユーザー企業などからすれば、本当に安全・安心なのか、いわばブラックボックス状態です。

---

[7]　個人情報保護委員会「『特定個人情報の適正な取扱いに関するガイドライン（事業者編）』および『（別冊）金融業務における特定個人情報の適正な取扱いに関するガイドライン』に関するQ&A」4-6参照。

【図表 5-5】 クラウドセキュリティ認証の対象者のイメージ

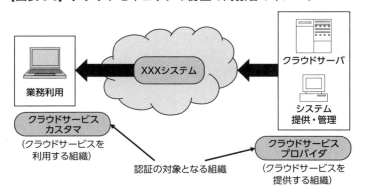

出典：JIPDEC資料をもとに作成

　こうした中、最近、クラウドセキュリティに関する認証も開始されていると聞いていますが、どのようなものですか。

山内　ISO/IEC JTC 1/SC 27/WG 1でもクラウドセキュリティに関する検討がなされ、ISO/IEC 27017[8]というクラウドサービスに関する国際規格が2015（平成27）年に発行されました。ISMS-ACは、クラウドサービスに関するISMS認証を求める声を受け、2016（平成28）年8月、ISO/IEC 27017に基づくISMSクラウドセキュリティ認証に対する認定業務を国内で開始しました。

　おかげ様で、ISMSクラウドセキュリティ認証は順調に普及しており、2019（令和元）年9月11日現在、認証機関数は11機関、被認証組織数は135組織となりました。

　ISMSクラウドセキュリティ認証とは、ISO/IEC 27001を前提として、その適用範囲内に含まれるクラウドサービスの提供もしくは利用に関して、ISO/IEC 27017に規定されるクラウドサービス固有の管理策が実施されていることを認証する仕組みです。

8　経済産業省の「クラウドサービス利用のための情報セキュリティマネジメントガイドライン」（2011（平成23）年公表）を基にして日本から国際提案された。

ISMSクラウドセキュリティ認証はISO/IEC 27001を前提としていることから、この認証を希望する組織は、ISO/IEC 27017に沿った対策の実施を要求する独自の基準JIP-ISMS517-1.0と、ISO/IEC 27001の両方に適合する必要があります。

4 その他の情報マネジメントシステム適合性評価制度

岡村 ISMS-ACは、ISMS以外のマネジメントシステム適合性評価制度の認定機関でもあると聞いていますが、それらをご説明いただけますか。

山内 ISMS-ACは、ISMSの他、ITSMS、BCMS、CSMSの適合性評価制度を運用しています。まず、ITSMSは、ITサービスマネジメントシステムの略で、顧客の要件に適合したレベルのITサービスの運用管理を実施し、そのサービス品質を継続的に改善するための仕組みです。

ITSMSを構築し認証を取得することによって、ITサービス品質の改善を図ることができ、顧客・取引先に対してITサービスの信頼性を客観的に示すことができます。

岡村 ITSMSとISMSはどのような違いがありますか。

山内 一言でいうと、ISMSが情報セキュリティを維持向上するための仕組みを対象とするのに対して、ITSMSは名前のとおり、ITサービスの品質を維持向上する仕組みを対象としたものです。ITサービスの品質とは、ITを利用したサービスが止まらないようにしたり、性能を維持したりすることです。

ITサービスに関してはITサービスマネジメントのベストプラクティスとしてイギリスで公表されたITILが有名で、これはガイドラインとして広く使われています。Information Technology Infrastructure Libraryの略称であり、「アイティル」と発音します。そのITILを取り入れて国際規格としたものがITSMSです。

岡村 ISMS適合性評価制度とITSMS適合性評価制度は、取得側の企業として、どのように区分すればいいでしょうか。

山内 ITを利用したサービスの提供に関する品質の維持管理を主とする組織はITSMSを取得すればよいでしょう。他方、自らが保持する情報に関するセキュリティの確保を主とする組織はISMSを取得すればよいでしょう。当然、

【図表 5-6】 ITSMSの概要

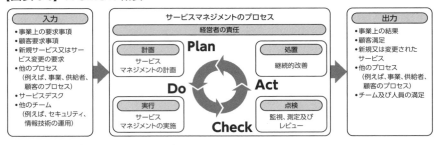

出典:ISMS-AC「ITSMSパンフレット」

ITSMSに加えてISMSを取得することも有効で、実際に両方を取得している組織も多く存在します。

なお、ISMSとITSMSはマネジメントシステムとしての枠組みは同じですので、両立することは容易です。

岡村 つぎに、BCMS適合性評価制度についてご説明ください。

山内 BCMSは、事業継続マネジメントシステムの略で、組織にとって重要な業務・サービスが停止したときの影響を最小限に抑え、いかに事業を継続するかという視点で「組織の現状を理解」し、「事業継続計画（BCP）を策定」して「演習により評価」し、システムを運用する仕組みです。

BCMSを構築し認証を取得することによって、事業継続を脅かす事態に対しても、事業そのものを中断することのない組織のレジリエンシー（しなやかな回復力）を高めることができます。また、組織自らの企業価値の向上や社会的責任を対外的にアピールすることができます。

BCMS適合性評価制度も、基本的にISMS適合性評価制度と同じ仕組みで運用されています。

5 マネジメントシステム以外のITセキュリティ関係規格

岡村 情報マネジメントシステム以外に、これまでITセキュリティ関係の国際規格としてISO/IEC TR 13335（GMITS）、ISO/IEC 15408（Evaluation criteria for IT security）が発行されてきましたが、これらはどのようなもので

山内 ISO/IEC TR 13335 は、ITセキュリティの管理の構築について、リスクマネジメントを含めて記述した解説書です。この規格は、5部で構成されていましたが、その後、ISO/IEC 27005（ISMSのリスクマネジメントの手引）やISO/IEC 18028（現在のISO/IEC 27033-1 ネットワークセキュリティの概要およびコンセプト）に吸収されました。

ISO/IEC 15408 はCC（Common Criteria）と呼ばれ、製品やシステムそのもののセキュリティ機能を対象とした規格です。日本では、CCの認証制度をIPA（独立行政法人情報処理推進機構）で運用しており、その評価結果は政府調達にも利用されていると聞いています。

また、ISO/IECの国際規格以外にも米国国立標準技術研究所（NIST）が作成しているSP800シリーズと呼ばれる規格群もあります。

これは米国政府機関がセキュリティ対策を実施する際に利用することを前提としてまとめられた文書で、内容はセキュリティマネジメント、セキュリティ技術、セキュリティ教育など、多岐にわたるものです。この中で、SP800-171は連邦政府機関以外の企業等への「管理すべき重要情報：CUI」の扱いについて順守を求めるための指針であり、政府調達の基準となるものです。内容としてはISMS（ISO/IEC 27001）を包含し、さらに具体的な指針を追加したものとなっています。

6　個人情報保護に関係する規格

岡村 さて、多様な情報セキュリティに関する国際・国内規格および適合性評価制度をご説明いただきましたが、近年、サイバーセキュリティとは異なる文脈で、個人情報保護に関係する適合性評価制度への関心も急速に高まっています。まず、個人情報保護に関する規格には、どのようなものがありますか。

山内 ISO/IEC JTC 1 SC27（Information security, cybersecurity and privacy protection：情報セキュリティ、サイバーセキュリティとプライバシー保護）内には5つのWGがありますが、そのうちWG5（Identity management and privacy technologies：アイデンティティ管理とプライバシー技術）において、いくつかの個人情報保護に関する規格を策定しています。具体的には、ISO/IEC 29100

113

（Privacy framework：プライバシーフレームワーク）やISO/IEC 29134（Guidelines for privacy impact assessment：プライバシー影響評価のためのガイドライン）などです。ISO/IEC 29100はJIS X 9250としてJIS化されています。

　国内では、JIS Q 15001（個人情報保護マネジメントシステム—要求事項）があります。これは、1999（平成11）年に制定され、2006（平成18）年に1度目の改正がなされた後、2015（平成27）年の個人情報保護法の改正等を踏まえ、2017（平成29）年に2度目の改正が行われました。このJIS Q 15001に基づいて個人情報の適切な取扱いを行っている事業者にマークを付与する仕組みが、プライバシーマーク制度です。

岡村　プライバシーマーク制度と他のマネジメントシステムの適合性評価制度とは、何か違い等があるのでしょうか。

山内　ISMS認証のような国際規格に基づくマネジメントシステムの適合性評価制度では、適合性評価のため審査等の要求事項も国際規格で定められていますが、プライバシーマーク制度はあくまでもJIPDECが自主的かつ独自に行う民間の制度です。なお、プライバシーマーク制度は、日本国内に活動の拠点を置く事業者を対象とした制度となっています[9]。

岡村　他には、APECは個人データを越境移転する事業者がAPECプライバシーフレームワークに適合していることを認証する国際的な制度としてCBPRシステムを制度化しています。

山内　APEC（アジア太平洋経済協力）は、その加盟国間の貿易投資等の促進を図るためのさまざまな協力を実施しています。その活動の一環であるCBPR（Cross Border Privacy Rules：越境プライバシールール）システムは、APEC加盟国の企業等が、自社の越境個人情報保護に関するルール、体制等に関して自己審査を行い、APECが認定した中立的な認証機関（アカウンタビリティ・エージェント（AA））による審査を受け、認証を得る制度です。日本では、JIPDECが2016（平成28）年1月にAPECから国内初のAAの認定を受け、それを経済産業省が受理したことにより、同年6月にCBPR認証に関する事業を

9　一般財団法人日本情報経済社会推進協会　プライバシーマーク推進センター「プライバシーマーク制度基本綱領」（https://privacymark.jp/system/guideline/pmk_pdf/PMK100.pdf）の第1章第3条参照。

開始しています。

岡村 プライバシーマーク制度とCBPR認証との関係をご説明願います。

山内 プライバシーマーク制度とCBPR認証は、全く異なる制度です。プライバシーマーク制度は、先に説明したとおり、JIPDECが自主的かつ独自に行っている民間の制度です。一方、CBPR認証は、越境個人データを適切に管理運用しているかをAPEC加盟国間で取り決めたプライバシーフレームワークに照らして審査を行う制度です。

岡村 つまり、プライバシーマーク制度は個人情報保護のためのマネジメントシステムに係る制度、CBPR認証は越境個人データ移転に係る認証制度という関係ですね。

7 結びに代えて

岡村 最後に、サイバーセキュリティに関する適合性評価制度の認証を取得しようとする企業に対し、留意点などメッセージがあればお願いします。

山内 サイバーセキュリティの重要性の高まりの中、ISMS認証をはじめとしたさまざまな適合性評価制度が運用されています。企業等の皆様は、自らの目的に適した制度に基づく認証を取得することが重要です。国・地方公共団体や取引先の調達基準等に記載されているので認証を取得するケースがあるかもしれませんが、たとえ、それが最初の動機であったとしても、あくまで自社のセキュリティの向上に役立てることを考えるべきです。その結果、認証取得が真の競争力向上につながるのです。

今後、サイバー攻撃の高度化・複雑化、クラウドサービスの普及、IoTの実現等が進む中で、特にISMS認証は、組織にとっての情報セキュリティの土台になるものです。我々ISMS-ACは、ISMS認証の有効性が益々高まっていくと考えています。

岡村 本日は、大変ありがとうございました。

第6章　サイバーセキュリティと刑事法

慶應義塾大学名誉教授・弁護士
(渥美坂井法律事務所・外国法共同事業顧問)

安冨　潔　Kiyoshi Yasutomi

大量情報漏えい事件に代表されるように、企業や消費者がサイバー犯罪の被害に遭うケースが多発しています。

それに伴いサイバー関連の刑事法制が整備されてきており、被害企業等としては刑事告訴等を行う一方、犯罪の舞台となった企業が捜査の対象となるケースも想定されます。そこで今回は、いち早くサイバー犯罪に取り組んでこられた、第一人者である安冨潔先生に、刑事法的観点からサイバーセキュリティについてお話をうかがいます[1]。

1　1987（昭和62）年の刑法一部改正——コンピュータ犯罪対策のための初の改正

岡村　安冨先生は、慶應義塾大学法学部教授時代からコンピュータ犯罪について早くから研究してこられており、現在は京都産業大学法学部客員教授で教鞭を執られると同時に、弁護士として実務にも精通されています。また、先生は『刑事手続とコンピュータ犯罪』（慶應義塾大学法学研究会叢書、1992）で博士（法学）の学位を授与されておられますが、先生が最初にコンピュータ犯罪に興味を持たれたのは、どのような契機からだったのでしょうか。

安冨　1981（昭和56）年に、大手銀行の行員がコンピュータ・システムを悪用して、支店のオンライン端末を不正操作して、架空口座に送金して多額の現金を引き出したという事件がありました。この事件に接して、これからは、コン

1　本稿は、2017（平成29）年8月2日に行われた対談（NBL1106号掲載）に、加筆修正を加えたものである。

ピュータを利用した不正行為が頻発するだろうと思いました。

岡村 ご指摘の事件は、悪い男に騙された都銀の行員が勤務先支店の内部端末を操作して巨額の架空入金データをでっちあげ、他支店で引き出し現金化して海外逃亡した事案でしたので、マスメディアでも大きく取り上げられました。他支店の窓口係員という「人」を引出時に騙したことなどで有罪となりましたが、肝心の巨額の架空入金データの作出や行使それ自体は、当時の刑法では対処できませんでした[2]。

安冨 当時の日本の刑法典は、「有体物」の保護を念頭において構成されていましたから、コンピュータを利用した「情報」の悪用は処罰されませんでした。そこで、コンピュータを悪用した行為に対して法的規制をすべきなのかについて考えるようになりました。

岡村 そこで1987（昭和62）年の刑法一部改正によって、わが国初のコンピュータ犯罪規定が新設されましたが、その概要についてご説明ください。

安冨 コンピュータによる情報処理により、それまでの事務処理と形態が変化したことから、たとえば、電磁的記録の不正作出など、従前の刑法の罪と実質的に同様な行為であるにもかかわらず、刑法では処罰が困難であったり、被害の程度が重大なのに法定刑が適切とはいえなかったりしたため、立法上の手当が必要だと考えられました。そこで、「刑法」の一部改正という立法形式でのコンピュータ犯罪規定が新設されました。

まず、「電磁的記録」（刑法7条の2）という定義規定が設けられたほか、電磁的公正証書原本不実記録（157条）・不実記録電磁的公正証書原本供用罪（158条）、電磁的記録不正作出・同供用罪（161条の2）、電子計算機損壊等業務妨害罪（234条の2）、電子計算機使用詐欺罪（246条の2）、電磁的記録毀棄罪（258条、259条）が設けられました。

岡村 この改正が施行されたことによって、その後に発生した金融機関の架空入金データ事件については、電子計算機使用詐欺罪による処罰が可能になりました[3]。

2　大阪地判昭和57・7・27判時1059号158頁は、本件で、架空名義の通帳に偽りの記帳をして預金払戻請求書とともに提出行使して窓口係員を騙した行為を私文書偽造・同行使罪、詐欺罪に該当するとするにとどめた。

また、最近では仮想通貨「ビットコイン」の取引サイト「マウントゴックス」の運営者が、2015（平成27）年、業務上横領とともに、電磁的記録不正作出・同供用罪で起訴されています。起訴状によれば、米国のサーバに開設された同社の取引システムに接続し、システム内の自己の管理口座に4回にわたり計400万ドルが入金されたようにデータを改ざんしたと報道されています[4]。この事件は現在公判中[5]ですが、やはり1987（昭和62）年の改正が有する意味は大きかったということができます[6]。
　そのような点で一定の効果はあったといえるものの、この刑法改正による新設規定で十分に対応できたのでしょうか。

安冨　1987（昭和62）年の改正の際にも議論になったのですが、情報の不正入手、コンピュータの無権限使用、不正アクセスやハッキング行為については、新設されませんでした。

岡村　不正アクセスによる企業サイトの書き替え被害について電子計算機損壊等業務妨害罪で対処した事例もありました。大阪地判平成9・10・3判タ980号285頁のような事例です。テレビ局サイトの天気予報ページが書き替えられたという事案でした。
　とはいえ、ご指摘のとおり不正アクセス行為そのものが、この刑法一部改正で対象とされなかったのは、どういった理由からでしょうか。

安冨　情報の不正入手については、情報の多様性、たとえば、秘密情報、個人情報や財産的価値のある情報などさまざまなものがあるので、その情報の法的保護がいかにあるべきか、また情報の性質に応じてどのように対応するのが適切かなど検討すべき課題が多くあるということで見送られました。また、コンピュータの無権限使用については、刑法が財物の占有移転や人に加害を伴わな

3　同罪新設後に同罪を適用して有罪とした事例として、大阪地判昭和63・10・7判時1295号151頁、東京地八王子支判平成2・4・23判時1351号158頁、東京高判平成5・6・29高刑46巻2号189頁がある。銀行アンサーシステムを介した事案で、同罪の成立を認めた名古屋地判平成9・1・10判時1627号158頁も登場した。
4　2015年11月19日付け読売新聞。
5　本対談後の東京地判平成31・3・15刊行物未登載は業務上横領や特別背任の罪については無罪としつつ私電磁的記録不正作出・同供用につき有罪とした。
6　他にも、受信権限のない衛星放送を受信して視聴するために、B-CASカードに記録された電磁的記録を改変する行為は電磁的記録不正作出罪に、改変したB-CASカードをテレビに接続された衛星放送受信可能なチューナー内蔵レコーダーに挿入する行為は供用罪に該当するとした大阪高判平成26・5・22平26う121号も言い渡されている。

い無権限使用自体を処罰の対象としていないこととの整合性をどう考えるべきかということから、これも改正の対象とされませんでした。さらに、不正アクセスやハッキングについては、どのような観点から処罰の根拠、違法性の実質をとらえるかといった観点から、多面的な検討が必要だということで、これも積み残しとなったのです。

岡村 当時は「マイコン製品」が続々と登場し、電卓から電気炊飯器に至るまで「マイコンチップ」を埋め込んだ多様な製品だらけの状態となりました。このような背景の下で、パチンコ遊技台の組み込みロム（ROM）[7] が「業務に使用する電子計算機」に該当するのか刑事訴訟で争いとなりました。

安冨 ご指摘の事件は、被告人がパチンコ遊技台に取り付けられた「大当たり」を発生させるための情報が記録されているロムを取り外し、不正に作成されたロムを取り付けて交換して「大当たり」を人為的に発生させるようにしたとして電子計算機損壊等業務妨害罪（刑法234条の2）で起訴されたのですが、裁判所（福岡高判平成12・9・21判時1731号131頁）は、ここでいう「電子計算機」は、それ自体自動的に情報処理を行う装置として一定の独立性をもって業務に用いられているものを指すとして、あらかじめ定められた一定の条件が発生すれば、ロムに読み込まれているとおりの動作をさせる制御機能が与えられているにとどまるロムは「業務に使用する電子計算機」に当たらないとしました。この考え方は、立法過程での政府委員からの答弁[8] でも、マイコンを組み込んだ家電製品や電子辞書などは「業務に使用する電子計算機」に当たらないと説明されていたところです。

岡村 「業務に使用する電子計算機」の概念に、立法時の説明どおり解釈による限定が掛けられたわけですね。いまや、家電製品に象徴されるように、何にでもコンピュータチップが搭載される傾向は加速の一途です。法解釈または立法による線引きの明確化が要請されるところです。

---

7 Read Only Memoryの略称であって、読み出し専用Memoryである。任意に書き込みができるRAM（Random Access Memory）と異なり、所定の電力供給状態を維持しなくても記憶内容が維持される点でも特徴がある。
8 衆議院法務委員会議事録第4号12頁、昭和62年5月22日。

2　2001（平成13）年の刑法一部改正──支払用カード電磁的記録に関する罪の新設

岡村　1987（昭和62）年一部改正の後、いわゆるデジタルの領域では、カード犯罪が多発する時代が訪れました。ところが、テレホンカードの磁気情報部分を改ざんする行為を、電磁的記録不正作出罪ではなく有価証券変造罪に該当するとした最三決平成3・4・5刑集45巻4号171頁も登場しました。こうした中で、2001（平成13）年刑法一部改正によって支払用カード電磁的記録に関する罪が新設されました。これはどのようなものだったのでしょうか。

安冨　クレジットカードが現金の支払いに代わる手段として機能する時代となって、支払用カードに用いられる電磁的記録に着目して、支払用カードを用いた支払システムに対する社会的信頼を保護するということで、支払用カード電磁的記録不正作出、供用、不正電磁的記録カード譲渡し、貸渡しおよび輸入（163条の2）や所持（163条の3）だけでなく不正作出準備罪（163条の4）が処罰されることとなりました。

3　サイバー犯罪条約

岡村　ここまでを整理しますと、1987（昭和62）年の刑法一部改正の時代には、一般的にはスタンドアロンのものが多く、情報ネットワークといえば、金融機関のオンラインに代表される業務用の専用ネットワークが中心でした。内部者がオンライン端末を不正操作する行為については電子計算機使用詐欺罪の新設によって、外部者によるATM（現金自動預け払い機）などでの偽変造カードの利用については支払用カード電磁的記録に関する罪の新設によって[9]、それぞれ対応が図られたわけですが、1990年代になるとパソコン通信が全盛期を迎えました。この時期の犯罪の特色として、どのような点を指摘することができますでしょうか。

安冨　1990年代にはいると、ネットワークの普及が進みますが、いわゆる

---

[9]　偽変造キャッシュカードを用いてATMから現金を引き出す行為は、現金の窃盗罪にも該当する。窃取・拾得したキャッシュカードを用いる場合も同様である。近時の被害状況については金融庁「偽造キャッシュカード等による被害発生等の状況について」（2017年6月16日）参照。

ハッカーによる情報システム攻撃による不正アクセスや情報漏えい事件がおこってきます。米国では1990年代の中盤以降、ハッカーによる攻撃が多発し始めましたが、日本でも、1999（平成11）年に、京都府宇治市で約21万件の住基台帳データが漏えいした事件が発生し、衝撃的でした。

また、1991（平成3）年には、ブートセクタ型ウイルス「ミケランジェロ」による大規模被害も発生し、コンピュータウイルスの脅威も高まってきます。

岡村　1995（平成7）年にインターネットが完全に民間開放されたことによって、わが国でもパソコン通信からインターネットへの全面的なシフトが急速に進みました。パソコン通信は基本的には国内ネットワークにすぎず、会員制で管理者も存在していました。これに対し、インターネットはボーダレスであり、全体の管理者が存在しているわけでもない分散型ネットワークです。そうした中で、ご指摘のような不正アクセスやコンピュータウイルス事件も深刻化していき、現在ではセキュリティに対する大きな脅威になっています。

こうした状態を背景に、当時は条約レベルでも動きがありましたね。

安冨　「サイバー犯罪に関する条約（Convention on Cybercrime）」（サイバー犯罪条約）が2001（平成13）年に採択され、前文において「コンピュータ・システム、コンピュータ・ネットワーク及びコンピューター・データの秘密性、完全性及び利用可能性に対して向けられた行為並びにコンピュータ・システム、コンピュータ・ネットワーク及びコンピューター・データの濫用を抑止するために、この条約が必要である」と述べ、「秘密性、完全性及び利用可能性」に対する攻撃を「サイバー犯罪」ととらえることとして、情報セキュリティの保護という観点から関心を寄せています。わが国も、この条約を批准しています。

4　不正アクセス禁止法の制定・改正

岡村　不正アクセスは機密性を損なうばかりか、データやプログラム書き替えによって完全性および利用可能性を損なうことになります。わが国の刑事法では、不正アクセスに対し、どのような法整備が行われたのか、ご説明をお願いします。

安冨　不正アクセスに対しては、「不正アクセス行為の禁止等に関する法律」（不正アクセス禁止法）が、1999（平成11）年8月13日に公布されました[10]。この法

律は、ネットワークを利用した犯罪の防止とアクセス制御機能により実現される電気通信の秩序の維持を図るという目的で、罰則を設けて不正アクセス行為を禁止するとともに再発防止のために都道府県公安委員会による援助措置等を定めています。

　不正アクセス禁止法では、アクセス制御がされ権限を付与された者しか利用できないコンピュータを不正な手段で利用可能にする行為を不正アクセス行為（2条4項）ととらえ、①他人の識別符号（ID・パスワード）を悪用して権限のある者になりすましてログインする場合（不正ログイン型）と②コンピュータのアクセス制御機能の脆弱性をついてハッキングを行う場合（セキュリティホール攻撃型）とに分けて定義しています[11]。

　この法律が定められた背景には、G8デンバーおよびバーミンガム・サミットで取り上げられたハイテク犯罪対策の履行ということがあります。もっとも、これらのサミットでは、国際的組織犯罪対策に対する国際協調という観点でハイテク犯罪対策が議論されたのですが、立法に当たっては、そこまで踏み込んだ内容とはなっていません。

岡村　この法律は2012（平成24）年に比較的大幅に改正されていますが、改正内容の概要は、どのようなものだったのでしょうか。

安冨　不正アクセス禁止法が施行された以降、不正アクセス罪は増加傾向にあり、また2004（平成16）年に国内でフィッシング行為を手口とする詐欺事件が起こり、さらに2012（平成24）年に警察庁の調査で不正に取得したID・パスワードを用いた不正アクセス行為も認知されたことから、ID・パスワードの不正流通の防止、都道府県公安委員会による啓発・知識の普及、アクセス管理者による防御措置を支援する団体に対する援助、不正アクセス行為等に係る罰則の法定刑の引上げがなされました。具体的には、①他人の識別符号を不正に取得する行為の禁止（4条）、②他人の識別符号を不正に保管する行為の禁止（6条）、③識別符号の入力を不正に要求する行為の禁止（7条）が新設され、不

10　施行期日は2000（平成12）年2月13日（最新の改正法の施行期日は2013（平成15）年5月31日）。
11　不正アクセス禁止法違反事件の主要な刑事判例として高松地丸亀支判平成14・10・16判例誌未登載（岡村久道編『サイバー法判例解説〔別冊NBL79号〕』（商事法務、2003）84頁に収録）、東京高判平成15・6・25判時1846号155頁、東京地判平成17・3・25判時1899号155頁、最二決平成19・8・8刑集61巻5号576頁、東京地判平成19・10・23判時2008号109頁、横浜地判川崎支判平成28・4・26平28わ43号がある。

正アクセス行為を助長する行為の禁止（5条）について、どの特定電子計算機の特定利用に係るものであるかが明らかでない識別符号を提供する行為も新たにこれに該当することとされました。

岡村　まず、不正アクセスにより企業サイトを書き替えたような場合、先ほどの電子計算機損壊等業務妨害罪と、この不正アクセス罪との関係は、どのように考えられるのでしょうか。

安冨　不正アクセス行為（不正アクセス禁止法3条、11条）と手段としてサイト内のデータを書き換えたことによって電子計算機損壊等業務妨害罪（刑法234条の2）に該当する結果が生じた場合には、両者の罪は、牽連犯（54条後段）となると解されます。

岡村　この不正アクセス禁止法改正によって罰則が新設されたフィッシング詐欺行為ですが、この改正が施行される前には、必ずしも広告宣伝メールといえないことから、特定電子メール送信適正化法や特定商取引法といった、いわゆる迷惑メール規制法制に係る処罰規定では対処が困難でした。そのため、フィッシングサイトを著作権法違反の罪として処罰するような事例[12]があるだけでした。

しかし、今やフィッシング詐欺行為事件はとどまるところを知りません。金融機関になりすましオンラインバンキングの預金者のID・パスワードを騙し取る事件が多発して社会問題になっています。さらには、金融機関に限らずアップル社になりすますようなフィッシング詐欺事件も登場するなど、なりすまし被害に遭う企業の範囲は拡大の一途です[13]。

5　2011（平成23）年の刑法一部改正——コンピュータウイルス等への対処

岡村　次に、コンピュータウイルスに対し、わが国の刑事法では、どのような法整備が行われたのでしょうか。現在ではウイルス感染させた端末（「ゾンビ

12　東京地判平成17・9・12平17（特わ）4139号・4541号。
13　刑事法とは直接関係はないが、経済産業省系のフィッシング対策協議会では、ネット上で新たなフィッシング詐欺情報を同協議会サイト上で迅速に提供して、注意喚起に努めている。これを参照することによって、被害の未然防止に役立てることができる。

PC」と呼ばれています）を束ねてネットを介して一斉にサイバー攻撃をさせる「ボットネット」などが、大きな脅威となっています。

安冨 コンピュータウイルスに対しては、2011（平成23）年6月24日に「情報処理の高度化等に対処するための刑法等の一部を改正する法律」が公布され、コンピュータのプログラムに対する社会一般の者の信頼を保護し、コンピュータの社会的機能を保護するという観点から、刑法に「不正指令電磁的記録に関する罪」（168条の2、168条の3）として新設されました。

コンピュータウイルス作成等の処罰については、サイバー犯罪条約加盟のために国内法の整備が必要となったことから、2004（平成16）年に「犯罪の国際化及び組織化並びに情報処理の高度化に対処するための刑法等の一部を改正する法律案」として提案されたのですが、この法案には、「国際的な組織犯罪の防止に関する国際連合条約」（TOC条約）の締結に伴い必要となるいわゆる共謀罪を処罰するための組織犯罪処罰法改正も含まれていたことから、共謀の範囲が不明確で処罰範囲が広がるとの懸念がされ、長らく継続審議になっていたところ、2011（平成23）年の通常国会に従来の改正案のうち共謀罪の部分を削除して「情報処理の高度化等に対処するための刑法等の一部を改正する法律案」として提出され、ようやく成立しました。

刑法上のコンピュータウイルスは、「人が電子計算機を使用するに際してその意図に沿うべき動作をさせず、又はその意図に反する動作をさせるべき不正な指令を与える電磁的記録」と定義し（168条の2第1項1号）、正当な理由がないのに、無断で他人のコンピュータにおいて実行させる目的で、コンピュータウイルスの作成や提供をした場合を不正指令電磁的記録に関する罪として処罰することとしています。

岡村 「不正指令電磁的記録に関する罪」の中でも、未遂処罰の対象になっているものと、なっていないものとがありますが、この区分はどのような理由に基づいているのでしょうか。

安冨 不正指令電磁的記録供用罪については、未遂犯を処罰することとされています（168条の2第3項）が、不正指令電磁的記録作成・提供罪については、未遂犯処罰規定は設けられていません。

たとえば、コンピュータウイルスを電子メールに添付して送信すれば、供用

の実行行為に着手することになりますが、その場、送信先のコンピュータに受信されれば、ダウンロードして実行の用に供される状態には至らなかったとしても、処罰の必要性は高いといえます。したがって、不正指令電磁的記録供用罪については未遂を処罰することとされました。

岡村 ウイルス添付メールは国外から送り付けられてくることが多いので、わが国の警察による摘発だけでは限界があります。ウイルス感染を未然防止するため、ウイルス対策ソフトの利用、ウイルスパターンの迅速な更新は不可欠です。ところが、「ゼロデイ攻撃」を前にすると時間的に限界があります。さらに「標的型攻撃」が猛威を振るっています。これは、いわばオーダーメイドのウイルスですので、対策ソフトのウイルスパターン更新では対応に限界があります。日本年金機構の情報漏えい事件も、この手口でした。

さらには、宅配便の不在配達や請求書送付を装ったウイルス添付メールを不特定多数に送り付けて感染させる「バラマキ型攻撃」もとどまるところを知りません[14]。

ところで、先ほどの 2011（平成 23）年刑法一部改正では、他にどのような点が改正されたのでしょうか。

安冨 2011（平成 23）年の刑法一部改正では、いわゆるコンピュータウイルスに関する罪のほか、わいせつ物頒布等（175 条 1 項）と電子計算機損壊等業務妨害罪の未遂犯を処罰する（175 条 2 項、234 条の 2 第 2 項）改正がなされました。

わいせつ物頒布等の改正ですが、改正前は「わいせつな文書、図画その他の物」と対象が「物」とされていたので、たとえば、電子メールでわいせつな画像を不特定または多数の者に送信して取得させるなどの行為について、わいせつ物頒布罪となるのか裁判例が分かれていました。このような行為は「わいせつ物」を頒布する行為と実質的に違法であることは異ならないので、「電気通信の送信によりわいせつな電磁的記録その他の記録を頒布」する行為を本項後段で処罰対象とすることが明記されました。また、電子計算機損壊等業務妨害罪の未遂犯を処罰することについては、コンピュータ・ネットワークの普及と

---

14 警察庁系の一般財団法人日本サイバー犯罪対策センターが注意喚起しており、このセンターのサイトを参照して被害の未然防止に役立てることが有用である。

ともに、他人の業務に使用するコンピュータに遠隔から攻撃できるようになってきたことから、実際に動作阻害が起こる前であっても、処罰の必要性が高いと考えられたことによります。

　その他、刑法ではありませんが、第三者に帰属する電磁的記録の没収について、第三者所有物没収手続応急措置法を適用すること、不正アクセス行為の罪について、条約による国外犯の規定を整備するという改正がなされました。

岡村　ほかにもセキュリティ関係のものとして、この時期、迷惑メール規制法制の影響で悪質業者が「商売替え」をしようとしたのか、「ワン切り」事件が発生しました。携帯電話宛に番号通知で架電して、ワンコールで切って掛け直させ、典型的なものは、有料アダルト番組を聞かせた上、「料金督促」を目的として数日おきに嫌がらせ電話をかけて法外な「料金」などを請求するというような手口です。それをソフトウェアを用いて自動ダイヤルで行ったため、電話交換機が輻輳して、大阪「06」区域の通話が不能になるという事件が2002（平成14）年夏に2回も発生しました。そのため、同年12月、有線電話通信法を急遽改正して「ワン切り罪」を新設することによって、ようやく騒ぎは収まりました。

6　データ漏えい事件と刑事責任

岡村　近時はデータ漏えい事件が多発して、社会問題となっています。データが入った勤務先のパソコンや物理媒体のような他人の有体物を漏えいのため持ち出したような場合には、窃盗罪、あるいは業務上横領罪に問うことができます。これに対し、メール添付でデータだけを持ち出した場合や、自分の物理媒体等にデータをコピーして持ち出した場合には、それらの罪は成立しません。それらの客体は他人の有体物に限られているからです。

　事案によっては不正アクセス禁止法に問うことが可能ですが、それ以外における刑事責任の追及は、どのような状況でしょうか。

安冨　医師や弁護士など刑法で定められた職業にある者が、他人の秘密を漏らした場合は、刑法の秘密漏示罪（134条）に問われます。個人情報ファイルであれば、保有者が行政機関であれば行政機関個人情報保護法で、独立行政法人等であれば独立行政法人等個人情報保護法で、処罰の対象となっていますし、

2015（平成27）年個人情報保護法改正によって、民間事業者が保有する個人情報データベース等についても、処罰の対象となりました。

　漏えいではありませんが、重要な情報の保護ということでは、事業の有用性と秘密管理性がある非公知情報の場合には、不正競争防止法で、不正に利益を得ようとしたり、損害を与える目的で取得したりなどすれば営業秘密不正取得罪として処罰の対象となる場合があります。また、クレジットカード番号の不正取得については、クレジットカード関連事業者が、その知り得たクレジットカード番号を損害を与える目的で他人に提供したとき、割賦販売法で処罰されます。

岡村　データ漏えい事件への対処以外にも、サイバー犯罪に対する刑事実体法上の課題があれば、教えてください。

安冨　今日では、多くの人がインターネットを利用して電子商取引をしています。このような状況では、インターネットを悪用した詐欺、たとえば、オークション詐欺やインターネット版振り込め詐欺ともいえる架空請求詐欺のほか、インターネットバンキングを対象とした不正送金、電子決済システムに対する虚偽情報送信事案なども発生しています。

7　サイバー犯罪のボーダレス性への対応

岡村　サイバー犯罪にはボーダレス性という特色があります。刑法が規定するサイバー犯罪類型のうち、たとえば電磁的記録不正作出・供用罪、支払用カード電磁的記録に関する罪のように、すべての者の国外犯について処罰が可能なものがあります（同法2条）。しかし、その一方では、電子計算機損壊等業務妨害罪のように、国内犯だけが処罰対象となっている犯罪類型もあります（同法1条）。電子計算機使用詐欺罪にしても、国民の国外犯だけを処罰対象としています（同法3条）。さらに不正アクセス禁止法が定める不正アクセス罪（同法3条、11条）も、条約による国外犯処罰の対象になっているだけですので、国外犯処罰の範囲は条約で定まることになります（同法14条、刑法4条の2）。このように国外犯処罰規定がなかったり、その範囲が限定されたりする場合でも「国内犯」の解釈に関する偏在説[15]で適切にカバーができるのか、いささか疑問があります。

127

というのも、威力業務妨害を例にとれば、立ち退かない魚屋に地あげダンプカーが突入するケースなど、行為と結果が国内で完結する性格なので国内犯処罰で済みそうです。これに対し、電子計算機損壊等業務妨害の場合、行為は外国からのサイバー攻撃、結果発生となるターゲットはアマゾンが米国内に設置するクラウドのレンタルサーバ。それでもレンタルしている国内事業者が結果として業務妨害を受けるので、結果発生地になるのかもしれませんが、必ずしも明確とはいえないからです。

安冨　たしかに「偏在説」という考え方に立てば、インターネットの特性から、ある情報にアクセスすることができれば、国内での結果発生を認めることになり、インターネットが利用可能なすべての国が犯罪地となり得るということになります[16]。「国内犯」と考えるにふさわしい法益侵害の具体的危険性が実質的に認められる事情が考慮される必要があるでしょう。

8　刑事訴訟と電子データ

岡村　刑事訴訟において、証拠としての電磁的記録はどのような特徴があるのでしょうか。

安冨　電磁的記録は、刑法7条の2で定義されているように、可視性・可読性がないという特徴があります。しかし、刑事訴訟法では、「証拠物」を差押えの対象としている（99条）ことから、可視性・可読性のない電磁的記録を証拠とする場合には、電磁的記録を記録した媒体を対象とした捜索・差押えがなされることになります。この点についての法整備が2011（平成23）年の改正でなされました。

岡村　刑事訴訟において、サイバー犯罪捜査等のために、どのような法令、あるいは規定が設けられているのでしょうか。

15　行為または結果が国内で生じた場合を「国内犯」とする解釈論。
16　大阪地判平成11・3・19判タ1034号283頁は、被告人がわいせつ画像データを記憶、蔵置させたサーバーコンピュータのディスクアレイの所在場所は日本国外であるから、国外犯処罰規定のない刑法175条を適用することはできないと主張したのに対して、裁判所は、被告人が、海外プロバイダであるユーエス・インターネットのサーバーコンピュータに会員用のわいせつ画像データを送信し、同コンピュータのディスクアレイに記憶、蔵置させた行為は、たとえ同コンピュータのディスクアレイの所在場所が日本国外であったとしても、それ自体として刑法175条が保護法益とするわが国の健全な性秩序ないし性風俗等を侵害する現実的、具体的危険性を有する行為であって、わいせつ図画公然陳列罪の実行行為の重要部分に他ならないといえるとした。

安冨 2011（平成23）年の刑事訴訟法の一部改正で、①接続サーバ保管の自己作成データ等の差押えの導入（99条2項、218条2項、107条2項、219条2項）、②記録命令付差押えの創設（99条の2、218条1項、107条1項、219条1項）、③電磁的記録に係る記録媒体の差押えの執行方法の整備（110条の2、123条3項、222条1項）、④電磁的記録に係る記録媒体の差押えを受ける者等への協力要請の規定の整備（111条の2、142条、222条1項）、⑤通信履歴の電磁的記録の保全要請の規定の整備（197条3項・4項・5項）、⑥電磁的記録の没収に関する規定の整備（498条の2第1項・第2項）、が定められました。

岡村 ①の接続サーバ保管の自己作成データ等の差押え、②の記録命令付差押えとは、どのようなものでしょうか。

安冨 ①は、差し押さえるべき物が「電子計算機」という場合、裁判官の令状発付を得て、差押対象物であるコンピュータで作成したメールを保管しているメールサーバや、そのコンピュータで作成した文書ファイルを保管しているストレージサービスのサーバなどからデータを複写して差し押さえるというものです。いわゆるリモートアクセスと呼ばれているものです。

②は、裁判官の令状発付を得て、プロバイダ等の協力してくれる者によってサーバーコンピュータ等から必要なデータを記録媒体に記録等させて、これを差し押さえるというものです。

岡村 ③から⑤までの点についても、ご説明ください。

安冨 ③は、コンピュータ等の差押えに代えて、必要なデータをDVD-R等の記録媒体に複写等した上で、これを差し押さえるというものです。④は、記録媒体の差押えを受ける者等への協力を要請することができるというものです。⑤は、プロバイダ等が業務上保管している通信履歴（通信の送信先、送信元、通信日時など。通信内容は含まない）のデータについて、30日を超えない期間（特に必要があり、延長する場合には、通じて60日を超えない期間）を定めて、これを消去しないよう残しておくよう求めるものです。なお、データを入手するためには、別に裁判官の令状が必要です。

岡村 ③は、サーバそのものが差押えを受けると、プロバイダ等は業務が全面的に停止してしまいかねませんので、必要なデータだけを記憶媒体に書き出して、それを差し押えるという方法が実務慣行として行われてきており、それを制

度化するものといえましょう。⑤との関連では、総務省の電気通信事業分野における個人情報保護の指針では、プロバイダのログ保管期間を限定した上、当該期間経過とともに消去するものとしてきました。さらに 2015（平成 27）年改正個人情報保護法 19 条後段は、不要となった個人データ消去の努力義務を規定しました。⑤の通信履歴の電磁的記録の保全要請は、その除外を法令によって認めるものとして位置付けることができます。ご指摘のように最終的には令状による必要があることによって、濫用が避けられることになります。

⑥は、どのようなものでしょうか。

安冨 ⑥は、データの没収に関する規定を整備するものですが、没収保全請求等に関する検察官の処分として、記録命令付差押えおよび保全要請を行うことを可能とするという組織犯罪処罰法の一部改正もなされました。

岡村 IT・ICT の発展を踏まえ、通信傍受法（「犯罪捜査のための通信傍受に関する法律」（平成 11 年 8 月 18 日法律第 137 号））が制定されています、その骨子は、どのようなものでしょうか。

安冨 いわゆる通信傍受法は、組織犯罪などでは、犯行が密行的に行われることも多く、真相解明が困難となることも少なくないため、通信傍受が必要不可欠な組織犯罪（銃器犯罪、薬物犯罪、集団密航、組織的殺人の 4 類型）に限定して、犯罪捜査の手段として通信傍受を用いることができることとして定められた法律です。この「通信の当事者のいずれの同意も得ないで電気通信の傍受を行う処分」は強制処分（刑事訴訟法 222 条の 2）とされ、裁判官の令状が必要です。傍受は、傍受令状に記載された通信のみが原則ですが、傍受してよいかどうかはその内容を確認しないことにはわからないので、傍受してよい内容であるかどうかを判断するため必要最小限度の範囲であれば傍受することも許されます（13 条）。なお、2016（平成 28）年の刑事訴訟法一部改正で、多様化、功妙化する組織的な犯罪に対処するために通信傍受の対象犯罪（組織犯罪が疑われる、殺傷犯、略取・誘拐、逮捕・監禁、詐欺・恐喝および児童ポルノ事件など）が拡大され（2016（平成 28）年 12 月施行）、合理的・効率的な通信傍受を実現するために、暗号技術を活用し、記録の改変等ができない機械を用いることにより、通信事業者の立会いを不要とした傍受を実施できるとする（2019（令和元）年 6 月 1 日施行）規定が設けられました。

第6章　サイバーセキュリティと刑事法

岡村　IT・ICTの発展を活用して、GPS（全地球測位システム）装置を捜査に用いることの可否が最高裁で判断されました[17]。この判例についてご説明をお願いします。

安冨　この事案は、被告人が複数の共犯者と共に犯したと疑われていた窃盗事件に関し、組織性の有無、程度や組織内における被告人の役割を含む犯行の全容を解明するための捜査の一環として、約6ヵ月半の間、被告人や共犯者のほか、被告人の知人女性も使用する蓋然性があった自動車等合計19台に承諾なく、かつ、裁判官から令状を取得することなく、GPS端末を取り付けて、その所在を検索して移動状況を把握するという方法によりGPS捜査を行ったというものです。同様なGPS捜査は、警察庁が尾行と変わらないとの立場で、任意捜査として、数多く実施していたのですが、この事件で、最高裁判所は、大法廷判決として、GPS捜査は個人のプライバシーの侵害を可能とする機器をその所持品に秘かに装着することによって、合理的に推認される個人の意思に反してその私的領域に侵入する捜査手法であるとして、強制処分に当たるとしました。これで、今後は、裁判官から令状をもらってでないと、原則として、GPS捜査はできないこととなりました。ただ、どのような令状形式とするのかは、その特質に着目して憲法、刑訴法の諸原則に適合する立法的な措置が講じられることが望ましいと、GPS捜査令状についての立法を求めています。もっとも、3名の裁判官が、補足意見で、今後立法が具体的に検討されることになったとしても、法制化されるまでには一定の時間を要することもあると推察されるので、それまでの間、裁判官の審査を受けてGPS捜査を実施することがまったく否定されるべきものではないとして、ごく限られたきわめて重大な犯罪の捜査のため、対象車両の使用者の行動の継続的、網羅的な把握が不可欠であるという高度の必要性がある場合には、裁判官の令状（どのような令状形式かは示されていません）を得ればGPS捜査を行うことを肯定しています。

岡村　刑事訴訟において、デジタルフォレンジックという手法が指摘されていますが、これはどのようなもので、どのような利点、あるいは用いる際の注意事項があるのでしょうか。

---

[17]　最大判平成29・3・15判時2333号4頁。

安冨 デジタルフォレンジックは、犯罪捜査の場面では、犯罪の立証のための電磁的記録の解析技術およびその手続と一般に定義されています。しかし、デジタルフォレンジックは、犯罪捜査だけではなく、情報漏えいなどの情報セキュリティ侵害行為が発生した場合に、データやログの保全および調査・分析を行うとともに、インシデントレスポンスの一場面としても用いられます。

デジタルフォレンジックにより、サイバー犯罪捜査や金融不正調査などで、いつどこで何が行われたのかという情報が得られることから、訴訟やITガバナンスなどに有用です。

デジタルフォレンジックを運用する上での課題は、データの保全をどの範囲で、どこまで原本同一性を保ちつつ適切に調査・分析を行うべきかにあります。そのために、諸外国では、標準的手続のガイドラインが作成されています。わが国でも、デジタル・フォレンジック研究会から「証拠保全ガイドライン」が公表されているのが参考になります。

岡村 ボーダレス性というサイバー犯罪の特色に照らして、国際的な捜査協力が必要となりますが、サイバー犯罪条約、刑事共助条約などの枠組みがありますね。

安冨 サイバー犯罪やサイバー攻撃について、国内における捜査で犯人を特定できない場合は、外国捜査機関の協力を求める必要があります。そのために、サイバー犯罪条約や刑事共助条約・協定のほか、国際刑事警察機構（ICPO）、サイバー犯罪に関する24時間コンタクトポイントなどの国際捜査共助の枠組みを活用して、警察では国境を越えて行われるサイバー犯罪に対処するように努めています。

サイバー犯罪条約では、犯罪人の引渡し（24条）や適用される国際協定が存在しない場合の相互援助の要請に関する手続（27条）について定めています。また、外国に捜査に必要な証拠が存在する場合[18]、わが国が証拠を入手するには、原則として、外交ルートを通じて国際礼譲による捜査共助を要請することになります。しかし、これでは時間がかかるので、特定の国や地域と刑事共助

---

18 わが国が、外国の刑事事件の捜査に必要な証拠の提供等について外国から協力を求められた場合には、国際捜査共助等に関する法律（昭和55年法律第69号）の定める要件および手続に基づいて、相互主義の保証の下に、共助に関する条約を締結していない外国に対しても捜査共助を行うことができる。

条約（協定）を締結して、効率的な捜査に資するような枠組みが設けられています[19]。

9 刑事法領域における今後の課題

岡村 IoT（モノのインターネット）やAI（人工知能）など、IT・ICT領域における動きが急な現状ですが、刑事法領域における今後のサイバーセキュリティ上の課題について、ご意見をお聞かせください。

安冨 これから情報システムおよび情報ネットワークがいっそう進展し、さまざまなモノがネットワークでつながり、大量の情報が収集・蓄積・利用され、人工知能による情報処理が普及していく社会が想定されます。しかし、サイバー社会が、不正を働く者にとって不可侵の「聖域（sanctuary）」であってはならないと思います。サイバー空間は、現実空間と連接することで、サイバー社会もまた現実社会とつながっているのです。

したがって、サイバー社会においても、個人の権利・利益を侵害してはならないし、市民生活に不可欠なインフラを毀損してはならないわけで、サイバーセキュリティを保護法益ととらえ、刑事法領域で安全・安心なサイバー社会の形成を目指すことが重要と考えます。

岡村 この対談の結びとして、刑事法の観点から、サイバーセキュリティとの関係で、ユーザーである消費者が被害に遭わないため、あるいは、企業として留意すべき点に関するアドバイスがありましたら、お願いします。

安冨 情報システムおよび情報ネットワークに無謬はありません。日頃からユーザーも企業の経営層も可能な限りの安全対策を施した情報システムおよび情報ネットワークを実装していくことを心がけ、実践していく必要があるのではないでしょうか。けっして技術的な安全対策だけでは、サイバー社会の安全・安心を実現することはできないと思います。

インターネットは、大学の研究者間の情報交換といういわば性善説に立っての利用が想定されたところから始まりましたが、いまや、サイバー空間は、見えない脅威をかかえた空間となってしまっています。

---

19 刑事共助条約は、アメリカ合衆国、大韓民国、中華人民共和国、ロシア連邦、協定は欧州連合、香港。

たとえば、先ほど触れましたフィッシング詐欺については、これまでは大手金融機関が狙われることが通常でしたが、そのような大手が一応の対策を済ませつつある現在、今後はより規模の小さな金融機関が狙われるおそれがあります。また、金融分野以外の事業者であってもその被害者となる可能性は十分にあります。対策を講じるためには、経営資源である人・モノ・金の手当てが必要です。経営層が経営の根幹に関わる課題であることを強く認識して、対応をしていただきたいと思います。利益に直結しない管理経費にすぎないという認識にとどまり、対応を後回しにしてしまうと経営を揺るがしかねない損害が生じるおそれがあり、経営層は経営責任を問われ、株主代表訴訟の対象となるリスクをもはらんでいます。

　ユーザーは、サイバー空間に潜むリスクに注意をはらって安全に利用するように心がけてほしいです。ことに、ユーザーがサイバー攻撃の被害者となったときは、他人をも巻き込むおそれがあることにも留意してほしいです。また、企業は、安全・安心なサイバー空間を提供するということを念頭において事業を行うことが求められていると思います。

　繰り返しになりますが、経営層の方々は、サイバーセキュリティのリスクを常に意識していただき、サイバーセキュリティの安全対策に必要な負担は惜しまずに行っていただくことが、これからのサイバー社会全体の安全・安心に寄与するものと思います。

岡村　多様な製品にコンピュータが埋め込まれ、それが互いにネット接続されるという動向が加速している現在、ますます対処すべき課題は高度化・多様化するものと思われ、それに伴い、刑事法の役割も重要化の一途を辿るものと考えられます。本日は長時間にわたり、たいへんありがとうございました。

第7章 I サイバーセキュリティにおける安全管理措置と労働法規

株式会社日本総合研究所
執行役員法務部長
大谷和子　Kazuko Otani

今回は、株式会社日本総合研究所の法務部長としてIT・ICT分野の法務に携わられるとともに、中央省庁においてサイバーセキュリティ等の政策に関与してこられた同社の大谷和子執行役員と、サイバーセキュリティにおける安全管理措置と内部規程のあり方、労働法規との関係について対談します[1]。

1　サイバーセキュリティと現行法令

岡村　大谷さんとは従来から中央省庁のIT・ICT関係の会議でよくご一緒しており、現在も総務省の会議でご一緒させていただいています。

今回の対談では、個人情報保護法（個情法）が定める「安全管理措置」を素材に、セキュリティ管理策の理論と実務について、できる限りわかりやすく法的観点から解明できればと存じます。特に、サイバーセキュリティにおける安全管理措置を講じる際に、内部規程の策定の仕方、関連する労働法規との関係について、どうすべきなのか困惑しておられる企業法務担当者・人事担当者をよくお見受けします。そこで、それらの問題について精通されている大谷さんとの対談によって、どのような問題に留意すべきか、という点を中心に対談を進めることができればと考えています。

大谷　少し昔話から始めますと、サイバーセキュリティとは何かということでは、1992（平成4）年のOECD情報セキュリティ・ガイドライン[2]で示された

1　本稿は、2018（平成30）年5月21日に行われた対談（NBL1128号・1130号掲載）に加筆修正をしたものである。
2　OECD Guidelines for the Security of Information Systems.

CIA (Confidentiality・Integrity・Availability) の概念が印象的でした。「情報セキュリティとは、CIAの欠如に起因する危害から情報システムの利用者を守ること」という定義に接し、それまでの一般的な安全対策基準[3]と異なる発想のもとでセキュリティを考えることを促された思いでした。その後、1995 (平成7) 年に英国規格協会 (BSI) が制定したBS7799が基礎となり、現在の国際規格ISO/IEC 27000 (JIS Q 27000) シリーズがスタンダードとして定着しています。これらによれば、一般にセキュリティとは情報およびシステムの機密性、完全性、および可用性を確保することとして定義されています。

これに対し、わが国の法制度では、それに対応する法令用語として、おおむね情報（システム）の「安全管理措置」、「安全確保措置」という言葉が一般に用いられてきました。サイバーセキュリティ基本法2条が定める「サイバーセキュリティ」の定義もほぼ同様です[4]。

個情法を例にとれば、個人情報取扱事業者が義務付けられる「安全管理措置」として、「その取り扱う個人データの漏えい、滅失又はき損の防止その他の個人データの安全管理のために必要かつ適切な措置を講じなければならない」と20条で定めた上、21条で「従業者の監督」、22条で「委託先の監督」について規定しています。

岡村 個情法21条・22条は、20条が求める措置の一環として必要不可欠な要素ですので、いわば20条の確認規定として位置付けられるものです。詳しくは後述しますが、従業者や委託先からの漏えい事故が相次いで発生してきたという経緯を踏まえて明確化したものにすぎないと考えられています。現に、行政機関個人情報保護法（行個法）・独立行政法人等個人情報保護法（独個法）には従業者や委託先の監督に関する明文規定が置かれていません[5]。監督に関する規定は当然のことであるという理由によるものでしょう。委託先の安全確保措置について、やや異なる規定形式になっています。

---

3 通商産業省「情報処理サービス業情報システム安全対策実施事業所認定規程」（昭和56年通商産業省告示第342号）、通商産業省「情報処理サービス業情報システム安全対策実施事業所認定基準」（平成9年通商産業省告示第406号）など。
4 同条に置かれた「サイバーセキュリティ」の定義内容は「情報の安全管理のために必要な措置」、「情報システム及び情報通信ネットワークの安全性及び信頼性の確保のために必要な措置」等とされており、さほど大きな変化は見られない。詳細はNBL1103号44頁以下参照。

いずれにしてもセキュリティも個人情報保護法制（保護法制）も広義のリスク管理の一環という点では共通し、さらに後者はコンプライアンスの対象でもあります。

大谷 セキュリティの対象は、サイバーセキュリティ基本法2条を例にとると、個人データに限らず情報資産全般を対象に含んでいますし、情報システムや情報通信ネットワークそれ自体の安全性も含んでいるという点で、保護法制よりも対象が広範囲に及んでいます。また、その保有者に法的義務を課すものとは限りませんが、割賦販売法におけるクレジットカード情報等のように、対象情報を取り扱う者に対して安全管理義務を課す法令もあることに注意が必要です[6]。

サイバーセキュリティ基本法は、基本法という性格上、事業者の具体的義務を定める性格のものではありません[7]。そうした中で、これまで保護法制上の「安全管理措置」、「安全確保措置」に関する規定が、実質的にセキュリティに関する一般法の役割を代替してきたといえるでしょう。

保護法制の中でも民間の事業者が対象となるのは個情法ですが、同法20条が義務内容とする「安全管理のために必要かつ適切な措置」という文言は包括的であり、きわめて抽象的です。同法21条・22条にいう「必要かつ適切な監督」という文言も同様ですので、事業者の理解を促し、適正な措置を円滑に進めてもらうため、可能な限り具体的なものとすることが求められています。

岡村 個情法上の監督機関である個人情報保護委員会は、「個人情報の保護に関する法律についてのガイドライン（通則編）」（平成28年11月（平成29年3月一部改正））を公表して、その具体化を図ろうとしています。ここでは個人情報保護委員会を「委員会」、このガイドラインを「指針通則編」と略称するこ

---

[5] 個情法20条は「安全管理措置」と題されているのに対し、行個法6条・独個法7条は、それぞれ「安全確保の措置」と題されており、一般的に「安全確保措置」と略称されている。それら両条各1項で「保有個人情報の漏えい、滅失又は毀損の防止その他の保有個人情報の適切な管理のために必要な措置を講じなければならない」と規定した上、2項で「前項の規定は……個人情報……の取扱いの委託を受けた者が受託した業務を行う場合について準用する」と規定する。
[6] 労働者派遣事業の適正な運営の確保及び派遣労働者の保護等に関する法律（昭和60年法律第88号）24条の3第2項の派遣元事業主の個人情報保護に関する適正管理措置の義務なども一例といえる。
[7] サイバーセキュリティ基本法に述べられている重要社会基盤事業者、サイバー関連事業者等の責務も国等の施策への協力に努めることにとどまっている。

とにします。

　その内容ですが、「指針通則編」は、安全管理措置について、「当該措置は、個人データが漏えい等をした場合に本人が被る権利利益の侵害の大きさを考慮し、事業の規模及び性質、個人データの取扱状況（取り扱う個人データの性質及び量を含む。）、個人データを記録した媒体の性質等に起因するリスクに応じて、必要かつ適切な内容としなければならない」としています。そして、具体的に講じなければならない措置や当該項目を実践するための手法の例等については、「8（別添）講ずべき安全管理措置の内容」を参照するものとしています。これも「別添」と略称することにします。付け加えますと、委員会は「個人データの漏えい等の事案が発生した場合等の対応について」（平成29年個人情報保護委員会告示第1号）も告示しています。

　さらに解釈上の疑義を払拭して明確化するため、委員会は「『個人情報の保護に関する法律についてのガイドライン』及び『個人データの漏えい等の事案が発生した場合等の対応について』に関するQ&A」（平成29年2月（最終更新・令和元年6月））も公表しています。ここでは「Q&A」と略称します。

　以上によって具体化・明確化が図られているという仕組みです。

大谷　留意したいのは、これらの指針等に記載された措置を講じなかったからといって、必ずしも個情法違反となるとは限らないということです。その旨は「指針通則編」にも明記されており、委員会が法解釈を示した部分[8]と、ベストプラクティスを示した部分[9]とを書き分けているわけです。

　これらの措置義務の対象が個人データに限定されているという点では、射程は短いものの、これらの指針等によって具体化された措置の枠組みと内容は、オーソドックスなセキュリティ管理策とほぼ共通しています。

　というのも、「別添」が掲げる基本的な枠組みは、基本方針を策定した上、個人データの取扱いに係る規律を整備し、組織的安全管理措置、人的安全管理

8　「指針通則編」では、「『しなければならない』及び『してはならない』と記述している事項については、これらに従わなかった場合、法違反と判断される可能性がある」としている。
9　「指針通則編」では、ベストプラクティス的な事項に関して、「『努めなければならない』、『望ましい』等と記述している事項については、これらに従わなかったことをもって直ちに法違反と判断されることはないが《中略》法の基本理念（法第3条）を踏まえ、事業者の特性や規模に応じ可能な限り対応することが望まれるものである」としている。

措置、物理的安全管理措置、および技術的安全管理措置に区分して管理策を講じるというものです。そのため、情報全般に関する具体的なセキュリティ管理策を検討する上でも適切な素材であると考えることができます。もっとも、従業員数が100人以下の中小規模事業者向けには、取り扱う個人データの数量が少ないことを踏まえて軽減した手法が例示されています。

事業者は、個人データだけではなく、たとえばサプライチェーンを形成する上で他社から、さらには企業グループの一員としてグループ会社などから重要情報を預かることがあります。また、自社の重要な技術情報は必ずしも特許などの産業財産として公開されるわけではありません。そうした重要情報の機密保全は不可欠の経営課題です。そのためにも「別添」の内容を、セキュリティ全般について参考にすべきものと考えることができます[10]。

2 基本方針

岡村 まず「基本方針」ですが、個情法上の義務ではないものの、「別添」は個人データの適正な取扱いの確保について組織として取り組むために「基本方針」の策定が重要であるとしています。個情法7条1項に基づき閣議決定された「個人情報の保護に関する基本方針」(最終変更・平成30年6月12日)の中でも「個人情報保護を推進する上での考え方や方針(いわゆる、プライバシーポリシー、プライバシーステートメント等)」が登場します。いずれにしても多くの事業者は「基本方針」を自主的に作成し、後述のとおり公表しています。

「基本方針」に具体的に定める項目の例として、「別添」は「事業者の名称」、「関係法令・ガイドライン等の遵守」、「安全管理措置に関する事項」、「質問及び苦情処理の窓口」等が考えられるとしています。

セキュリティ全般における「基本方針」は「セキュリティポリシー」と呼ばれています。前述のとおり、対象情報が個人データに限られない半面、対象事項が情報の取扱い全般ではなく安全管理措置に限定される点では、「プライバシーポリシー」と部分的に重複しつつも異なっています。

---

[10] 管理したい情報資産の特性や情報管理の目的に応じて、経済産業省「営業秘密管理指針」(2015年最終改訂)、独立行政法人情報処理推進機構「組織における内部不正防止ガイドライン」(2017年最終改訂) なども適宜参照することが望ましい。

この両ポリシーの実務的な「書き分け」について、どのように考えるべきか、頭を悩ませる問題です。ご見解をお聞かせください。

大谷　閣議決定された「個人情報の保護に関する基本方針」によれば、「個人情報取扱事業者は、《中略》消費者の権利利益を一層保護する観点から、個人情報保護を推進する上での考え方や方針（いわゆる、プライバシーポリシー、プライバシーステートメント等）を対外的に明確化するなど、個人情報の保護及び適正かつ効果的な活用について主体的に取り組むことが期待されている」とありますので、ここにいうプライバシーポリシーは、事業者に対して対外的宣言を求めるものと理解することができます。この部分は、平成28年10月の一部変更前には、「事業者が行う措置の対外的明確化」という小見出しが付けられ、その本文でも「事業者が関係法令等を遵守し、利用目的の通知・公表、開示等の個人情報の取扱いに関する諸手続について、あらかじめ、対外的に分かりやすく説明することが、事業活動に対する社会の信頼を確保するために重要である」と述べられていたことからも事業者としての個人情報保護の姿勢を対外的にコミットするものであり、「別添8-1」に述べられた安全管理措置の基本方針を含みつつ、より広い範囲をカバーするものです。また、ここにいうプライバシーポリシーは、個情法の改正後、個人情報の保護の側面にとどまらず、その活用の側面についても視野に含めることを期待されているようにも理解できます。その意味でも幅広く、かつ理念的なものと考えられます。

他方、「別添8-1」に述べられた安全管理措置の基本方針と個人情報以外の情報資産をも対象とするセキュリティポリシーとの書き分けについては、確かに実務上はいろいろなアプローチがあって迷うところですが、私は、ISMS（情報セキュリティマネジメントシステム、Information Security Management System）の要求事項に従って各事業者が作成したセキュリティポリシーが個人情報をも例外としないのであれば、そこに「別添」に述べる「事業者の名称」、「関係法令・ガイドライン等の遵守」、「安全管理措置に関する事項」、「質問及び苦情処理の窓口」を具備すれば、十分だと考えております。

なお、これらはいずれも事業者の組織単位でおおむね一つ備えるべき基本方針ですが、それとは別に、製品、サービス等の利用に際して、事業者に対する個人情報の提供を求められる個人に対しては、アプリケーションやサービス等

の単位で個人情報の取扱いに関する説明が必要だと考えています[11]。このようにアプリケーションやサービス単位での説明もプライバシーポリシーと表現されることが多いのですが、混同しないことが大切です。

岡村 プライバシーポリシーやセキュリティポリシーについて、取締役会決議など、事業者の中の、どのレベルで決定すべきものでしょうか。また、事業者の一般的な文書管理規程との関係では、どのように位置付けられるべきものでしょうか。

大谷 「別添 8-1」に述べられた安全管理措置の基本方針には、「個人データの適正な取扱いの確保について組織として取り組む」と述べられていますので、取締役会設置会社であれば取締役会などの会議体での決議を経ることが必要だと考えています。「組織として取り組む」という表現は、ご存じのように番号利用法（番号法）の事業者向けガイドラインにも、まさに同じ言葉で述べられており、どのレベルで決議するかについては番号法対応に際しても悩みました。組織の大小にもよりますが、コンプライアンスに関する事項にも該当する側面がありますので、大会社であれば、代表取締役やセキュリティ管理最高責任者（CISO：Chief Information Security Officer）に委任するだけでは不十分であり、複数の役員が招集される会議体での決議を適切なものと考えました[12]。

文書管理規程上は、基本方針は、個々の内部規程の一部に含まれると考えるのが一般的ではないかと思います。ISO 上は ISMS 文書の最上位に据えられますが、同時に内部規程の一つとしての制定手続を経ることが大切です。

岡村 「別添」では、基本方針を「策定」するとされているだけで「公表」は記載されていませんが[13]、前述した「個人情報の保護に関する基本方針」には、「個人情報保護を推進する上での考え方や方針（いわゆる、プライバシーポリシー、プライバシーステートメント等）を対外的に明確化する」という表現も見受けられますので、ご指摘のとおり「公表」という意味と受け取ることが自

---

11 スマートフォン内のアプリケーションが利用者の知らないうちに利用者の行動履歴等のプライバシーに関わる情報を取得し外部送信することのないように、アプリケーションの動作に応じたプライバシーポリシーを作成するべく、総務省では「スマートフォン プライバシー イニシアティブ」（SPI）（平成 24 年 8 月）を公表している〈http://www.soumu.go.jp/main_sosiki/joho_tsusin/d_syohi/smartphone_privacy.html〉。
12 会社法 362 条 5 項。
13 ただし、別途、個情法 27 条 1 項等に基づき公表が義務付けられている事項があることに注意。

然です。

　プライバシーマーク制度に係るJIS Q 15001でも、基本方針の「公表」が要求事項とされています。そうした第三者認証を取得するかどうかは任意であるとしても、「公表」という第三者開示によって、事業者が、経営上の重要課題として積極的に取り組んでいることがマーケットで評価され、それによって企業価値の向上に資することも期待されるところです。また、同業他社と比べて十分なのかという点も問われます。この点は、個人情報保護関連に限らず、セキュリティ全般について該当し得ると考えられます。

3　規律の整備

岡村　こうした「基本方針」の下で、次に求められているのは「規律の整備」です。

　「別添」は、それに関する「手法の例示」として「取得、利用、保存、提供、削除・廃棄等の段階ごとに、取扱方法、責任者・担当者及びその任務等について定める個人データの取扱規程を策定することが考えられる」としています。

　「取扱規程を策定する」というのは、まさに事業者が内部規程として定めるべきことを意味しています。ただし、「取扱規程」という名称を付けることが求められているわけではありませんので、その名称は企業ごとに異なっていても構いません。

大谷　この取扱規程の内容ですが、「取得、利用、保存、提供、削除・廃棄等の段階ごとに」という点は、いわば対象情報の取扱い上のライフサイクルに対応したものということができます。個情法は個人データを対象情報としていますが、事業者が取り扱う情報全般についても同様であり、取得から廃棄（消去）に至るまでの考え方が、セキュリティ全般との関係にほぼ当てはまります。若干の相違点があるとすれば、個人データの場合、個情法に従い、個人情報取扱事業者は、利用の必要がなくなったときは、遅滞なく個人データを消去する努力義務（19条）が課せられているという点で、そのライフサイクルをより意識的にコントロールする取扱規程とする必要があることです。

　なお「別添」では定めるべき事項として「取扱方法、責任者・担当者及びその任務」が掲げられています。末尾に「等」が付けられているので例示です。

さらに「別添」は、「具体的に定める事項」として、「以降に記述する組織的安全管理措置、人的安全管理措置及び物理的安全管理措置の内容並びに情報システム《中略》を使用して個人データを取り扱う場合《中略》は技術的安全管理措置の内容を織り込むことが重要である」としています。

岡村　利用する必要がなくなったときの措置について、個情法19条後段では個人データの消去が努力義務にとどめられているのに対し、番号法20条では特定個人情報を保管してはならないとして、消去が単なる努力義務にとどまっていないことに注意が必要です。さらにどちらも消去はセキュアに行う必要があります。

　ところで、先ほどご指摘があったように、取得から廃棄等に至るまでの段階ごとにという点は、リスクアセスメントの一環としてセキュリティについて採用されている手法です。これらの措置の4分類も、ISO/IEC 27001（JIS Q 27001）に基づくISMS等で採用されている情報全般に関する具体的なセキュリティ管理策と同様の枠組みですね。

　ここでも、対象情報の広狭という違いはありますが、個情法関係の取扱規程と、セキュリティ関係の取扱規程は、安全管理措置の部分で重複しますので、その間の調整が求められます。というのも、実際の取扱規程について相談を受けると、両者の内容が単に重複しているだけではなく、なかには内容が相互に矛盾しているようなものも見受けられますので。両者の調整に関するご意見をお願いします。

大谷　安全管理措置に限れば、ISMS等に基づく規程が組織内に存在するのであれば、基本的にはそれで十分だと考えられますので、屋上屋を架す必要はないのではないでしょうか。個人データの特性を踏まえて追加的に講ずべき安全管理措置のみを個人情報管理規程に明文化すればよいでしょう。具体的には、先ほども申し上げた個人データの消去を意識的にコントロールする仕組み、たとえば、個人データの管理台帳の定期的な見直しの際に不要となったデータを消去させる仕組み、あるいは個人データの取扱委託に関して、たとえばプライバシーマーク付与事業者と同等の安全管理措置を実施している事業者であることを確認する仕組みなどが別途必要になると思います。

岡村　「屋上屋を架す必要はない」というご指摘は同感であり、やはり上乗せ

横出しの部分を追加すれば足りると考えます。

　この取扱規程の中では、従業者に義務を負わせるものがありますが、労働基準法（労基法）、労働契約法（労契法）のような労働法規との関係では、使用者たる企業はどのような措置を講じる必要がありますか。

大谷　個情法20条との関係では、「別添8-4」の人的安全管理措置であり、個情法21条の従業者に対する監督義務ですね。具体的には、十分な教育研修を行い、不開示に加え・目的外利用をしない旨を定めた誓約書に署名してもらうなどの措置が必要です。その上で、従業者の義務違反が生じた場合、個人データの漏えい、営業秘密の不正使用といった被害が想定されますので、違反に対しては一定の制裁を予定しなければなりません。労基法との関係では、就業規則作成義務のある事業者は、制裁の種類と程度を就業規則に定める必要があります（労基法89条9号）。また、制裁の最大のものは、事業者が雇用関係を一方的に終了させる懲戒解雇処分ですので、労基法との関係では、解雇事由（労基法89条3号）を就業規則に定める必要があるということです。就業規則作成義務のない常時10人未満の労働者を使用する事業者の場合でも、解雇事由は労働条件に明示する義務（労基法15条）があります。従業者とは、従業員のほかに役員なども含まれます。役員の場合は、就業規則の直接の適用を受けることはありませんが、就業規則の懲戒事由に相当する違反行為があった場合は、委任契約上の善管注意義務違反と考えられますので、忠実義務（会社法355条）が適用されない場合も含めて同等の制裁が考え得ると思います。

　また、就業規則や営業秘密等の不開示契約（Non-disclosure Agreement）において、雇用関係が継続している在職中にとどまらず、その退職後も一定期間の守秘義務を課すことは一般的だと思われます。しかしながら、単なる守秘義務にとどまらず競業避止の特約により労働者を拘束する場合は、制限される競業行為の範囲が最小限度であり、制限の期間・地域的範囲、職種・地位、代償措置の有無・金額等に照らして合理的な内容とすることが求められます。言い換えれば、営業秘密など事業者側に保護すべき利益があり、かつ労働者の職業選択の自由への制約という不利益と釣り合うように慎重に検討することが求められます。先例的な裁判例としては、フォセコ・ジャパン・リミティッド事件（奈良地判昭和45・10・23判時624号78頁）がよく知られています。以後も具体

的事情は異なるものの多くの裁判例が競業避止義務を肯定していますが、事業者にとって保護すべき重要な営業秘密等の利益が不明瞭であり、十分な代償措置もない競業避止の特約が公序良俗に反し無効とされることもあります（東京地決平成7・10・16労判690号75頁）。

　労契法3条に定められている労働契約の原則について、信義誠実の原則（4項）は、労働者側の安全管理措置に関する内部規程を遵守する義務を裏付けるものです。労使対等の原則（1項）、均衡の原則（2項）および濫用禁止（5項）は、事業者が従業者の監督義務を果たす上でも留意すべき内容です。

岡村　実効性を確保するため、従業者が違反した場合には、自社の内部規程に基づき懲戒処分の対象になるとすることが通常です。先ほどご指摘のあった懲戒処分との関係で注意すべき点は何ですか。

大谷　労働判例[14]によれば懲戒処分に関する就業規則は、限定列挙とされていますので、安全管理措置義務への違反が懲戒処分の対象となることについては、就業規則を読んだときにも明確になるように規定しておく必要があります。また、違反行為の程度に対して過度の処分にならないように、社会通念上も支持されるようなスケールを従業者側が予定しておくことも必要です。

岡村　それに関連する判例としてK工業技術専門学校事件があります。専門学校の教師が同校から貸与された業務用パソコンとメールアドレスを用いて出会い系サイトに投稿して多数回のメールを送受信したことを理由とする懲戒解雇の有効性が争われた事案です。第一審判決[15]は、同校にパソコン使用規程がないこと等を理由に、解雇権濫用に当たるとして懲戒解雇を無効としました。これに対し控訴審判決[16]は、かかる行為は著しく軽率・不謹慎で、これにより控訴人学校の品位、体面および名誉信用を傷つけること等を理由に、非違行為の程度や教育者たる立場からすれば「本件懲戒解雇は誠にやむを得ないもの」であって「不当に苛酷なものということもできない」としました。本件は、セキュリティそれ自体に関するものではありませんが、内部規程、懲戒規程が未整備であり、先にご指摘になった解雇事由の就業規則への明定という観点から

14　代表的な事例として、最二判平成15・10・10労判861号5頁〔フジ興産事件〕。
15　福岡地久留米支判平成16・12・17判タ1223号192頁。
16　福岡高判平成17・9・14判タ1223号188頁。

も不十分であったことが、いたずらに紛争を招いたものといえるでしょう。就業時間中の少量の私用メール送受信等を理由とする解雇の効力が争われた東京地判平成15・9・22労判870号83頁も、就業時間中の私用メールが明確には禁じられていなかったこと等を理由に、職務専念義務違反を否定し、解雇権濫用に当たり解雇は無効であるとしました。懲戒規程を含めて、内部規程の整備・見直しが重要です。

ところで、従業者といっても、いわゆる正規雇用ではなく派遣労働者である場合には、どのような措置が必要でしょうか。

大谷 派遣労働者も監督義務の対象となる従業者ですから、派遣先事業者にも「業務の遂行に必要な能力を付与するための教育訓練」の実施に配慮することが求められています（労働者派遣法40条2項）。従業者に必要なセキュリティ教育は、派遣会社に任せるのではなく、派遣先においても直接実施することができると理解できます。しかし、不開示・目的外利用禁止の誓約書については、事業者が自ら雇用している者のように直接署名を求めることはできません。事業者間の労働者派遣契約において安全管理措置に関する派遣先の指揮命令者の指示に従うよう義務付けるほか、派遣会社に対する誓約事項で代替し、必要に応じてその写しをもらうことなどで対応する必要があります。誓約事項への義務違反が発生した場合、派遣会社に連絡をとり、派遣会社の内部規程に従った制裁を検討してもらうことになるでしょう。

違反行為が故意に行われ、その結果が重大である場合には、派遣契約の解除事由となることも考えられます。その場合、派遣先の安全管理措置の実施状況に問題がなくもっぱら派遣労働者に帰責事由があれば、派遣先は、就業機会の確保等の措置義務を負うことなく即時に派遣契約を解除することができます。労働者派遣契約にも、契約の解除についても定めるとよいでしょう。

4 組織的安全管理措置

岡村 講じなければならない4分類の措置のうち「組織的安全管理措置」について、「別添」は**図表7-Ⅰ-1**の計5項目を「講じなければならない措置」として掲げた上、「手法の例示」、「中小規模事業者における手法の例示」を摘示しています。

第7章 Ⅰ　サイバーセキュリティにおける安全管理措置と労働法規

【図表7-Ⅰ-1】組織的安全管理措置として講じなければならない措置

(1)	組織体制の整備
(2)	個人データの取扱いに係る規律に従った運用
(3)	個人データの取扱状況を確認する手段の整備
(4)	漏えい等の事案に対応する体制の整備
(5)	取扱状況の把握及び安全管理措置の見直し

ところで、ISMSのようなマネジメントシステムでは、PDCAモデルが採用されています。P（Plan－計画）、D（Do－実行）、C（Check－点検）、A（Act－処置）を繰り返すことによって、目標となる事項の継続的な水準の維持・向上を図ろうとするものです。**図表7-Ⅰ-1**の骨子も、ごく大まかには(1)は「P」の一部であり、先に説明した「規律の整備」と相まって「P」に対応しそうです。(2)は後述の人的安全管理措置に係る教育、研修等と相まって「D」に、(3)の「個人データの取扱状況を確認する手段の整備」は「C」に対応しているようにみえます。(2)が画餅に帰さぬよう、(3)が有用です。それによって問題点が発見される場合がありますので、(5)の「安全管理措置の見直し」も掲げられており、「A」に対応します。こうした手法の繰り返しにより、全体として保護水準のスパイラルアップが図られます。

　これまで登場してきた「規律」とは、主として内部規程の意味です。(2)として「個人データの取扱いに係る規律に従った運用」が掲げられています。違反すると懲戒処分の対象になることによって、実効性が確保されます。といっても、画餅に帰さぬよう、(3)として「個人データの取扱状況を確認する手段の整備」が掲げられています。

　「組織的安全管理措置」に関するその他の点は後述します。

大谷　その「(1)組織体制の整備」に関する「手法の例示」として「別添」は「組織体制として整備する項目の例」を**図表7-Ⅰ-2**のとおり列挙しています。丸番号は「別添」にはありませんが、説明の便宜上、こちらで付記しています。

　この中の①は「責任者の設置及び責任の明確化」ですが、事業者が自社の管理措置を講じるためには、人員、設備投資を決定することが必要ですので、ここにいう責任者はその権限を持つことが必要です。最近では役員がCISOを担う大企業も増えつつあります。これは自動車に例えればブレーキ役です。CISOに代えて最高情報責任者（CIO：Chief Information Officer）だけを置く企

【図表7-Ⅰ-2】組織体制として整備する項目の例

①	個人データの取扱いに関する責任者の設置及び責任の明確化
②	個人データを取り扱う従業者及びその役割の明確化
③	上記の従業者が取り扱う個人データの範囲の明確化
④	法や個人情報取扱事業者において整備されている個人データの取扱いに係る規律に違反している事実又は兆候を把握した場合の責任者への報告連絡体制
⑤	個人データの漏えい等の事案の発生又は兆候を把握した場合の責任者への報告連絡体制
⑥	個人データを複数の部署で取り扱う場合の各部署の役割分担及び責任の明確化

業もありますが、CIOは主としてIT・ICTの導入や利活用を促進するという点で、自動車に例えれば本来はアクセル役ですからブレーキ役を兼務することは、望ましくないという声も強いようです。CISOやCIOを置いていないような多くの企業では、IT・ICTに不慣れな経営陣との「橋渡し人材」の強化も求められるところです。

　いずれにしても、通常の役員はセキュリティの専門家ではありません。CISOがいても、役員クラスが自ら具体的措置を講じることも非現実的ですから、責任者の下に内部組織を作って実務を担当させることになります。

岡村　「橋渡し人材」という言葉では役員クラスのCIO、CISOにそぐわないとして、最近では、それに代えて「戦略マネジメント層」という言葉が有力化している状況です。いずれにせよ、セキュリティ人材育成は大きな課題です。IT・ICTが理解できる法務担当者も育成が急務です。

　内部組織といえば、個人情報部門、セキュリティ部門、コンプライアンス部門、リスク管理部門、システム部門など、事業者によって担当部署がまちまちです。複数に分かれているところもあります。この点について、何か留意点はありますでしょうか。

大谷　セキュリティに関するインシデントが発生したときは、きわめて迅速な対応が求められますので、緊急時の対応が必要になったときの司令塔を内部規程で明確にしておくことが必要です。また、どの部署が担当するとしても、組織内にどのような個人データや重要な情報資産が存在するのか具体的に把握し、個人データその他の情報資産の滅失、毀損または漏えいなどのインシデントが発生した場合にどのような危害が誰に発生するのかを認識する手段にアクセスできることが必要です。セキュリティ人材は、リスクアセスメントの結果

だけでなく、そのプロセスを把握している部署に重点的に配置することが大切です。

岡村 ところで、実際にデータを取り扱うのは従業者です。そのため、②と③で、どのような範囲のデータをどの部署で誰が取り扱うのか、その役割分担や責任を含めて明確化すべきである旨も、この「明確化」の内容として「別添」に例示されています。取り扱う部署は単独である場合だけでなく、複数の場合もありますので、⑥が置かれています。

以上の点はセキュリティ全般の場合と異なることはなく、この明確化のための「洗い出し作業」、「棚卸し作業」のことを、一般に「アセスメント」と呼んでいますが、「別添」には特記されていません。セキュリティのリスクアセスメントでは、洗い出すべき点は、組織における情報の流れとともに、それに対するリスク評価の要因として情報資産の価値、脅威、脆弱性が含まれます。それによって初めて、適正な管理策を検討することができるからです。

大谷 ご指摘のとおりだと思います。リスクアセスメントは、JIS Q 15001 個人情報保護マネジメントシステムのPDCAのサイクルでも中核になる概念です。また、番号法における特定個人情報保護評価（番号法28条）の仕組みもまたリスク分析の側面を持っています。また、EUの一般データ保護規則（GDPR）においても、その35条でデータ保護影響評価（DPIA）に触れています。自然人の権利や自由を高リスクに晒すような新技術によるデータ処理について、たとえばプロファイリング、思想信条等わが国でいう要配慮個人情報の処理、公共の場所での大規模な監視などでは、DPIAが求められるとしています。一般の民間企業が特定個人情報を取り扱う場合には特定個人情報保護評価を行うことは求められませんし、DPIAについての指針を見ても高リスクのデータ処理に限定されていますから、この種のリスクアセスメントは一般の事業者にとっては縁遠いようにも見えますが、PIAやDPIAに示されているリスク感覚は、たとえば、IoTやビッグデータ解析など匿名化した新たなデータ利用を模索している組織において、とても参考になる考え方だと思います。

少し話を戻しますと、体制整備の必須項目として、さらに(1)の④⑤では、規律違反や漏えい等の事案の発生または兆候を把握した場合の責任者への報告連絡体制を掲げています。これとともに(4)として「漏えい等の事案に対応す

る体制の整備」も掲げられています。安全管理措置に「完全」ということはあり得ません。実際にインシデント等の兆候を把握した場合に慌てないよう、常日頃から体制を整備しておくことが欠かせません。

岡村 (2)に掲げられた「個人データの取扱いに係る規律に従った運用」に違反すると、主として懲戒処分の対象になることによっても実効性が確保される仕組みです。

また、公益通報者保護法に基づく公益通報窓口の設置など通報制度の社内整備も、内部不正の予防・摘発の見地から効果的です。

5　人的安全管理措置

岡村　実際に情報やシステムを扱うのは人間です。事業者が個情法 21 条に基づき従業者に対し安全管理措置を遵守させるよう監督義務を負うことは前述しました。「指針通則編」は「その際、個人データが漏えい等をした場合に本人が被る権利利益の侵害の大きさを考慮し、事業の規模及び性質、個人データの取扱状況（取り扱う個人データの性質及び量を含む。）等に起因するリスクに応じて、個人データを取り扱う従業者に対する教育、研修等の内容及び頻度を充実させるなど、必要かつ適切な措置を講ずることが望ましい」としています。ここに「従業者」とは、個人情報取扱事業者の組織内にあって直接間接に事業者の指揮監督を受けて事業者の業務に従事している者等をいい、雇用関係にある従業員（正社員、契約社員、嘱託社員、パート社員、アルバイト社員等）のみならず、取締役、執行役、理事、監査役、監事、派遣社員等も含まれるとしています。「従業員」とすることなく「従業者」としたのは、このように広範囲の者を含むものであることに起因しています。

大谷　人的安全管理措置として、「別添」は個情法 21 条に言及しつつ、従業者の教育を重視しており、個人データの適正な取扱いを周知徹底するとともに適切な教育を行わなければならないとした上、「手法の例示」として、従業者に定期的な研修等を行うこと、秘密保持に関する事項を就業規則等に盛り込むことを掲げています。

事業者の組織内で実際に情報を取り扱うのは従業者です。後述する物理的安全措置や技術的安全措置も、その大半は従業者が遵守すべき事柄ですから、そ

の内容を従業者に周知して理解を得ておかなければなりません。そのための手段として、従業者の教育は不可欠です。セキュリティに関しても、従業者の教育はPDCAの「D」として位置付けられています。

岡村 委員会の分析によれば、漏えい事案のうち「従業者」の「不注意」によるものが、圧倒的多数を占めていますので[17]、従業者への教育・啓発活動が重要であることが示されています。

これに関連して、やや古いものですが興味深い事例があります。ある信金の労働組合の分裂に関わる複雑なケースですが、説明のため事案を単純化すると、この信金の労組分裂に際して上司が部下に命じて無権限で端末機を操作させて預金残高を確認させた行為が、担当者以外の従業員による端末機操作を禁じた事務取扱要領違反に当たるとして懲戒処分を受けたことを不服として、この上司が当該処分の無効確認請求訴訟を提起したという事案です。

第一審判決[18]は、現実には取扱要領に反する運用がなされていたため、この上司において、端末機操作担当者以外の従業員が、信金に何らの損害を及ぼすおそれのないような操作をすることについて、さほど重大な非違とは考えていなかったこと等を理由に、処分を無効としました。

これに対し、控訴審判決[19]は、巷間でオンライン利用の犯罪が多発する折柄、この信金も職員の間で端末機が必ずしも事務取扱要領に従って運用管理されていない実状にあったので、この信金は改めて文書を各店長宛に交付し、説明会を開くなどして取扱要領に従った端末機の扱いを周知徹底させるべく努力していたところ、この上司が、端末機の取扱いを厳格にするよう指導を強化した矢先に職員により私的目的のために端末機が不正に操作させたことは、この信金に少なからざる衝撃を与えたものであって、対社会的信用を重んずる金融機関として被害を受けた等として、処分を有効としました。

---

17 委員会「平成28年度個人情報の保護に関する法律施行状況の概要」(平成29年11月)によれば、①漏えい元に関し、「事業者」から直接漏えいした事案が全体の約75%、「委託先」から漏えいした事案が全体の約23%、②「事業者」および「委託先」の中で、実際に漏えいに関わった者(漏えいした者)は、「従業者」が全体の約67%、③漏えい原因は、「従業者」が漏えいに関わった事案にでは「意図的」なものが8件、「不注意」によるものが157件であり、ほとんどが「不注意」によるものである半面、「第三者」が漏えいに関わった事案では、「意図的」なものが57件、「不注意」によるものが0件であり、すべてが「意図的」なものであると分析されている。
18 前橋地判昭和61・5・20判時1253号136頁。
19 東京高判昭和62・8・31判時1253号134頁。

ここから学ぶべきことは、第一審判決がいうように、単に内部規程を整備しても実効性を欠いているようでは画餅にすぎないこと、他方で、控訴審判決が説くように、だからこそ内部規程の実効性を図るための従業者への教育・啓発活動が、自社を守るためにもきわめて重要であるということです。
　この教育・啓発について、内部規程でチェックしておくべき点など、注意すべき事項は何でしょうか。

大谷　教育については、計画的に実施すること、繰り返し実施することと、全員参加を求めること、そして教育研修の有効性を検証するテストなども実施することが必要です。従業者の数が多い場合には、eラーニングの仕組みなども利用すると効率的に実現できます。テストもやりっぱなしでは意味がなく、特に正答率の低い設問については、別途、勉強会を開催してフォローアップを行うことも有益だと思います。

　なお、教育は、テキストを読んでテストに回答することがすべてではなく、うっかりミスなどの発生しやすい作業に備え、たとえばパソコンに注意喚起のステッカーを貼ったり、ヒヤリハット事例の共有をしたり、標的型攻撃メール訓練を行うことなども複合的に行うと効果的でしょう。

　余談ですが、人的安全管理措置について考えるとき、敬愛する林紘一郎先生が共著でまとめられた『セキュリティ経営　ポスト3.11の復元力』（勁草書房、2011）のコラムに触れられていた「性弱説」という言葉をよく思い出します。コンプライアンスの文脈でもよく使われるようになった言葉ですが、組織内部の従業者を性悪説あるいは性善説のどちらかでとらえるよりは、弱さを持った人間であるととらえ、その弱さや脆さを支える仕組みを構築することの重要性が共有できることが大切だと思います。

岡村　同感です。「別添」には記載されていませんが、ISMS等では従業者等による資産利用の許容範囲を明確に文書でルール化して実施することが重視されてきました。

　これに関連して、従業員による勤務先の業務用情報システムの私的使用（私用）に関して裁判紛争になる事態が多数見受けられます。勤務先のネットワークシステムを私用した電子メールに関する東京地判平成13・12・3労判826号76頁は、私用電話の許容性と同様であるとしています。これに対し、東京地

判平成 14・2・26 労判 825 号 50 頁は、大量の私用メールの送受信の事案ですが、送信者が私的文書を考え作成し送信することにより、送信者がその間職務専念義務に違反し、かつ、私用で会社施設を使用するという企業秩序違反行為を行うことになること、受信者に私用メールを読ませることにより受信者の就労を阻害することにもなること、受信者に返事を求める内容のもの、これに応じて現に返信として私用メールが送信されたものは、受信者に返事の文書を考え作成し送信させることにより、送信者にその間職務専念義務に違反し、私用で会社の施設を使用させるという企業秩序違反行為を行わせるものであるとして、きわめて厳しい態度を示しています。先に説明した東京地判平成 15・9・22 労判 870 号 83 頁等も、やはり私用メールと懲戒処分との関係が問題となった事例です。他にも勤務先の業務用システムの私用に伴い、就業時間中の肩書無断使用メールを理由とする解雇の効力が争われた東京高判平成 22・1・20 判時 2078 号 158 頁等もあります。

いずれにせよ、業務用情報システムの私用についても、情報漏えい等に連なるおそれがあるものとして、社内におけるルールの明確化が望まれるところです。

6　物理的安全管理措置

岡村　次は「物理的安全管理措置」です。「別添」は**図表 7-Ⅰ-3** の項目を掲げています。中小規模事業者における手法の例示は省略しています。その冒頭の「(1)個人データを取り扱う区域の管理」では、管理対象として「管理区域」と「取扱区域」を区分しています。

「管理区域」は個人情報データベース等を取り扱うサーバやメインコンピュータ等の重要な情報システムを管理する区域です。「管理区域」の管理手法の例として、入退室管理および持ち込む機器等の制限等とした上、入退室管理の方法として、IC カード、ナンバーキー等による入退室管理システムの設置等が考えられるとしています。データの持ち出しを防止する役割を担っています。不審者の侵入によってシステムの破壊や障害がもたらされるおそれもあります。この点について、どのように考えればいいでしょうか。

大谷　総じて他人の行動に対する関心が薄いため、不審な行動に対する気付き

【図表7-Ⅰ-3】物理的安全管理措置として講じなければならない措置

講じなければ ならない措置	手法の例示
(1)個人データを取り扱う区域の管理	(管理区域の管理手法の例) ・入退室管理及び持ち込む機器等の制限等 　なお、入退室管理の方法としては、ICカード、ナンバーキー等による入退室管理システムの設置等が考えられる。 (取扱区域の管理手法の例) ・間仕切り等の設置、座席配置の工夫、のぞき込みを防止する措置の実施等による、権限を有しない者による個人データの閲覧等の防止
(2)機器及び電子媒体等の盗難等の防止	・個人データを取り扱う機器、個人データが記録された電子媒体又は個人データが記載された書類等を、施錠できるキャビネット・書庫等に保管する。 ・個人データを取り扱う情報システムが機器のみで運用されている場合は、当該機器をセキュリティワイヤー等により固定する。
(3)電子媒体等を持ち運ぶ場合の漏えい等の防止	・持ち運ぶ個人データの暗号化、パスワードによる保護等を行った上で電子媒体に保存する。 ・封緘、目隠しシールの貼付けを行う。 ・施錠できる搬送容器を利用する。
(4)個人データの削除及び機器、電子媒体等の廃棄	(個人データが記載された書類等を廃棄する方法の例) ・焼却、溶解、適切なシュレッダー処理等の復元不可能な手段を採用する。 (個人データを削除し、又は、個人データが記録された機器、電子媒体等を廃棄する方法の例) ・情報システム(パソコン等の機器を含む。)において、個人データを削除する場合、容易に復元できない手段を採用する。 ・個人データが記録された機器、電子媒体等を廃棄する場合、専用のデータ削除ソフトウェアの利用又は物理的な破壊等の手段を採用する。

が重要ですね。ユニフォームに似た作業服を着ている人に対しては無防備になりやすいですし、せっかくの施錠も壊れかけたものは素早く修理するなど、マンネリ化せずに危機意識を持ち続けることが有益だと考えています。

岡村　ところで、たとえばICカードだけなら、連れ入り、連れ出、カード無断貸与のおそれが残ります。このため、それに加えて監視カメラを設置して録画しているケースもあります。こうしたモニタリングは、個情法との関係だけでなく、セキュリティ全般を対象に行われることも少なくありません。

　その半面、従業者等のプライバシーを損なうおそれもありますので、一定の要件の下に行われる必要があります。そのため、Q&A 4-6は、モニタリングを実施する場合の留意点として**図表7-Ⅰ-4**の4点を示し、その際、個人情報の取扱いに関する重要事項等を定めるときは、あらかじめ労働組合等に通知し

【図表7-Ⅰ-4】モニタリングを実施する場合の留意点

①	モニタリングの目的をあらかじめ特定した上で、社内規程等に定め、従業者に明示すること
②	モニタリングの実施に関する責任者及びその権限を定めること
③	あらかじめモニタリングの実施に関するルールを策定し、その内容を運用者に徹底すること
④	モニタリングがあらかじめ定めたルールに従って適正に行われているか、確認を行うこと

必要に応じて協議を行うことが望ましく、また、その重要事項を定めたときは、従業者に周知することが望ましいとしています。

この点につき、労基法等との関係で、注意すべき点をお願いします。

大谷 このQ&Aは、元々は、改正個情法の施行に伴い廃止された経済産業省・厚生労働省の「個人情報の保護に関する法律についての経済産業分野を対象とするガイドライン」に掲載されていたものです。従業者に対する必要かつ適切な監督義務を果たすには、従業者の行動に対する一定のモニタリングが不可避となり、プライバシーに対する制約も発生しますので、これらの留意点は十分に参考にする必要があります。

具体的には、従業者が組織内のシステムから発信した電子メールに営業秘密や個人データが含まれていないかなどを監視したり、従業者がどのシステムにアクセスしたかのログを保存し、解析したりすることも必要になります。過去には、電子メールの監視をめぐって労使間の個別的紛争が生じた事例もありますが、監視の目的、方法等と労働者の被る不利益とを比較衡量し、監視が「社会通念上相当な範囲を逸脱したと認められる場合」に、プライバシー権の侵害が成立する（前掲東京地判平成13・12・3）との判決理由が示されています。

岡村 このようにしてモニタリングを強化し、「人の出入り」を管理しても、携帯メモリーやPCを持ち込まれてデータを持ち出されるおそれがあります[20]。会社が貸与する業務用機器と異なり、持ち込み私物機器は、当該私物機器の設定やインストールされるべきセキュリティソフト等のアプリをコントロールで

---

20 さらに業務用データを入れたまま私物機器類を持ち帰り、マルウェア感染によって外部漏えいする事案も多い。現に、業務利用していた持ち込みPCからマルウェア感染によって情報漏えいしたという北海道警江別署事件（札幌地判平成17・4・28判自268号28頁、札幌高判平成17・11・11裁判所HP）等も登場している。

きない点で事前にセキュリティが保てません。事前に許可基準を定めていたとしても、上司やセキュリティ担当者が持ち込みの可否や持ち帰る際のチェックを実施するのも時間や手間暇、スキル等の関係で容易ではありません。何かインシデントが発生したときでも、持ち込んだ従業者との間で特約でも締結していない限り、所有権・プライバシーを理由に当該私物機器内部の調査を拒否されるおそれがあります。そこで持ち込み機器等も制限することが重要となります。取り扱う情報の重要性の程度等によって異なりますが、入室ドア横に専用ロッカーを設置して機器等を当該ロッカーに入れさせる事業者もあれば、あたかも空港のように金属探知ゲートをくぐらせる事業者もあります。この点についても、そうした設備等を導入する一方、最終的には組織的管理策の一環として内部規程化することになりますが、留意点があればお願いします。

大谷　情報テクノロジーの目覚ましい進展のもとでは、対策と抜け道のイタチごっこになりやすいのですよね。たとえば、大手通信教育事業者の顧客情報漏えい事件の不正競争防止法違反に関する控訴審判決（東京高判平成29・3・21判タ1443号80頁）では、秘密管理性の要件の充足をめぐって、「執務室への入退室の管理等により無権限者からのアクセス防止措置をとり、社内規程において、本件顧客情報を機密に位置づけ、研修等でアクセス権限のある従業者にその趣旨の浸透を図り、関係者以外に本件顧客情報を開示することを禁止した上、その実効性を高めるため、私物パーソナルコンピュータの使用を禁止し、業務用PCの持ち出しや外部記録媒体への書き出しを原則として禁止し、業務用PCによる本件データベースへのアクセス記録を保存するなどの情報セキュリティ対策が採られていた」と認定しています。その上で、量刑に関しては、「私物のスマートフォンの執務室への持ち込みが禁止されていなかったこと、《中略》アラートシステムが導入されていたが、実際には機能していなかった」などの点で不備があり、被告人が顧客情報の持ち出しに及んだ背景事情として、大手通信教育事業者およびその業務委託先における「本件顧客情報の管理に不備があるとともに、被害が拡大したことの一因として、同社等の対応の不備があると指摘できるのであり、これらの点で、本件における被害者側の落ち度は大きい」とされており、十全と思われる管理策であっても、どこかに落とし穴があると考えて、最新の技術情報を収集して地道に更新し続けなければな

らないということだと思います。

岡村 PCやスマホのOSやアプリは、次々にアップデートされて「便利」な新機能が搭載されています。その半面、これによって担当者も知らないうちに新たな脅威が生じています。セキュリティホールも次々に見つかっています。こうした状況のもとで、この判決を見て、どれだけ対策をすればよいのかと、頭を抱えた企業担当者も少なくないと思います。結果責任とならないよう、医療水準論のように、今後はシステム管理の現場におけるセキュリティ水準論のような基準で過失判断をしていくほかないはずです。また、住基ネット事件最高裁判決のように、情報の重要性と管理を要求する水準との相関関係も考慮すべき性格の事柄です。

ところで、「取扱区域」は、その他の個人データを取り扱う事務を実施する区域です。その管理手法の例として、壁または間仕切り等の設置、座席配置の工夫、のぞき込みを防止する措置の実施等による、権限を有しない者による個人データの閲覧等の防止を掲げています。

大谷 Q&Aは具体的な措置として、個人データの取扱いを、個人データを取り扱う権限が付与されていない者の往来が少ない場所で実施すること、個人データをパソコンで取り扱う場合、離席時にパスワード付スクリーンセーバーの起動またはコンピュータのロック等で閲覧できないようにすること、個人データを記した書類、媒体、携帯可能なコンピュータ等を机上、社内等に放置しないことを掲げています。

これらの措置は不慮のデータ漏えいを防ぐ意味がありますし、個人データを大切にする企業姿勢を目に見える形で従業者に示すこととともなり、普段からよく点検して実効性を確保する必要があるでしょう。これは個人データに限らず、企業が保有するデータ全体のセキュリティとして重要です。

岡村 次に、(2)として「機器及び電子媒体等の盗難等の防止」を掲げています。モノについて、(1)では持ち込み制限を掲げていましたが、(2)では持ち出し制限を指摘していることになります。百貨店の顧客名簿データが入った記憶媒体（磁気テープ）を、同百貨店に勤務するコンピュータ技術者が複写目的で持ち出した事件に関するものとして、東京地判昭和62・9・30判時1250号144頁があります。この判決は持ち出し行為が、記憶媒体を客体として窃盗罪に当たる

としました。東京地判平成10・7・7判時1683号160頁では、銀行から情報システム構築を受託した孫請け業者が、同行の個人信用情報データ約2万人分を無断で持ち出したという事案で、書類4枚をコピーする目的で持ち出した行為を業務上横領罪で有罪としています。本件では被告人が自ら持参したフロッピーディスクにデータをコピーして持ち出したという手口ですが、それは同罪で起訴できませんでした。ここに刑法の限界があります。現在では不正競争防止法の営業秘密侵害罪や個人情報保護法の個人情報データベース等侵害罪を適用できる場合もありますが、やはり事件・事故が実際に発生すれば、関係者が受けるダメージが大きいことは否定できない事実です。したがって、未然防止のために持ち出し対策を進んで講じる必要があります。

「手法の例示」として、個人データ入りの機器、電子媒体、書類等のロッカー等への施錠保管、機器のセキュリティワイヤー等による固定を掲げています。

とはいえ、データの取扱いを他社に委託する場合など、データ入り電子媒体等を持ち運ぶ必要があるケースも存在します。オフィスの移転などによって、機器や媒体を別の場所に運ばなければならない場合もあります。そこで(3)では「電子媒体等を持ち運ぶ場合の漏えい等の防止」として、持ち運ぶ個人データの暗号化、パスワードによる保護等を行った上で電子媒体に保存する、封緘、目隠しシールの貼付けを行う、施錠できる搬送容器を利用するといった手法が例示されています。

大谷 先にデータの取扱いにおけるライフサイクルについて述べましたが、その最終段階は削除や廃棄です。そこで(4)では「個人データの削除及び機器、電子媒体等の廃棄」を掲げており、書類等の廃棄方法の例として、焼却、溶解、適切なシュレッダー処理等の復元不可能な手段を採用するとしています。少量ならシュレッダー処理も可能ですが、大量なら外部の委託先に任せて溶解処理をしてもらうほかありません。溶解処理が適正に実施されているかどうかは、産廃事業者の選定および契約を丁寧にするだけでなく、実際の処理状況を確認することも重要だとされています。

また、個人データを削除し、または、個人データが記録された機器、電子媒体等を廃棄する方法の例として、情報システム（パソコン等の機器を含む）において、個人データを削除する場合、容易に復元できない手段を採用すること、

個人データが記録された機器、電子媒体等を廃棄する場合、専用のデータ削除ソフトウェアの利用または物理的な破壊等の手段を採用することを掲げています。データをパソコンの「ゴミ箱」に入れ、「ゴミ箱を空にする」をクリックしただけでは、専用ソフトで簡単に復旧できるからです。

岡村 それらの場合に共通して重要なのは、削除や廃棄について記録を残しておくことです。さもないと、紛失等によって外部漏えいしたのか不明な状態が残り、「漏えいのおそれあり」とされてしまいます。

　以上、指針の物理的安全管理措置について解説しましたが、これらの事項は事業者が内部規程化しておかなければ実効性が確保できません。たとえば削除・廃棄の方法にしても、前述のような手段によらなければならない旨を内部規程化して初めて、違反に対する懲戒処分という強制力が伴うからです。その意味で、物理的安全管理措置が組織的安全管理措置を背後から支えるという機能を営んでおり、そこに事業者の法務部門や弁護士が関与すべき必要性が存在しています。

7　技術的安全管理措置

大谷 ここまで説明してきた物理的安全管理措置は、主として情報の物理的な移転を対象としています。しかし、それによって人やモノの移動は抑止できたとしても、内部端末等が外部とネット接続されていれば、ネットを介して漏えいするおそれがあります。外部からのサイバー攻撃でマルウェアに感染し、システムダウン等して可用性が失われることもあれば、データが書き替えられて完全性が損なわれることがあります。脅威はネットだけとは限りません。プログラムの不具合や停電が原因でシステムがダウンするようなケースもあります。以上のように情報システムを使用してデータを取り扱う場合において、これらのインシデントを防止する役割を担うのが技術的安全管理措置です。

岡村 この点については、別途、セキュリティ技術の専門家からお話を伺いたいと思っています（詳細は本書第7章Ⅱ参照）。ただ、ここでは少しだけ指摘しておきますと、利便性を考えて新たな技術が実装されますと、それにセキュリティ管理策が追い付かないという困難な状態です。たとえば、スマートフォンを持ち込むと、録音や録画をして外部送信することは簡単です。テザリングを

使えば外部と無線接続ができます。近接している建物の壁の外からでも可能です。電波が強力な無線LAN親機を車載すれば駐車場から建物内に電波を届かせることもできます。メディアトランスファー・プロトコルの実装で、マスストレージ対策技術が迂回されてしまう。まさにイタチごっこのような状態です。サイバー攻撃を例にとれば、その手口は急速に多様化、高度化、深刻化しています。残念なことに対策面は制度的にも技術的にも、少なくとも半歩遅れというのが現状です。

　脆弱性対策としては、セキュリティアップデートを迅速に講じなければ漏えいリスクを回避できず、それによる機密性保持が図れませんが、アップデートすることでアプリケーションソフトが正常作動しなくなり、可用性が害されてしまうリスクもあります。

　どれだけ厳しく管理すれば足りるのか、悪循環のように感じます。

8　委託先の監督

岡村　個情法22条は、個人データの取扱いの全部・一部を委託する場合は、その取扱いを委託された個人データの安全管理が図られるよう、委託先に対する必要・適切な監督を行わなければならないと規定しています。

　実際の事案を見ても、委員会の分析によれば、「従業者」に次いで多いのは「委託先」からの漏えいです。業務のアウトソーシング化が進んでいることが、その背景となっているものと考えています。

　関連する漏えい関係の裁判事例として、①日経マグロウヒル事件、②さくら銀行顧客データ漏えい事件、③宇治市住民基本台帳データ漏えい事件、④TBC顧客情報漏えい事件、⑤愛南町漏えい事件があります。

大谷　個人データだけでなく、他の情報資産に関するセキュリティの観点からも委託先との関係は重要です。

　個情法22条にいう「必要かつ適切な監督」の具体策として、「指針通則編」は、①委託先を適切に選定し、②委託契約に必要・適切な条項を定めた上、③委託先における個人データ取扱状況を把握することを骨子として、さらに③に基づく評価によって、④委託内容等の見直しの検討が求められる場合もあるとしています。

第7章 I　サイバーセキュリティにおける安全管理措置と労働法規

【図表7-I-5】契約書に明記すべき事項

(1)	個人情報に関する秘密保持、目的外利用の禁止等の義務
(2)	再委託の制限又は事前承認等再委託に係る条件に関する事項
(3)	個人情報の複製等の制限に関する事項
(4)	個人情報の漏えい等の事案の発生時における対応に関する事項
(5)	委託終了時における個人情報の消去及び媒体の返却に関する事項
(6)	違反した場合における契約解除、損害賠償責任その他必要な事項

①の委託先の選定については、委託先の安全管理措置が、少なくとも個情法20条および「指針通則編」で委託元に求められるものと同等であることを確認するため、「別添」に定める各項目が、委託業務内容に沿って、確実に実施されることについて、あらかじめ確認しなければならないとされています。選定に当たっては、委託する個人データの内容や規模に応じて適切な方法をとる必要があります。必要に応じて個人データを取り扱う場所に赴いたり、口頭確認を行ったりするなど合理的方法で確認することが掲げられています。いわゆる委託先選定基準です。

岡村　続いて②の委託契約に関し「指針通則編」は、当該個人データの取扱いに関する、必要かつ適切な安全管理措置として、委託元、委託先双方が同意した内容とともに、委託先における委託された個人データの取扱状況を委託元が合理的に把握することを盛り込むことが望ましいとしています。

行政機関個人情報保護法（行個法）に関する総務省「行政機関の保有する個人情報の適切な管理のための措置に関する指針について（通知）」[21]は、契約書に明記すべき事項として**図表7-I-5**の点を掲げた上、委託先における責任者および業務従事者の管理および実施体制、個人情報の管理の状況についての検査に関する事項等の必要な事項について書面で確認するとしており[22]、参考になるはずです。

特に(2)の再委託に関する条項は重要です。労働者派遣法が厳しくなったこ

21　平成16年9月14日総務省行政管理局長通知（総管情第84号）、最終改正・平成30年10月22日（総管管第142号）。
22　さらに、保有個人情報の取扱いに係る業務を派遣労働者によって行わせる場合には、労働者派遣契約書に秘密保持義務等個人情報の取扱いに関する事項を明記するものとしている。

との余波で、善し悪しはともかく派遣に代わってオンサイトでの「委託」、「再委託」による作業が増加しています。

大谷 オンサイトの再委託については、先ほども触れた大手通信教育事業者の不正競争防止法違反事件（前掲東京高判平成29・3・21）でも議論されたところですね。控訴審では、判決理由で「システムエンジニアリングの業界においては、変動する労働力の需要に対応するため、このような安易かつ脱法的な労働力の確保が常態的に行われていたことがうかがえる」などと述べた上、大手通信教育事業者のような大手企業が子会社を通じて「同社にとって経歴等が詳らかでない者に、経営の根幹にかかわる重要な企業秘密である本件顧客情報へのアクセスを許していたということは、秘密情報の管理の在り方として、著しく不適切」などと述べているのは、傍論とはいえ実態にそぐわない気がします。それはさておき、オンサイトで行われている分には、安全管理措置の内容については、委託元が把握しやすいのですが、オフサイトの場合は委託元の認識が行き届かない例も多いことが懸念されます。

　プライバシーマーク付与の審査基準となるISO15001：個人情報保護マネジメントシステム要求事項では、委託先にもプライバシーマーク付与事業者との同等水準を求めていることから急速に付与事業者が拡大しました。そのこと自体は成功だと思うのですが、付与事業者であることが委託先選定基準の中でも過大評価されているような気もしています。2018（平成30）年3月に日本年金機構のデータ入力業務で禁止された再委託が発覚したのは記憶に新しいわけですが、この事例を機に単に委託先が付与事業者であるかどうかを確認するだけでなく、実地にデータ入力がどのように行われているのか、また安全管理措置の実態を把握することの必要性が再認識されつつあると思います。

9　漏えい等事案への対応

岡村　個情法には漏えい等事案への対応について特に規定はないのですが、「指針通則編」は、「漏えい等の事案が発生した場合等において、二次被害の防止、類似事案の発生防止等の観点から、個人情報取扱事業者が実施することが望まれる対応については、別に定める」としています。これを受けて、委員会は「個人データの漏えい等の事案が発生した場合等の対応について」（平成29年個

【図表7-Ⅰ-6】漏えい等事案の発覚時の対応

①	事業者内部における報告及び被害の拡大防止（責任ある立場の者に直ちに報告するとともに被害拡大防止に必要な措置を講ずる）
②	事実関係の調査及び原因の究明（事実関係の調査及び原因究明に必要な措置を講ずる）
③	影響範囲の特定（把握した事実関係により影響範囲を特定）
④	再発防止策の検討・実施（再発防止策の検討及び実施に必要な措置を速やかに講ずる）
⑤	影響を受ける可能性のある本人への連絡等（事案の内容等に応じて、二次被害防止、類似事案の発生防止等の観点から、事実関係等を、速やかに本人へ連絡し、又は本人が容易に知り得る状態に置く）
⑥	事実関係及び再発防止策等の公表等（事案の内容等に応じて、二次被害の防止、類似事案の発生防止等の観点から、事実関係及び再発防止策について、速やかに公表）
⑦	個情委等に対し速やかに報告するよう努める

人情報保護委員会告示第1号）」を告示しています。この告示は、漏えい等事案の発覚時の対応として**図表7-Ⅰ-6**の事項を掲げています。

大谷 これは個人データ関係のものですが、セキュリティ全般についても参考になるところです。個人データでなくても、①から④までの点は行って当然の事柄であり、他社から情報を委託されているような場合には⑤に相当するものとして委託元への報告を要し、⑦に相当するものとして各種の事業法に基づいて監督省庁へ連絡しなければならない場合があります。

岡村 これに関し社内の関係者から事情聴取することが多いと思いますが、その際に留意すべき点がありましたらお願いします。

大谷 セキュリティ・インシデントに際しての社内調査では、事実を正確に把握し、影響範囲を見極め、一刻も早く有効な対策を講じることが必要です。そのためには、あらかじめ整備したモニタリングの仕組みを最大限に活用して、システムのログを解析したり、電子メールを分析したり、監視カメラの影像を確認したり、入退出記録を確認したり、裏付けとなる事実を把握していく必要があります。加えて、意図的な漏えいと思われる場合には、証拠隠滅が行われないようにログの消去や改ざんがなされていないことを素早く確認することも必要になってきます。そのためにも日頃から、どのようなデータをどのようにとればよいのか準備しておくことが必要です。モニタリングは従業者や委託先に対する牽制効果を持ちますが、いざというときに、これらのデータを活用することも意識しなければ真の牽制効果とはなりません。

加えて、社内にセキュリティ・インシデントに関する調査の専門家を擁している事業者は少ないと思いますので、有事の際に慌てないためにも平時から複数のセキュリティ専門業者とのリレーションを高めておくことも必要でしょう。また、被害が甚大と思われる内部不正等が予想される場合、法執行機関への通報も躊躇しないことが必要です。

　影響範囲については、慎重な見極めが必要であり、予断をもって影響範囲を小さく見積もると事態が終息しないことがあることは、日本年金機構の2015年不正アクセス事件による情報漏えいでも明らかです。不正アクセス事案やマルウェア感染などの場合には最悪の場合を想定して対応することが必要です。

　このとき従業者が調査に萎縮せずに調査に必要な協力ができるように過大な圧力をかけないことも必要です。不祥事の調査に当たり、社内リーニエンシー制度（当該社員が自主的に社内規程への違反事実について社内のしかるべき機関への報告等を行った場合、一定の条件のもとで懲戒処分の軽減について考慮する取扱い）を検討する事業者も昨今では増えていると思いますが、セキュリティ・インシデント全般については、有効とはいえないように思われます。

岡村　さらに社内の関係者に責任が認められる場合、当該関係者を懲戒処分の対象としなければならないケースが出てきますが、その際に労働法規との関係で留意すべき点がありましたらお願いします。

大谷　懲戒処分が有効となるには、就業規則上に根拠となる懲戒事由が記され、処分を行った時点で当該懲戒事由に該当するという意味での客観的合理性があり、当該処分に社会通念上の相当性を有することが必要です。これらを充足していない場合、懲戒権の濫用（労契法15条）により無効となります。

　軽微な違反、たとえば、スクリーンセーバーがすぐに暗くならないように設定を変更していたとか、重要な顧客情報を記載した書類を持ち出すのに社内手続を怠ったなどの安全管理措置に関する内部規程違反については、ただちに懲戒処分の対象とするのは適切ではなく、何度かの注意喚起をした上で改まらない場合に当該事業者のスケールに従って処分を検討するべきかと思います。

　処分の程度は行為の重大性と均衡していることが必要ですが、たとえば化粧品会社を早期退職した管理職の従業者が商品のデータを背信的に競合他社に漏えいしていたことにより懲戒解雇処分の有効性を認めた日本リーバ事件（東京

地判平成 14・12・20 労判 845 号 44 頁）などが参考になると思います。

　なお、昨今、不正競争防止法の罰則が強化されておりますので、ひと昔前であれば注意警告で済んだものでも罰則の対象となる行為、たとえば平成 27 年改正で導入された未遂罪については、処分が必要になるかもしれません。

　また、セキュリティ違反の通報を受けた場合、公益通報者保護法に照らして少なくとも通報したことのみを理由とする不利益処分ができません。

岡村　最近では、不祥事発覚時の記者会見のあり方についてもメディアをにぎわせました。

　また、第三者委員会の調査結果の評価も重視されるようになりました。

　これらの点もセキュリティ・インシデントにおいても課題となるべき性格のものです。

10　おわりに

岡村　議論すべき点は尽きませんし、他にも番号法など議論の対象とすべきことは多いのですが、最後に補足すべき点がありましたらお願いします。

大谷　セキュリティに関しては、組織の内外でのリスクコミュニケーションの重要性を認識しておく必要があると思います。数年前に SQL インジェクション攻撃への必要な対応のなされていない電子商取引の Web サイトからクレジットカード情報や個人情報が流出した事案で、Web サイトの発注者が開発元のベンダを訴えた事件がありました（東京地判平成 26・1・23 判時 2221 号 71 頁）。SQL インジェクション攻撃による大量データの流出事案が相次いでいたことから、経済産業省が「個人情報保護法に基づく個人データの安全管理措置の徹底に係る注意喚起」という文書（2006（平成 18）年 2 月 20 日）を発行して、独立行政法人情報処理推進機構が紹介する対策（バインド機構の使用およびエスケープ処理）を重点的に実施するよう注意喚起をしていたことなどを背景として、判決では、これを怠ったシステム開発元の債務不履行責任を認めた半面、「原告のシステム担当者が、顧客のクレジットカード情報のデータがデータベースにあり、セキュリティ上はクレジットカード情報を保持しない方が良いことを認識し、被告から本件システム改修の提案を受けていながら、何ら対策を講じずにこれを放置したことは、本件流出によるクレジットカード情報の漏

洩の一因となった」と判示して過失相殺を認めています。こうした事案を見るにつけても、ユーザの担当者と外部の専門家であるシステムエンジニアとの間で十分なリスクコミュニケーションができていればと思わずにいられません。

　個情法では個人情報の取得そのものについては、要配慮個人情報以外は、本人の同意を必要としていませんが、番号法の世界では、本人の同意があっても他人の個人番号を含む特定個人情報を収集してはならず（番号法20条）、個人番号の提供の求めも制限されています（番号法15条）。こうなると個人番号の取扱いに求められる安全管理措置はより厳格かつ高度なものとなり、事業者の規模によってもまちまちですが、取り扱う情報の質や量に応じて管理のメリハリが必要になってくると思われます。

　また、番号法の関係では、公的機関に特定個人情報保護評価が求められていますが、一般の事業者にとっても重要な情報資産については、同様の個人情報保護評価、特に全部評価にトライしてみることも有益だと思います。

岡村　本日は多様な点にわたり有益なお話をありがとうございました。

第7章　II　セキュリティにおける技術的管理策
　　　　　　——個人情報保護法等の指針を素材として

JPCERTコーディネーションセンター
理事・最高技術責任者
真鍋敬士　Takashi Manabe

　今回は、個人情報保護法に関し個人情報保護委員会のガイドラインが定める内容を素材に、サイバーセキュリティにおける技術的管理策について、セキュリティ技術の専門家との対談によって、できる限り法律関係者にも理解できるように解説を加えてみたい。

1　はじめに

岡村　今回はサイバーセキュリティにおける技術的管理策について「一般社団法人JPCERTコーディネーションセンター」（JPCERT/CC）の最高技術責任者である真鍋敬士理事と対談します[1]。この機関について、サイバーセキュリティの専門家であれば知らない人はいないはずですが、法律関係者の中にはご存じない方々もおられると思いますので、最初に概要をご紹介ください。

真鍋　JPCERT/CCは技術的な立場における日本の窓口CSIRT（Computer Security Incident Response Team）です。CSIRTとは、コンピュータセキュリティにかかるインシデント（事象）に対処するための組織の総称です。詳細は後ほど説明します。

　具体的には、インターネットを介して発生する侵入やサービス妨害等のコンピュータセキュリティに関するインシデントについて、日本国内のサイトに関する報告の受け付け、対応の支援、発生状況の把握、手口の分析、再発防止のための対策の検討や助言などを、技術的な立場から行っています[2]。

1　本稿は、2019（令和元）年6月1日に行われた対談に加筆修正を加えたものである。

活動の多くは経済産業省の事業として実施しており、内閣官房内閣サイバーセキュリティセンター（NISC）とは2015（平成27）年から国際連携活動および情報共有等に関するパートナーシップを締結していますが、特定の政府機関や企業からは独立した中立の組織として、日本における情報セキュリティ対策活動の向上に積極的に取り組んでいます。

　さらに、日本シーサート協議会（NCA：Nippon CSIRT Association）、フィッシング対策協議会などの事務局も担当しています。岡村先生にはJPCERT/CCの外部理事とフィッシング対策協議会の会長をお願いしています。

岡村　一般にセキュリティ管理策は、セキュリティポリシーの下で、組織的安全管理措置、人的安全管理措置、物理的安全管理措置、および技術的安全管理措置に4分類されて講じられています。この対談では個人情報保護法（個情法）が定める「安全管理措置」を素材に、JPCERT/CCの性格上、また真鍋理事のご専門上、具体的な技術的安全管理措置の実際について、できる限り平易に法律専門家向けに説明していただきたいと思います。というのも、この「安全管理措置」は、おおむねセキュリティ管理策という意味ですが、法律上の義務であるにもかかわらず、法律専門家はセキュリティ技術に強いとはいえないことが通常だからです。

　これは個情法上の安全管理措置という形ではありますが、実際には広くセキュリティ全般に通用する内容のものとなっています。法律上の義務として定められているだけに、同法の制定以降、事業者のセキュリティ強化に大きな影響を与えたことは事実です。

真鍋　個人情報の保護には、情報管理に対する取組みの指標的な役割もあると思います。対象情報や用語の違いはあっても、一連の措置がセキュリティ全般に共通するものになっていることが理想的です。ここでは、個人データを対象例としてセキュリティ全般に共通する技術についてご紹介させていただきます。そのため、たとえば「管理措置」と「管理策」のように、近い意味を持つ用語を混用してしまう場面もあるかと思いますが、ご了承ください。

2　主な活動は、①インシデント対応、②脆弱性情報ハンドリング、③インターネット定点観測システムの運用、④早期警戒、⑤国際連携、⑥アーティファクト分析、⑦制御システムセキュリティ、⑧国内の関係組織やコミュニティとの連携の8つ。

第 7 章　Ⅱ　セキュリティにおける技術的管理策——個人情報保護法等の指針を素材として

岡村　ご指摘のとおり、セキュリティの場合には、この対談に登場する「個人データ」を単に「データ」と読み替えていただくことが可能だと考えます。

　ところで、同法20条が定める「安全管理措置」の内容は「取り扱う個人データの漏えい、滅失又はき損の防止その他の個人データの安全管理のために必要かつ適切な措置」というように抽象的な規定文言です。このような抽象性はセキュリティに対する脅威が常に変化し、それについて講じるべき対策も変化を余儀なくされる性格のものであることなどから、やむを得ない面があります。そこで、監督機関である個人情報保護委員会——以下「委員会」と略称します——が、それを明確化するため「個人情報の保護に関する法律についてのガイドライン（通則編）」——以下「指針通則編」と略称します——を公表しています。このガイドラインは[3]、「講ずべき安全管理措置の内容」を別添しており、以下、「別添」と略称します。また、「個人データの漏えい等の事案が発生した場合等の対応について」も告示しています。さらに、それらに関するQ&A[4]を公表して、その具体化を図っています。これらは状況に応じて改訂されていく性格のものです。

　「別添」は、事業者が講じなければならない安全管理措置として、前述の4分類に依拠した上、その中の技術的安全管理措置として、(1)アクセス制御、(2)アクセス者の識別と認証、(3)外部からの不正アクセス等の防止、および、(4)情報システムの使用に伴う漏えい等の防止を掲げています。

　他方でQ&A7-16は、技術的安全管理措置は、情報システムを使用して個人データを取り扱う場合に講じなければならないものであるため、紙でのみ個人情報を管理している場合には、技術的安全管理措置を講じる必要はないとしています。したがって、もっぱらIT・ICT関係のものとなります。ただし、組織的安全管理措置、人的安全管理措置、物理的安全管理措置については「紙」

---

[3]　このガイドラインは、安全管理措置について本文で「当該措置は、個人データが漏えい等をした場合に本人が被る権利利益の侵害の大きさを考慮し、事業の規模及び性質、個人データの取扱状況（取り扱う個人データの性質及び量を含む。）、個人データを記録した媒体の性質等に起因するリスクに応じて、必要かつ適切な内容としなければならない」とした上、「具体的に講じなければならない措置や当該項目を実践するための手法の例等については、『8（別添）講ずべき安全管理措置の内容』を参照のこと」としている。
[4]　正式名称は委員会『「個人情報の保護に関する法律についてのガイドライン」及び「個人データの漏えい等の事案が発生した場合等の対応について」に関するQ&A』（平成29年2月16日・令和元年6月7日更新）であり、委員会サイトに掲載。

の場合も必要です。
　ここからは(1)から(4)までの順にお聞きします。

2　技術的安全管理措置

1　アクセス制御

真鍋　「別添」では(1)の「アクセス制御」として「担当者及び取り扱う個人情報データベース等の範囲を限定するために、適切なアクセス制御を行わなければならない」としており、アクセス制御を管理策の土台として位置付けています。

　アクセス制御に関連する考え方として、「Least Privilege」「Need to know」「Separation of Duties」という3つの原則があります。「Least Privilege」とは、情報システムは情報を扱う者に対してその目的を遂行するために必要最低限の権限を与えるべきという考え方、「Need to know」とは、情報を扱うべき者に対してのみ情報を与えるべきという考え方、そして「Separation of Duties」とは、権限を複数の者に分離して与えるべきという考え方です。他にも原則とされる考え方はいくつかありますが、まずはこの3原則を頭の片隅に入れておいていただくと、アクセス制御という意味を理解するためのハードルが低くなります。

　これら3原則はいずれも一見すると容易そうに思えます。しかし、過剰な権限を与えたり、相手構わず情報を与えたり、一連の作業を一人で完結できるようにすることのほうが利便性という点では高くなり、いったんそうなると3原則に従うことがとても煩わしくなるものです。

岡村　一般に「セキュリティと利便性とはトレードオフの関係にある」といわれることが少なくありません。セキュリティを高めようとすればするほど、利便性が損なわれて不自由度が増加し、逆もまた真であるという意味です。コストとの関係でも同様です。そのため、どのように調和を図るべきか、困難に思っている担当者も多いはずです。

真鍋　セキュリティ担当者ではない人が、日々の業務でセキュリティを意識しなければならないとすれば、調和を図ることは容易ではないですね。セキュリティのために必要なことを情報システムや業務フローに溶け込ませて、日々の

第 7 章 Ⅱ　セキュリティにおける技術的管理策——個人情報保護法等の指針を素材として

業務におけるセキュリティへの負担感を抑えることを考えてみてください。その際に認識しなければならない最も基本的な技術がアクセス制御です。

　アクセス制御は情報システム、データ、人の組み合わせで設けることができます。「別添」では「手法の例示」として、①個人情報データベース等を取り扱うことのできる情報システムを限定、②情報システムによってアクセスすることのできる個人情報データベース等を限定、③ユーザーIDに付与するアクセス権により、個人情報データベース等を取り扱う情報システムを使用できる従業者を限定、が挙げられています。

　①はデータに対する情報システム、②は情報システムに対するデータ、③は情報システムに対する人を、それぞれ限定していくことで3原則を充当しようとする例です。

岡村　具体的には、どのような技術的手段でアクセス制御を行うことになりますか。

　Q&A7-17は、「アクセス制御」を講じるための手法として、**図表7-Ⅱ-1**の諸点を掲げています[5]。これらの措置について留意すべき点があればご指摘ください。

真鍋　ここでは、前述した3原則を充当するための具体的手段としてⓐⓑⓒⓓⓔが、手段の正当性を保証するための方策としてⓕⓖが、それぞれ例示されています。これらの中にはアクセス者の特定を前提としているものがありますが、それについては2の「アクセス者の識別と認証」で述べます。ここで重要なことは、データにアクセスするパターンを一通り想定し、それぞれに必要な権限を設けていくということです。企業の人事部を例に取りますと、営業部員など他の部署に属する従業者と区分する必要がありますが、それだけでは足りません。人事部員の中でも職責や階級によってアクセスできる範囲には自ずと区別が存在するはずです。たとえば係長にはアクセスできないが、課長以上であればアクセスする必要があるデータです。こうした区別をシステムに組み入れてアクセス制御を実装していかなければなりません。

岡村　最終的には、以上の技術的管理策を講じることを内部ルール化して、企

5　ⓐ等の符号は、本対談の便宜上、こちらで付記したものであり、以下も同様。

【図表7-Ⅱ-1】「アクセス制御」を講じるための手法（Q&A7-17）

ⓐ 識別に基づいたアクセス制御の実施
ⓑ アクセス権限を有する者に付与する権限の最小化
ⓒ 個人データを取り扱う情報システムへのアクセスが必要最小限となるような措置（当該情報システムの同時利用者数の制限、当該情報システムの利用時間の制限（例えば、休業日や業務時間外等の時間帯には情報システムにアクセスできないようにする等））
ⓓ 個人データを格納した情報システムへの無権限アクセスからの保護（例えば、ファイアウォール、ルータ等の設定）
ⓔ 個人データにアクセス可能なアプリケーションの無権限利用の防止（例えば、アプリケーションシステムに認証システムを実装する、業務上必要となる者が利用する機器のみに必要なアプリケーションシステムをインストールする、業務上必要な機能のみメニューに表示させる等）
ⓕ 個人データを取り扱う情報システムに導入したアクセス制御機能の有効性の検証（例えば、OS・ウェブアプリケーションのぜい弱性有無の検証等）
ⓖ 個人データにアクセスできる者を許可する権限管理の適切かつ定期的な実施（例えば、個人データにアクセスする者の登録を行う作業担当者が適当であることを定期的に審査し、その者だけが登録等の作業を行えるようにする等）

業内部で従業者への啓発等によって徹底すべきことになります。前者は組織的安全管理措置の一環であり、後者は人的安全管理措置に属します。これらの点は「別添」の中にも含まれています。管理策が適正に実行され、有効に機能しているかのチェック、それに基づく継続的改善も望まれます。

2 アクセス者の識別と認証

岡村 次に、(2)の「アクセス者の識別と認証」ですが、「別添」は「個人データを取り扱う情報システムを使用する従業者が正当なアクセス権を有する者であることを、識別した結果に基づき認証しなければならない」とした上、「手法の例示」として、「情報システムを使用する従業者の識別・認証手法の例」として、「ユーザーID、パスワード、磁気・ICカード等」を掲げています。

　識別と認証の関係について説明してください。

真鍋 さきほど、アクセス制御で用いられる手法にはアクセス者の特定が前提

第7章 Ⅱ　セキュリティにおける技術的管理策──個人情報保護法等の指針を素材として

になっているものがあるという話をしました。それらの手法ではアクセス者に対して、それが誰であるかを区別（識別）し、そのことを確認（認証）した上で、適切な権限を与える（認可）というステップを踏んでアクセス制御を行います。俗にいうところの「認証」はこの3つのステップをひっくるめた意味で使われていることもありますので、このあたりの用語は柔軟に解釈したほうがよいでしょう。

　ガイドラインでは、俗にいうところの「認証」の手法が例示されています。多くの情報システムでは、認証対象となるアクセス者に対して一意のユーザーIDを割り当てることで識別を行っています。表面的にはユーザー名やメールアドレス、あるいは電話番号であったりするかもしれませんが、それらは識別のためではなく認証のための符号として用いられている場合があります。

　認証は、アクセス者たることを示す情報の要素によって「知識情報」「生体情報」および「所持情報」の3種類に分類されます。代表的な認証方法であるパスワードや暗証番号は「知識情報」です。「生体情報」は指紋や静脈パターンのようなアクセス者そのものを示す情報で、「所持情報」は磁気・ICカードのようなアクセス者の持ち物です。

　最近では2種類以上の要素を組み合わせて行う「多要素認証」や2回以上の認証を求める「多段階認証」の導入が進んでいます。たとえば、オンラインバンキングでは金融機関が暗号論的擬似乱数生成器を配布して暗証番号と組み合わせて認証を行うという方式が浸透してきています。

岡村　Q&A7-18は、「アクセス者の識別と認証」を講じるためのこれら以外の手法として、ⓐ（ID・パスワードを利用する場合）同一または類似パスワードの再利用の制限[6]、最低パスワード文字数の設定、一定回数以上ログインに失敗したIDを停止する等[7]、ⓑ個人データへのアクセス権限を有する者が使用できる端末またはアドレス等の識別と認証の実施（たとえば、IPアドレス認証、電子証明書等）を掲げています。

　これらの措置について留意すべき点があればご指摘ください。

---

[6]　複数のインターネットサービスで同じアカウントID、パスワードを使い回すことによって、インターネットサービスへの不正なログイン、いわゆる「パスワードリスト攻撃」による被害が、実際に継続的に発生している。このような被害を防ぐために、JPCERT/CCも「STOP!!パスワード使い回し!!キャンペーン」に取り組んでいる。

真鍋　認証は手法によってそれぞれ長所・短所があります。たとえば、アクセス者自身が設定するパスワードや暗証番号はぜい弱になりがちです。ⓐでは、安易なパスワードを受け付けないようにしたり、パスワードを破ろうとする行為を阻害したりする等の情報システムに組み込める対抗手段を例示しています。

　他方で、過度な対抗手段によってアクセス者が別のぜい弱さを生み出したり、対抗手段が攻撃者に悪用されたりすることも想定しなければなりません[8]。

　アクセス者が関与して行う認証以外にも、ⓑのように機器やそこに割り当てられた情報を用いて識別して適切な権限を与えるという手法もあります。IPアドレスやMACアドレスは識別情報として使いやすいですが、一般に思われている以上に変更や偽装が容易かもしれません。したがって、最終的な権限付与手段としてではなく、その前段階での振り分け手段として捉えておくとよいでしょう。「電子証明書」と聞くと通信経路の暗号化を連想しがちですが、文字どおり、持ち主を証明するためのものです。電子証明書を提示することで適切な権限が付与されるという仕組みは、認証におけるアクセス者の関与を減らし、人由来の脆弱性を抑えてくれます。ただし、そのためには証明書が安全に管理されていることが大前提となります。

岡村　付け加えますと、実効性確保のため、少なくともパスワードや磁気・ICカードの安全管理、貸与等の禁止、違反した場合に懲戒処分の対象となることを内部ルール化しておく必要があります。これらの点も組織的管理措置の一環です。

---

[7]　パスワードを突破するため、片っ端からパスワードを大量入力していく攻撃方法を「総当たり攻撃」（Brute-force attack）、ヒット率を高めるため辞書に載っていて人が覚えやすいような単語を大量入力していく攻撃方法を「辞書攻撃」（Dictionary attack）という。これらの攻撃阻止には最低パスワード文字数の設定が不可欠である。しかも英数、大文字小文字の混在が望ましい。同様に一定回数以上ログインに失敗したID停止も攻撃阻止に有用であって普及している。他にも、自分の名前を「manabe」と単純にアルファベット化しただけ、誕生日のようなパスワードなど推知されやすいので論外である。

[8]　たとえば、かつては定期的にパスワード変更を強制することが安全策として挙げられていたが、近年では推奨しないという考え方が強くなっている。イギリス政府通信本部の情報通信セキュリティ部門CESGが指摘している。記憶するのが困難なパスワードを頻繁に変更させると、利便性が低下するだけでなく、他で使っているものと同一または類似したパスワードを用いる傾向があること、簡単なパスワードを設定するようになること等が理由とされている。また、ログイン失敗等によって安直にID停止をしてしまうと、ログイン失敗を繰り返す攻撃を誘発する場合がある。それによって当該IDが正規権限者に使用不能になり、停止IDが大量になれば業務に大きな支障が生じうるからである。

【図表 7-Ⅱ-2】外部からの不正アクセス等の防止の「手法の例示」(別添)

①情報システムと外部ネットワークとの接続箇所にファイアウォール等を設置し、不正アクセスを遮断
②情報システム及び機器にセキュリティ対策ソフトウェア等(ウイルス対策ソフトウェア等)を導入
③機器やソフトウェア等に標準装備されている自動更新機能等の活用により、ソフトウェア等を最新状態とする
④ログ等の定期的な分析により、不正アクセス等を検知

3 外部からの不正アクセス等の防止

岡村 (3)の「外部からの不正アクセス等の防止」ですが、「別添」は「個人データを取り扱う情報システムを外部からの不正アクセス又は不正ソフトウェアから保護する仕組みを導入し、適切に運用しなければならない」とした上、「手法の例示」として、**図表 7-Ⅱ-2**の各点を掲げています。

まず、①は、インターネットとの接続境界にファイアウォール等の「壁」を設置して内部ネットワークを守るという「境界防御」の考え方であり、企業等のネットワークセキュリティにおいて最も歴史の長い対策の1つです。ファイアウォール機能というと、ネットを介した外部から内部への不正侵入を阻止するものにすぎないと誤解されがちですが、最近では、企業内のマルウェア感染端末のように、内部から外部へとデータを自動送信して漏えい事故に発展するというパターンも増えており、それを阻止する機能を実装しているものもあります。これについて注意すべき点は、どのようなものでしょうか。

真鍋 内外に関する境界防御という考え方を過信して内部での対策を疎かにしてはなりません。内部でも守るべき情報やその重要度に応じてネットワークを分離する「ネットワークゾーニング」という考え方があります。①の「外部ネットワークとの接続箇所」という言葉を拡大解釈してネットワークゾーンの境界すべてに当てはめ、各境界で適切なアクセス制御を施すことを検討してください。

とはいうものの、インターネットとの接続境界だけでも守られるものは少なくありません。2017(平成29)年に世界中で感染を広げたマルウェア

「WannaCry」に対しても、シンプルなファイアウォール機能が有効でした。「別添」の「中小規模事業者における手法の例示」にはファイアウォール機能についての例示が含まれていませんが、数台のPCしか使っていないオフィスでも、ブロードバンドルータの設置を強くお勧めします。

岡村 ブロードバンドルータも一定のファイアウォール機能を営みますね。

つぎに、②は、どのような措置内容が具体的に考えられるでしょうか。

真鍋 ここまで、アクセス制御とその具体的手法と、アクセス制御の一部を実現する手法について例示してきました。しかし、設定不備や操作ミス、ソフトウェアの脆弱性によってアクセス制御が期待どおり機能しない場合や、正しく機能していても情報システムを悪用されてしまう場合があります。そのような場合に備えて、悪性のものを検知・排除する仕組みの代表例がセキュリティ対策ソフトウェアです。

セキュリティ対策ソフトウェアが持つ最も基本的な仕組みは、既知のウイルス等の情報と合致する事象を検知する「パターンマッチング」です。パターンマッチングは、既知の脅威にしか対応できないということで悲観的な扱いを受けがちですが、今日においても多くの脅威から情報システムを守り続けていることは疑いようのない事実です。また、セキュリティ対策ソフトウェア製品の多くは挙動等の特徴から脅威判断を行う等、パターンマッチングのみに拠らない仕組みを採り入れています。

セキュリティ対策ソフトウェアに限らず、①で例示されたファイアウォール等の中に悪性のものを検知・排除する仕組みを採り入れた製品があります。専門誌等をみるとIPS、IDS、UTM、NGFW[9]、等々いろいろなキーワードが飛び交っていますが、それぞれが何の略称であるかを知ることよりも、アクセス制御や脅威検知に加えてWebプロキシやWebフィルタリングといった要素機能と、それらの統合的な運用性が自組織の業務にフィットするかどうかが重要です。

9　すべてセキュリティ対策のためのものである点で共通するが、IPSとはIntrusion prevention systemの略称であり侵入防止システムと訳されている。IDSとはIntrusion Detection Systemの略称であり侵入検知システムと訳されている。UTMとはUnified Threat Managementの略称であり統合型脅威管理と訳されている。NGFWとはNext Generation Firewallの略称であり、次世代ファイアウォールと訳されているが、近時はUTMと機能面で似通ってきている。

第7章 Ⅱ セキュリティにおける技術的管理策——個人情報保護法等の指針を素材として

岡村 ③は、どのような措置内容が具体的に考えられるでしょうか。

真鍋 PCやスマートフォンのオペレーティングシステムにはセキュリティ対策のための修正ソフトウェアが提供されるサービスが用意されており、オペレーティングシステムが自動的に修正ソフトウェアをダウンロードして適用する機能を持っています。また、オペレーティングシステム以外でもメジャーなアプリケーションの多くには同様のサービスが用意されており、スマートフォン等ではアプリストアがその仕組みを担っています。修正ソフトウェアの適用にはオペレーティングシステムやアプリケーションの再起動を伴う場合もあり、必ずしも全自動とは限りません。自動更新機能が有効になっていても、月に一度は適用状況を確認することをお勧めします。また、修正ソフトウェアの提供は開発会社が定めた期間で終了しますので、それを考慮して機器やソフトウェアの購入計画を立てるようにしましょう。

　ネットワーク機器等の場合はセキュリティ対策のための修正ソフトウェアの適用に際して、少なからず人が操作する必要があります。身近にあるブロードバンドルータや無線LANステーションも例外ではありません。

岡村 最近では修正ソフトの配布も迅速化されてきていますが、配布までに一定の時間を要することには変わりがありません。その時間差を悪用した「ゼロデイ攻撃」と呼ばれる手口も問題視されてきました。また、特定の政府機関等をターゲットに、セキュリティ対策ソフトのパターンマッチングによる防御では阻止が困難になるようなオーダーメイドのマルウェアを添付した上、知人を装ったメールを送り付ける「標的型攻撃」も続いており、深刻な状況が続いてきました。このような攻撃に対して自動更新機能には限界があるとしても、既知の脆弱性を突いた攻撃は、脆弱性対策のための自動更新機能等を活用すれば、ある程度は阻止できますので、こうした更新機能等は重視してほしいものです。他方で、更新によって既存のアプリケーションが作動しなくなってしまい、いわば可用性が損なわれることもありますので、システム管理者において確認の上、適用するような企業もあります。

　ところで、④は、どのような措置内容が具体的に考えられるでしょうか。

真鍋 攻撃者はさまざまなセキュリティ対策を攻略することに日々邁進しているわけですから、②で例示したようなセキュリティ対策の仕組みが完璧に機能

していたとしても期待どおりには役立たない事態を想定すべきです。その備えとして④では「ログ等の定期的な分析」が例示されていますが、重要なのは情報システムの健康状態を日常的に把握して事態の悪化を食い止められるようにしておくことです。

　たとえばセキュリティ対策ソフトウェアが悪性プログラムを検知して駆除したとしましょう。「駆除されたのならば安全である」と判断したいところですが、もしかするとそれは攻撃者の活動の1つを妨害したに過ぎないかもしれません。ファイアウォールでも同じで、不審な通信を止めたという記録が残っていたとしても、関連するすべての不正通信を阻止できたと判断することはできません。これらセキュリティ対策の仕組みが正しく働いたという事実から判断できるのは、「少なくともその時点までは脅威が潜行していた」ということだけです。

　顕在化していない攻撃者の活動があるとすれば、情報システムはそれを正常なものとして扱っているはずです。つまり、あたかも正しくログインしたり、あたかも正しく外部と通信したりしているような記録をみつけることが不正アクセス等の検知につながります。また、通信量やログイン回数等を定常的に視覚化して時間帯や曜日による特徴を把握しておくことで、攻撃者の活動がいつもと違う傾向として観察できる可能性があります。

　組織内で使っている複数の情報システムを対象にログ等の調査や分析を行うことで情報システムの健康状態を把握する手法はSIEM（Security Information and Event Management）と呼ばれています。SIEMには高度な専門性が求められますので、SIEMを支援するツールやサービスの活用も含めて検討してみてください。

岡村　Q&A7-19は、「外部からの不正アクセス等の防止」を講じるためのこれら以外の手法として、**図表7-Ⅱ-3**の対策を掲げています。

　これらの措置について留意すべき点があればご指摘ください。

真鍋　ⓐはさきほどの④でお話したことになりますが、結果的には組織内の正規のアクセス者の挙動も観察することになります。調査・分析を行う者の負担や権限が適切になるように、組織としてシステムやルールの整備をしっかり行ってください。このあたりの話は岡村先生のほうがお詳しいですね。

【図表7-Ⅱ-3】「外部からの不正アクセス等の防止」を講じるためのこれら以外の手法（Q&A7-19）

ⓐ個人データを取り扱う情報システムの使用状況、個人データへのアクセス状況（操作内容も含む）、個人データを取り扱う情報システムへの外部からのアクセス状況等の監視（個人データへのアクセスや操作の成功や失敗の記録及び不正が疑われる異常な記録の存否の定期的な確認（当該記録の漏えい、滅失及び毀損並びに改ざん及び不正消去等からの適切な保護も含む）も含む。）
ⓑ導入したセキュリティ対策ソフトウェア等の有効性・安定性の確認（例えば、パターンファイルや修正ソフトウェアの更新確認等）
ⓒ端末及びサーバ等のオペレーティングシステム、ミドルウェア、アプリケーション等に対するセキュリティ対策用修正ソフトウェアの適用
ⓓ個人情報取扱事業者において許可していないソフトウェアの導入防止のための対策

　ⓑについては、さきほどの③でお話したことと同じで、特にセキュリティ対策ソフトウェアの場合はサービス期間が年単位になっていることが一般的ですから、忘れずに契約更新するようにしましょう。

　③では修正ソフトウェアの適用にアプリケーションやオペレーティングシステムの再起動を伴う場合があるという話をしました。また、修正ソフトウェアの適用によってそのソフトウェア本来の仕様が変わる場合もあり、特にオペレーティングシステムやミドルウェア等では、他のソフトウェアに互換性の問題を起こさせる可能性があります。したがって、サーバ等の高い可用性が求められるシステムでは、事前に互換性の確認が行えるような検証環境を用意しておくことをご検討ください。

4　情報システムの使用に伴う漏えい等の防止

岡村　(4)の「情報システムの使用に伴う漏えい等の防止」ですが、「別添」は「情報システムの使用に伴う個人データの漏えい等を防止するための措置を講じ、適切に運用しなければならない」とした上、「手法の例示」として、①情報システムの設計時に安全性を確保し、継続的に見直す（情報システムのぜい弱性を突いた攻撃への対策を講ずることも含む）、②個人データを含む通信の経路

または内容を暗号化、③移送する個人データについて、パスワード等による保護を行うという各点を掲げています。

　①の「設計時に安全性を確保」は、広い意味で「プライバシー・バイ・デザイン」「セキュリティ・バイ・デザイン」の一環ということでしょう。具体的にどのような方法が用いられており、留意すべき点は何でしょうか。

真鍋　情報システムの設計で重要なのは、業務の流れを阻害しないことです。取り扱う情報を守ることは業務において欠かせない要件のはずですから、設計時に安全性を確保することは自然なことのように思えるかもしれません。しかし、実際にはセキュリティ対策は後付け扱いになりがちで、とりわけ修正ソフトウェア適用のような、業務の流れを寸断する運用が形骸化することになります。そのため、セキュリティ対策等を業務の一部として取り込めるように情報システムの設計を行い、業務の変化に応じて情報システムの構成を変えていくのと同様に、脅威の変化に応じてセキュリティ対策を追従させていくようにしてください。また、さきほどお話した、事前に互換性の確認が行えるような検証環境の準備も検討しましょう。

　情報システムの運用や保守を委託する場合や設備も含めて外部に委託する場合、委託先での情報管理がどのようになっているか把握しておくことも重要です。特に、クラウド等のサービスを利用する場合、ログ（通信履歴データ）等のシステム情報がどのような条件で提供されるのかをサービス選定段階でしっかり吟味してください。

岡村　②は、どのような措置内容が具体的に考えられるでしょうか。

真鍋　業務で取り扱う情報をサーバ等に格納し、共有フォルダのような形でファイルとして、あるいはWeb等を介してサービスとして、端末からアクセスさせるというのは情報システムの典型です。この時に、サーバや端末がどれだけ堅牢であったとしても、通信経路がぜい弱であれば情報は守られません。そこで、Webサービスの場合はHTTPではなくHTTPS[10]を使うように設計したり、遠隔地にあるサーバにインターネット経由でアクセスするような場合は

10　HTTPSはHypertext Transfer Protocol Secureの略称で、Webサービスで主に使われているプロトコルであるHTTPで認証や暗号化が行えるようにしたものである。昨今、WebサーバのHTTPS対応が進んでおり、WebブラウザでもHTTPSに対応していないWebサイトを「安全でない」と評価する傾向にある。

第7章 Ⅱ　セキュリティにおける技術的管理策――個人情報保護法等の指針を素材として

【図表7-Ⅱ-4】「情報システムの使用に伴う漏えい等の防止」を講じるためのこれら以外の手法（Q&A7-20）

ⓐ盗聴される可能性のあるネットワーク（例えば、インターネットや無線LAN等）による個人データの送信（例えば、本人及び従業者による入力やアクセス、メールに添付してファイルを送信する等を含むデータの転送等）時における、個人データの暗号化等の秘匿化（例えば、SSL/TLS、S/MIME等）
ⓑ個人データを取り扱う情報システムの動作確認を行う際に、テストデータとして個人データを利用することを禁止したり、動作確認に影響のない範囲で、個人データの一部を他のデータに置き換える等、テストデータとして利用する個人データを必要最小限とすること
ⓒ個人データを取り扱う情報システムの変更時に、当該変更によって情報システム又は運用環境のセキュリティが損なわれないことを検証すること
ⓓ個人データを取り扱う情報システムの使用状況の定期的な監視

VPN[11]を採り入れたりすることで、経路を暗号化することができます。あるいは、サーバ上では情報を暗号化した状態で格納し、端末で開く際にパスワード等を入力して復号化するような運用方法もあります。

岡村　③は、どのような措置内容が具体的に考えられるでしょうか。

真鍋　オフィスソフトウェアでは、文書ファイルの内容を暗号化して、開くときにパスワードを求めるような機能を持っているものは珍しくありません。あるいは、ZIP形式等の圧縮ファイルにする際にパスワードを設定すればデータの種類に関係なく暗号化できます。また、USBメモリ等で暗号化機能を持っている製品もあります。

　受け渡しを目的とした移送ならば公開鍵暗号方式に対応したソフトウェアを利用することでより厳密に情報を保護することができます。

岡村　Q&A7-20は、「情報システムの使用に伴う漏えい等の防止」を講じるためのこれら以外の手法として、**図表7-Ⅱ-4**の事項を掲げています。

　これらの手法について留意すべき点があればご指摘ください。

11　VPNとはVirtual Private Networkの略称で、インターネット等の公衆網を介して社内LAN等のプライベートネットワークを拡張する技術の総称である。1つの法人やグループ会社で地理的に離れた拠点を結んで1つの社内LANを構成したり、出先でノートPCから社内LAN内に接続したりする際に使われている。

真鍋　さきほどの②では経路の暗号化についてお話しましたが、ⓐでは内容の暗号化も含めて、通信時のデータの保護方法について例示しています。

　ⓑは情報システムの開発時やⓒに挙げられている変更時はもとより、修正ソフトウェアの適用に際して互換性の確認を行う時にも、配慮すべきことです。通常の運用ではしっかり保護されていたデータが、情報システムの導入時や変更時に一時的にファイルに保存され、保護されないまま漏えいの対象になるということが現実に起こっています。

岡村　いずれにせよ、ここでも組織的管理措置の一環として、内部規程化して従業者に周知させること、定期、そして必要な時期に遵守状況を確認することが必要です。

❸　ソフトウエア製品等の脆弱性関連情報に関する取扱規程

岡村　ここまでソフトウエア製品等の脆弱性という言葉が繰り返し登場しました。セキュリティ全般との関連で、2004（平成 16）年に「ソフトウエア等脆弱性関連情報取扱基準」が告示されました。2014（平成 26）年の改正を経て、それに代えて 2017（平成 29）年に新たに「ソフトウエア製品等の脆弱性関連情報に関する取扱規程」が告示されています[12]。この告示を踏まえ、同年には「情報セキュリティ早期警戒パートナーシップガイドライン」[13]も改訂されました。

　それらに基づく脆弱性関連情報の取扱いについてご説明ください。

真鍋　ソフトウエア製品を対象とした脆弱性関連情報取扱の概要は**図表 7-Ⅱ-5**のとおりです。本来は脆弱性関連情報が発見されれば速やかに公表されることが重要です。しかし、発見者が拙速に公表してしまうと、その情報を知って悪用したサイバー攻撃等を、対象製品が対策未了のまま受けることによって被害が発生・拡大するおそれがあります。そこで発見者が信頼性のある団体として

12　平成 29 年 2 月 8 日経済産業省告示第 19 号
13　IPA、JPCERT/CC、一般社団法人　電子情報技術産業協会、一般社団法人　コンピュータソフトウェア協会、一般社団法人　情報サービス産業協会、特定非営利活動法人　日本ネットワークセキュリティ協会の連名による。脆弱性関連情報の適切な流通により、コンピュータ不正アクセス、コンピュータウイルス等による被害発生を抑制するために、関係者に推奨する行為をとりまとめたもの。同ガイドライン別冊として、「ソフトウェア製品開発者による脆弱性対策情報の公表マニュアル　第 4 版」「ウェブサイト構築事業者のための脆弱性対応ガイド　第 4 版」「ウェブサイト運営者のための脆弱性対応ガイド　第 3 版」および「セキュリティ担当者のための脆弱性対応ガイド　第 3 版」も、それぞれ 2017（平成 29）年 3 月に公表されている。

【図表7-Ⅱ-5】ソフトウエア製品に係る脆弱性関連情報取扱の概要

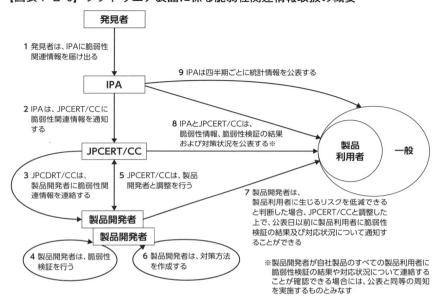

出典:「情報セキュリティ早期警戒パートナーシップガイドライン」

独立行政法人情報処理推進機構（IPA：Information-technology Promotion Agency, Japan）に届け出てもらい、JPCERT/CCを介して対象製品開発者に連絡を入れて調整し、迅速に検証・対策方法を作ってもらいます。それが完了した後、利用者への通知、公表を行うという流れを採用しています。前述のおそれを軽減しようという目的です。同様に、ウェブアプリケーションに係る脆弱性関連情報の取扱いも定めています。

4 番号利用法

岡村 マイナンバー（個人番号）との関係でも、民間事業者には一般法として個情法が適用されるほか、その特例として、番号利用法は、特定個人情報、つまり個人番号をその内容に含む個人情報の利用範囲を限定する等、より厳格な保護措置を定めています。

やはりその内容は抽象的ですので、監督機関である個人情報保護委員会が、「特定個人情報の適正な取扱いに関するガイドライン（事業者編）」（番号法指針事業者編）を公表し、それに「特定個人情報に関する安全管理措置（事業者編）」を別添しています。ここでも組織的安全管理措置、人的安全管理措置、物理的安全管理措置、および技術的安全管理措置に区分されており、技術的安全管理措置にフォーカスを当てて検討を進めたいと存じます。

技術的安全管理措置の内容は、(1)アクセス制御、(2)アクセス者の識別と認証、(3)外部からの不正アクセス等の防止、および、(4)情報システムの使用に伴う漏えい等の防止に区分されるという点で、基本的な枠組みは個情法と同様であり、ただ内容が厳格化されています。

まず(1)は「情報システムを使用して個人番号関係事務又は個人番号利用事務を行う場合、事務取扱担当者及び当該事務で取り扱う特定個人情報ファイルの範囲を限定するために、適切なアクセス制御を行う」というものであり、「手法の例示」として、①個人番号と紐付けてアクセスできる情報の範囲をアクセス制御により限定、②特定個人情報ファイルを取り扱う情報システムを、アクセス制御により限定、③ユーザーIDに付与するアクセス権により、特定個人情報ファイルを取り扱う情報システムを使用できる者を事務取扱担当者に限定としています。

これらの措置について留意すべき点があればご指摘ください。

真鍋　「手法の例示」では、使われる用語や順番の違いはありますが、手法は個人情報の場合とほとんど同じにみえます。しかし、特定個人情報は利用目的が限定されているわけですから、アクセス制御も個人情報の場合とは異なりかなり限定的なものになるのではないでしょうか。

岡村　(2)の「アクセス者の識別と認証」とは「特定個人情報等を取り扱う情報システムは、事務取扱担当者が正当なアクセス権を有する者であることを、識別した結果に基づき認証する」というものであり、「手法の例示」として、事務取扱担当者の識別方法としては、ユーザーID、パスワード、磁気・ICカード等が考えられるとしています。これは識別対象が事務取扱担当者となっているだけで、その方法は個情法の場合と同様です。(3)(4)も対象情報等が異なるだけで、その例示された手法は同様です。

【図表 7-Ⅱ-6】漏えい等事案が発覚した場合に講ずべき措置(個人情報保護委員会)

(1) 事業者内部における報告及び被害の拡大防止
(2) 事実関係の調査及び原因の究明
(3) 影響範囲の特定
(4) 再発防止策の検討及び実施
(5) 影響を受ける可能性のある本人への連絡等
(6) 事実関係及び再発防止策等の公表

真鍋 事務取扱担当者としては個人番号の取得から廃棄までの事務の従事者すべてが含まれ得るわけですが、与えられる権限が一様であるとは限りません。各々の従事者の役割に応じて、適切な権限を与える、もしくはアクセス権を与えないということも考えなければなりません。

岡村 (3)の「外部からの不正アクセス等の防止」とは「情報システムを外部からの不正アクセス又は不正ソフトウェアから保護する仕組みを導入し、適切に運用する」というものであり、「手法の例示」として、①情報システムと外部ネットワークとの接続箇所にファイアウォール等を設置し、不正アクセスを遮断、②情報システムおよび機器にセキュリティ対策ソフトウェア等(ウイルス対策ソフトウェア等)を導入、③機器やソフトウェア等に標準装備されている自動更新機能等の活用により、ソフトウェア等を最新状態とする、④ログ等の定期的な分析により、不正アクセス等を検知という各点を掲げられており、やはりその方法は個情法の場合と同様です。

5 漏えい時の措置

岡村 続いて漏えい時の措置です。先に述べた委員会告示「個人データの漏えい等の事案が発生した場合等の対応について」は、対象とする事案を明定する一方、「漏えい等事案が発覚した場合に講ずべき措置」として**図表7-Ⅱ-6**の各事項について必要な措置を講ずることが望ましいとした上、漏えい等事案が発覚した場合は、その事実関係および再発防止策等について、委員会等に対し、速やかに報告するよう努めるとしています。

番号利用法に関する「特定個人情報の漏えいその他の特定個人情報の安全の確保に係る重大な事態の報告に関する規則」（平成27年特定個人情報保護委員会規則第5号）では、対象情報を特定個人情報に限定するとともに、ほぼ同様の措置等を、努力義務から法的義務へと格上げしています。
　これらの措置について留意すべき点をご説明ください。

真鍋　情報漏えいのような望まれざる事象に対して責任ある対応をすることを「インシデントレスポンス」（Incident Response）と呼びます。インシデントレスポンスは、①平時の準備に始まり、②検知と分析、③封じ込めと根絶・復旧、④教訓という4つのステップで整理されることがあります。この各ステップにおいて事象に関する情報を組織内外で適切に出し入れできるかどうかがインシデントレスポンスの成否を左右します。インシデントを発見することは必ずしも容易ではありません。攻撃を受け始めて発覚するまでに数ヵ月、あるいは数年という時間を要することも珍しくありません。また、過半数のケースで自組織ではなく外部からの連絡によって発覚に至るといわれています。つまり、平時において外部からの情報を適切に扱えるようになっていなければ、インシデントレスポンスを受動的に始める羽目になるということです。
　「漏えい等事案が発覚した場合に講ずべき措置」では、(1)で組織内での報告、(5)と(6)で組織外への連絡や公表、そして委員会等への報告、という具合に組織内外に情報を出すことについて明示的に言及されています。(2)(3)(4)には情報システムの運用業者やセキュリティ専門事業者の協力を必要としますし、インシデント発覚に至る情報が外部から入るという想定をすべきであると考えると、組織内外から情報を得ることの重要性も自明です。

岡村　信頼できるセキュリティ専門事業者に対し、(2)の調査・原因究明、および、(4)の再発防止策の検討・実施を中心に依頼した上、(6)の事実関係・再発防止策等の公表をする際、「安全宣言」をしてもらうことも多いようです。最近のサイバーセキュリティ保険では、こうしたセキュリティ専門事業者を紹介するサービスもあります。

　つぎに、これに関連して、CSIRTについてご説明ください。

真鍋　インシデントに関する情報について、組織内での集約場所として、また、組織外との窓口として、情報の出し入れを担うのが組織内CSIRTです。

第 7 章　Ⅱ　セキュリティにおける技術的管理策——個人情報保護法等の指針を素材として

そのため、CSIRTには組織をまたいだコミュニティ活動がつきものです。国内の代表的なCSIRTコミュニティである前述のNCAには、2019（令和元）年6月1日現在355弱のCSIRTが加盟し、テーマ毎のワーキンググループに参加する形で活動をしています。

　JPCERT/CCは、インシデントについての技術的な相談を受けたり、インシデント発覚のきっかけとなる連絡をしたりする形で企業等のインシデントハンドリングの初期段階から寄り添い、インシデントに関係する組織間のやり取りをお手伝いする活動を行っています。ほとんどの組織は、インシデントハンドリングに熟練することはありません。Web改ざんのような外観的に明白なインシデントでも、その原因や影響範囲によって、対処の方法も依頼する相手も異なります。標的型攻撃を受けた組織が汚染範囲を明確にして、流出や毀損の対象となったデータを特定できるなんてことは、異例中の異例です。したがって、情報システムの委託先やセキュリティの専門事業者を活用したり、コミュニティ活動で知見を得たり、JPCERT/CC等の機関に相談したりすることを躊躇すべきではありません。

　個人データ漏えいの実務対応には、他にどのような留意点がありますか。

岡村　(6)の事実関係の公表は、委員会等への報告とともに、個人データ漏えい発覚後、速やかに行うべき性格のものです。(5)の本人への連絡等も同様です。さもないと世間から「不祥事隠し」と誤解されかねません。個人データ漏えいは過失によるものであった場合でも、「不祥事隠し」は故意によるものなので、社会的非難も大きくなって当然です。まして、組織ぐるみではないかとの誤解を受けるおそれがあり、看過できません。公表は自社サイトに掲載するだけでなく、大規模な場合にはプレスリリース、記者会見を行うこともあります。本人からの問い合わせに応じるため、臨時で専用コールセンターを設置することもあります。

　さらに発覚直後と比べて調査が進むにつれて事実関係も次第に明らかになっていきますので、報告、連絡、公表も一度だけではなく、必要に応じて続報的な形で行うことになります。

　本日は、セキュリティ技術の最先端のお話しをいただき、ありがとうございました。

第 7 章　III　フィッシング被害と対策

フィッシング対策協議会運営委員長
加藤孝浩　Takahiro Kato

　インターネット上で大手金融機関等の有名企業に成りすました偽メールや偽サイトを用いてID・パスワードを騙し取る「フィッシング詐欺」の被害はとどまるところをしりません。それによって、成りすまされた企業の顧客が不正アクセス等の被害を受けるだけでなく、成りすまされた企業も紛争に巻き込まれ、ユーザーである顧客、ひいては市場の信用を失うおそれがあります。
　そこで、経済産業省系のフィッシング対策協議会の加藤孝浩・運営委員長と、フィッシングの現状と対策に関する最新動向について、技術的な観点と法務的な観点を交えつつ対談します[1]。

1　フィッシング詐欺とは

岡村　「フィッシング」とは英文スペルでは"Phishing"であり、「釣り」を意味する"fishing"と、"Phreaking"、あるいは"sophisticated"との合成語だという説など、諸説が唱えられています。いずれにしても文系の皆さんには馴染みがあるとはいえない言葉です。そこで、まずフィッシング詐欺の意味について、簡潔にご説明願います。

加藤　銀行やクレジットカード会社のような金融機関などを装った電子メールを送り付けて、住所、氏名、銀行口座番号、クレジットカード番号などの個人情報を騙し取る行為です。電子メールのリンクから偽サイトに誘導して、そこ

1　本稿は、2019（令和元）年7月17日に行われた対談をベースに、その後の動静も交えて加筆修正を加えたものである。

で個人情報を入力させる手口が一般的に使われています。この偽メールは「フィッシングメール（phishing mail）」、偽サイトは「フィッシングサイト（phishing site）」、と呼ばれています。

　こうして騙し取った情報を悪用して不正アクセスなどが実行され、ネットバンキングの不正送金などが行われます。

岡村　いま例を掲げられたケースであれば、インターネットバンキングの口座から、ごっそりと預金を引き出されてしまうようなことになります。読者に具体的なイメージを示していただくと理解が容易になると思いますので、フィッシングの典型的な手口について、さらに詳しくご説明ください。

加藤　フィッシング詐欺の典型的な手口としては、まず、クレジットカード会社や銀行からのお知らせのふりをしたメールをユーザーに送りつけます。「情報確認のため」などと称して巧みにリンクをクリックさせ、あらかじめ用意した本物のサイトにそっくりな偽サイトにユーザーを誘導します。そこでID・パスワードやクレジットカード番号、口座番号などを入力するよう促し、入力された情報を盗み取ります。

岡村　いまご紹介があったフィッシングサイトの公開という手口をサイト構築型と呼ぶとすると、他にもメール送信型と呼ぶべきものもありますね。

加藤　メール送信型は、フィッシングサイトに誘導するのではなく、偽の入力画面をhtml形式の電子メールで送り付け、直接、ID・パスワードやクレジットカード番号を騙し取るという手口です。メールを開いた時点で入力フォームが表示された場合には注意が必要です。

岡村　さらにバリエーションとして、「ファーミング（pharming）」という手口が用いられることもありますね。

加藤　ファーミングとは、ユーザーが正しいURLを入力しても、自動的に偽のサイトに誘導して個人情報を詐取する行為です。ファーミング詐欺の犯人は、ウィルスやワームを使って利用者のコンピュータのhostsファイルを書き換えたり、DNSサーバに虚偽の情報を書き込んだりします。これにより利用者が正規のサイトのURLを入力してアクセスしようとすると、実際は偽サイトにつながってしまいます。このようにして「正しいサイト」に接続していると信じているユーザーから入力する情報を盗み取ります。利用者としては、ブ

【図表7-Ⅲ-1】フィッシングとは

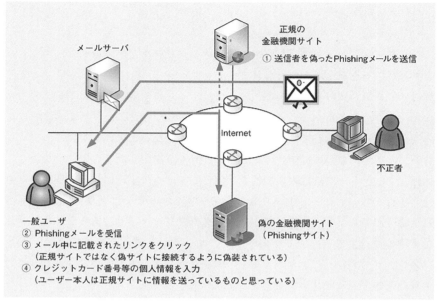

出典：フィッシング対策協議会「フィッシングとは」

ラウザのアドレス・バーには正規のURLが表示されているため偽サイトだと気づきにくくなっています。

2 フィッシング詐欺による被害

岡村 フィッシング詐欺による被害は、どのように整理ができますか。
加藤 被害は3つに整理できます。

1つ目は、偽サイトとして事業者がその社名やサービス名などブランドを不正に第三者に騙（かた）られる被害です。

2つ目は、その偽サイトに誘導され、利用者や従業員のID・パスワードやクレジットカード番号などが盗まれる被害です。

3つ目は、その盗まれたID・パスワードを悪用して成りすました不正アクセス等によっておこる金銭的被害です。

金銭的被害はインターネットバンキングに係る不正送金に代表され、警察庁によれば、2015（平成27）年に被害額約31億円まで拡大しました。2018（平成30）年には発生件数は322件、被害額約4億6,100万円で、件数、被害額ともに減少していますが、まだ大きな被害となっています。個人口座の被害額が大幅に減少した一方で、電子決済サービスを使用して仮想通貨取引所に対して送金を行う新たな手口が発生しています。

3　フィッシング対策協議会とは

岡村　加藤さんはフィッシング対策協議会[2]の運営委員長であるとともに、東証一部に上場する大企業、トッパン・フォームズ株式会社のセキュリティ責任者ですが、どのような経緯でフィッシング対策に関わられたのですか。

加藤　当社はビジネスフォーム印刷やデータ・プリント・サービスなどの分野で培ってきた技術やノウハウをベースに、請求書などの通知帳票やダイレクトメールを紙とWebの両方で閲覧できるデジタルメッセージングソリューションを展開しています。私は2006（平成18）年にこのWebサービスの立ち上げを担当しており、その中でフィッシング詐欺の存在を知りました。

　パソコンやスマートフォンに利用明細や各種個別の通知が届くことはとても便利なことですが、フィッシング詐欺などの危険が伴うことも事実です。

　ネット経由の帳票のお届けは、安全に利用できる健全なインターネット社会がなければ消費者に受け入れられません。今後より一層、企業と消費者がインターネットでつながりを拡げるためには、インターネット最大の脅威であるフィッシング詐欺への対策を同じ目的をもった複数事業者が協力し合う協議会として対応する必要があるわけです。

岡村　フィッツシング対策協議会とは、どのような団体で、どのような活動を行っているのか、ご説明ください。

加藤　私たちフィッシング対策協議会（Council of Anti-Phishing Japan）は、2005（平成17）年に、フィッシングを始めとするオンライン犯罪の増加を予見

2　この協議会については、初代NISC補佐官であった山口英・奈良先端科学技術大学院教授の後任として、この対談の時点で岡村が会長を務めている。

し、関係者が情報交換を行い、また被害状況に応じた対策を推進するという目的で発足しました。

　現在は100（2019（令和元）年9月6日現在）の企業・団体・個人が参加しており、主たる活動としては、フィッシングに関する情報収集・提供、フィッシングの動向分析、フィッシングに関する技術・制度的対応の検討があります。

4　法改正による対応

岡村　いわば民間部門における「共助」ですね。フィッシング対策協議会の設立は2005（平成17）年ですが、米国や日本でフィッシングが問題となったのは、いつ頃からでしょうか。

加藤　2003年頃から米国で流行し始めました。わが国でも2004年頃にYahoo! JAPANをかたった日本語フィッシングメールが発見されました。その時期から次第にフィッシング詐欺が社会問題化していきました。

岡村　2003（平成15）年にシステム管理会社に勤務する会社員が正規の「ログイン画面」に酷似した偽サイトを開設し、それを正規のものと誤信したユーザーにID・パスワードを入力させて騙し取ろうとした事案が話題になりました。

加藤　騙し取ったID・パスワードを入力して正規サイトに不正アクセスする行為は、この当時は、処罰の対象にはならなかったのでしょうか。

岡村　「不正アクセス行為の禁止等に関する法律」（不正アクセス禁止法）が、すでに1999（平成11）年に制定されていました。この法律ではセキュリティホールを攻撃する類型だけでなく、他人のID・パスワードのような識別符号を無断使用して、正規権限者に成りすましてログインする類型も不正アクセス行為として処罰の対象になります。

加藤　ID・パスワードを騙し取るフィッシング行為それ自体は、処罰の対象にはならなかったのでしょうか。

岡村　後ほどご説明する2012（平成24）年の不正アクセス禁止法一部改正に至るまで、それを正面から処罰するための規定は置かれていませんでした。フィッシングメールにはパスワード変更を求める者が多く、それでは広告宣伝メールといえないことから、特定電子メール送信適正化法や特定商取引法と

いった、いわゆる迷惑メール規制法制による処罰その他の規制対象とすることも困難でした。

加藤　実際に不正アクセスが実行される前の段階では、フィッシングサイトが公開されても、刑事摘発はできなかったのですか。

岡村　不正アクセス禁止法一部改正前の2005（平成17）年に発覚したフィッシング行為について、著作権法違反の罪で有罪とした判決がありました。東京地判平成17年9月12日平成17年（特わ）4541号です。偽サイト作成のために、正規サイトを無断複製して改ざんを加えて偽サイトを立てることによって無断で公衆送信したとして、著作権侵害の罪が成立するとしたのです。この摘発当時はフィッシング行為それ自体を処罰する規定がなかったので、こうした技巧的な方法を用いるほかなかったのです。ちなみに、この判決は、騙し取ったID・パスワードを用いた正規サイトへの不正アクセス行為について不正アクセス禁止法違反の罪も成立するとしています。

加藤　2012（平成24）年の不正アクセス禁止法一部改正によって、フィッシング行為それ自体も、処罰の対象になったのですね。

岡村　はい。この改正で新たにID・パスワードなど識別符号の入力を不正に要求する行為が禁止され、処罰の対象となりました。サイト構築型（同法7条1号）とメール送信型（同条2号）のいずれも、同法12条4号で処罰の対象となります。違反すれば1年以下の懲役または50万円以下の罰金です。

加藤　これによって処罰するための要件について、より詳しくご説明ください。

岡村　同法7条1号・2号ともに、アクセス制御機能を特定電子計算機に付加したアクセス管理者になりすまし、その他当該アクセス管理者であると誤認させることが共通の要件です。

　やや長い説明になりますが、まず用語の意味を整理しておきます。

　「特定電子計算機」とは、電気通信回線に接続している電子計算機です（同法2条1項）。インターネットだけでなく、企業内LANに接続しているコンピュータも、その典型例として含まれます。サーバだけでなく、端末のパソコンも含まれます。

　つぎに、「特定利用」とは、当該電気通信回線を通じて行う特定電子計算機

の利用をいいます（同項）。したがって、インターネット等に接続していても、USBメモリーを直接差し込んで当該コンピュータ内のハードディスクからコピーするような行為は該当しません。

　第3に、「アクセス管理者」とは、特定利用について当該特定電子計算機の動作を管理する者のことです（同項）。注意すべきなのは、「アクセス管理者」は、企業その他の団体内のアクセス管理の運用担当者や責任者といった意味ではなく、それを運用している当該団体そのものを意味しているということです。個人事業のような場合には事業主となります。

　さらに、「アクセス制御機能」とは、特定電子計算機の特定利用を自動的に制御するために当該特定利用に係るアクセス管理者によって当該特定電子計算機又は当該特定電子計算機に電気通信回線を介して接続された他の特定電子計算機に付加されている機能であって、当該特定利用をしようとする者により当該機能を有する特定電子計算機に入力された符号が当該特定利用に係る識別符号であることを確認して、当該特定利用の制限の全部又は一部を解除するものをいいます（同条3項）。

　これに登場する「識別符号」とは、特定電子計算機の特定利用をすることについて当該特定利用に係るアクセス管理者の許諾を得た者（利用権者）及び当該アクセス管理者に、当該アクセス管理者において当該利用権者等を他の利用権者等と区別して識別することができるように付される符号であって、次のいずれかに該当するもの又は次のいずれかに該当する符号とその他の符号を組み合わせたものをいいます（同条2項）。

　「利用権者等」とは利用権者および当該アクセス管理者の総称です（同項）。「次の」とは、①当該アクセス管理者によってその内容をみだりに第三者に知らせてはならないものとされている符号（同項1号）、②当該利用権者等の身体の全部若しくは一部の影像又は音声を用いて当該アクセス管理者が定める方法により作成される符号（同項2号）、③当該利用権者等の署名を用いて当該アクセス管理者が定める方法により作成される符号（同項3号）です。典型例として、1号はパスワード、2号は生体認証の場合が想定されています。3号について、警察庁の解説によれば、署名の形状やその筆圧、動態等から特徴を取り出して数値化し符号化するようなものをいい、アクセス管理者が採用した方

法で署名を数値化し符号化したものが識別符号となるとしています。前述の「次のいずれかに該当する符号とその他の符号を組み合わせたもの」の意味ですが、一般に1号のパスワードと組み合わされて用いられるIDが、「その他の符号」の典型例として説明されており、通常は、これがフィッシングで狙われる対象となります。

　長い説明になりましたが、ネットバンキングを例に取りますと、金融機関から許可されたID・パスワードを当該正規ユーザーが入力しなければ当該ネットバンキングサイトにアクセスできない場合に、当該金融機関になりすまし、その他当該当該金融機関であると誤認させるようなケースが、先ほどの共通要件ということになります。処罰のためには、この共通要件を満たした上で、7条1号または2号に該当する行為をする必要があります。

　現在でも理論的には著作権法違反の罪で検挙することも可能であることに変わりはありませんが、それよりも直截的に処罰の対象となって、現在に至っているわけです。

加藤　7条1号のサイト構築型のフィッシングとは、どのような行為を処罰しているのですか。

岡村　1号は、「当該アクセス管理者が当該アクセス制御機能に係る識別符号を付された利用権者に対し当該識別符号を特定電子計算機に入力することを求める旨の情報を、電気通信回線に接続して行う自動公衆送信……を利用して公衆が閲覧することができる状態に置く行為」です。

　前述のケースで説明しますと、公開されたネットバンキングサイトが、当該金融機関が正規に公開したウェブサイトであると誤認させるような偽サイトであって、そこに当該識別符号、つまりID・パスワードを入力することを正規ユーザーに求める旨の情報を閲覧できるようなフィッシングサイトを立てるという手口が典型例です。

加藤　偽サイトを立てれば、正規ユーザーが騙されて現に入力しなくても、さらには偽サイトが立ち上がったばかりなので誰も現にアクセスしていない状態でも、1号に該当するのですか。

岡村　はい、「公衆が閲覧することができる状態に置く」ことで足りますので、単にそうした偽サイトを立てて公衆が閲覧できる状態にしただけで、その段階

で1号に該当して処罰の対象になります。

加藤 ウェブサイトそれ自体は正規サイトであって、それに偽入力画面をマルウェアなどでオーバーレイ表示させるというケースもありました。その実例がAndroidの「Toast」機能を悪用した「オーバーレイ攻撃」です。

岡村 これも、アクセス制御機能を特定電子計算機に付加したアクセス管理者になりすまし、その他当該アクセス管理者であると誤認させることに該当しますので、ユーザーに対しID・パスワードを入力することを求める旨の情報を、電気通信回線に接続して行う自動公衆送信を利用して公衆が閲覧することができる状態に置くものである以上、該当するものと考えます。この場合、マルウェアの作成等も刑法の「不正指令電磁的記録に関する罪」に該当します。

加藤 7条2号のメール送信型のフィッシングとは、どのようなものですか。

岡村 2号は、「当該アクセス管理者が当該アクセス制御機能に係る識別符号を付された利用権者に対し当該識別符号を特定電子計算機に入力することを求める旨の情報を、電子メール（特定電子メール送信適正化法2条1号に規定する電子メールをいう。）により当該利用権者に送信する行為」です。

　典型例は、成りすましの偽メールを送り付け、当該メール本文にID・パスワードを入力することを求める旨の情報を記載しているようなケースです。

　こちらの場合も、実際にID・パスワードを取得せずとも、さらにはユーザーが当該偽メールを読まなくても、送り付けるだけで処罰対象となります。

　両号の場合ともに、騙し取ったID・パスワードを悪用するという手段で、騙し取られた人に成りすまして実際にアクセスすれば、同法3条が禁止する不正アクセスに該当し、別途、不正アクセス罪も成立します。3年以下の懲役又は100万円以下の罰金です（同法11条）。また、騙し取ったID・パスワードを他人に提供する行為は、不正アクセス行為を助長する行為として禁止されており（同法4条）、それに違反すれば1年以下の懲役又は50万円以下の罰金です（同法12条1号）。

加藤 そうしますとフィッシング詐欺は、不正アクセス禁止法ですべてカバーできるのでしょうか。

岡村 たしかに、これによって正規サイトへの不正アクセス行為が実行される前にもフィッシングサイトを立て、もしくはフィッシングメールを送り付けた

【図表7-Ⅲ-2】フィッシングサイトのURL件数

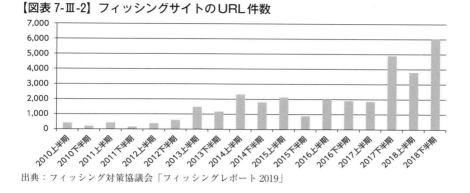

出典：フィッシング対策協議会「フィッシングレポート2019」

段階で検挙することが可能になりました。

　しかし「利用権者に対し当該識別符号を特定電子計算機に入力することを求める」旨の情報でなければ対象になりません。したがって、「当該識別符号」ではなく、それ以外の個人情報その他の情報を入力させて騙し取ろうとするものは、残念ですが該当せずカバーできません。

　ところで、この改正以降、フィッシング詐欺は減少傾向にありますか。

5　最近の傾向

加藤　フィッシングサイトのURL件数（重複無し）は、この改正があった2012年以降も、残念ながら増加傾向にあります。いったん2015（平成27）年下半期にやや減少しましたが、2016（平成28）年上半期から高止まりの状況が続き、2017（平成29）年下半期から大きく増加しているのが目立っています。

岡村　最近におけるフィッシングの傾向は、どのようなものですか。

加藤　全体的な傾向として、銀行を騙るフィッシング詐欺によるオンラインバンキング被害は減少しています。これはインターネットバンキングの利用者の銀行口座から不正送金することを狙ったものですが、銀行が対策を強化したことで減少傾向にあります。その一方、クレジットカード情報の詐取を狙ったフィッシング詐欺が急増しています。フィッシングを含むカード番号盗用による被害は2018（平成30）年187.6億円（一般社団法人日本クレジット協会の発表）

となり、5年連続で被害額が増加しています。これはクレジットカード会社やApple、Amazonなどのメジャーブランドを騙ったフィッシングです。最近はさらに宅配業者や映像配信事業者、大手インターネット関連製品事業者を騙る新たな手口も見受けられ、仮想通貨のアカウント情報を詐取するフィッシング報告も受けています。また、東京オリンピック・パラリンピック観戦チケットのフィッシング詐欺も警戒しなければなりません。

岡村　クレジットカードを狙ったフィッシング詐欺に関し説明してください。

加藤　2017（平成29）年下半期からフィッシングが増加したことは前述しましたが、報告されるフィッシングのほとんどがクレジットカード情報を詐取することを目的としていました。こうして入手したクレジットカード番号を悪用して他人になりすまし、商品やサービスを購入するという被害が多発しています。また、HTTPS（Hyper Text Transfer Protocol Secure）に対応したフィッシングサイトが増えており、全体の15％以上が自ドメイン用のSSLサーバ証明書を使用しているという特徴が見受けられます。

岡村　HTTPSとSSLサーバ証明書についてご説明ください。

加藤　インターネットのウェブサイトでは従来からHTTP（Hypertext Transfer Protocol）という通信手順が使われてきました。そのセキュリティのためにHTTPSが用いられており、SSL/TLSという暗号化技術を使っています。つぎに、SSL暗号通信時にユーザーが通信しようとしているサーバが所有者の運営サーバであることに間違いがないことを認証局が実在証明するための仕組みがSSLサーバ証明書です。サーバ証明書には認証方法で分類すると3種類あり、ドメイン認証のDV証明書（Domain Validation）、企業認証のOV証明書（Organization Validation）、EV認証のEV証明書（Extended Validation）となりますが、DV証明書はドメイン名の登録権のみを確認して発行する証明書であるため、正規サイトに酷似したドメイン名（一部の文字を変えたり足したりする等）でも取得することができ、サーバ証明書を使ったフィッシングサイトが可能となってしまいます。最近このDV証明書を悪用してユーザーを騙して安心させようとするケースが急増しています。

岡村　「annazon.com」という紛わしいドメイン名のDV証明書を使うようなケースですね。ところで、SMS（ショート・メッセージ・サービス）による被害

も増加していますが。

加藤 従来は電子メールを用いてフィッシングサイトへ誘導するという手口が一般的でした。ところが、スマートフォンの普及に伴い、電子メールからSMSへと利用率がシフトしていることが、その背景となっています。自分の携帯電話番号宛にSMSが送信されてくるため、自分の携帯電話番号を知っている知人からのメッセージだと誤信して、メッセージに対する反応率は高い傾向にあります。他方で、海外網経由の国際SMSを悪用しているケースも多く見受けられます。いずれにせよ、手口が変化していることを正確に把握しておくことが重要です。

6 事業者に求められる対策

岡村 さて、フィッシングが処罰の対象となっているといっても、手口は高度化、巧妙化、多様化している上に、国外から行われている場合には、検挙することは容易ではありません。処罰対象が「識別符号」に限られていることも前述しました。現在でも著作権法による処罰が可能であることに変わりありませんが、やはり技巧的に過ぎることは事実です。事後的に処罰ができる場合でも、フィッシングサイトを放置しておけばしておくほど被害が拡大します。

こうした状況を踏まえて、フィッシング詐欺被害に対し、事業者はどのような対策をすればいいのでしょうか。

加藤 フィッシング被害が発生する前に心がけて置くべき事業者の対策を、協議会では「フィッシング対策ガイドライン」としてまとめており、協議会サイトに掲載しています。2019年度版では**図表7-Ⅲ-3**のとおり7つの項目に40の要件を定めています。

岡村 組織的な対応体制の整備とは具体的にどのような内容ですか？

加藤 フィッシング詐欺対応に必要な機能を備えた組織を編成し、フィッシング詐欺発生時の行動計画を策定するとともに、フィッシングサイト閉鎖体制を整えることです。

その中でも、フィッシング詐欺発生時の行動計画を策定すること、フィッシングサイト閉鎖体制の整備をしておくこと、フィッシングサイトアクセスブロック体制の整備をしておくことが重要です。

【図表7-Ⅲ-3】サービス事業者におけるフィッシング詐欺対策

1．	利用者が正規メールとフィッシングメールを判別可能とする対策
2．	利用者が正規サイトを判別可能とする対策
3．	フィッシング詐欺被害を拡大させないための対策
4．	ドメイン名に関する配慮事項
5．	組織的な対応体制の整備
6．	利用者への啓発活動
7．	フィッシング詐欺被害の発生を迅速に検知するための対策

　フィッシングサイトの閉鎖は「テイクダウン」と呼ばれ、サービス事業者自身で行うこともできなくはないのですが、フィッシングサイトの多くが海外に立てられることから、専門機関にテイクダウンを依頼する方法も事業者は準備しておく必要があります。フィッシング対策協議会はコンピュータ緊急対応センターであるJPCERT/CCに（第7章Ⅱ参照）フィッシングサイトのテイクダウンの調整依頼も行っています。ガイドラインでは被害が発生してしまった際の組織による対策をフィッシング詐欺被害対応フロー（**図表7-Ⅲ-4**）としてもまとめています。

岡村　事業者の担当者が、すぐに役立つ内容となっているのですね。テイクダウンが早ければ早いほど、被害拡大が防止できます。

　ユーザーにおけるフィッシング詐欺対策についても、ご説明願います。

加藤　フィッシング対策協議会では、利用者向けの対策として
「マンガでわかる　フィッシング詐欺対策5か条」を発信しています。

　　第1条　パソコンやモバイル端末は、安全に保ちましょう。
　　第2条　不審なメールに注意しましょう。
　　第3条　電子メールにあるリンクはクリックしないようにしましょう。
　　第4条　不審なメールやサイトは報告しましょう
　　第5条　銀行やクレジットカード会社の連絡先リストを作成しましょう。

第 7 章　Ⅲ　フィッシング被害と対策

以上の 5 か条をわかりやすいマンガで説明しています。
また、インターネットを安全に楽しむための合言葉である
「STOP. THINK. CONNECT.」を活用することもポイントです。

STOP
急かす、煽る、警告のようなメール。
それは本物ですか？
感情に任せた意見や個人情報の投稿行動に移す前に、一度立ち止まりましょう。

THINK
クリックしたら何が起こるか？
自分や友人や家族にどんな影響があるか？
すこしだけ調べて、考えてみましょう。

CONNECT
そして安全だと判断できたら、
インターネットを通じた様々な体験を
存分に楽しみましょう。

　フィッシング対策協議会は、さまざまな課題に協議会員が連携しながら取り組み、商取引のインフラとして欠かせないオンラインサービスを、消費者が安全に利用できる健全な情報化社会の実現を目指していきます。
岡村　それでも万一ユーザーがフィッシング被害に遭ってしまった場合の対応として、「フィッシング対策ガイドライン2019」では、詐取された情報を識別した上、関連機関への連絡として、被害が発生したサービス事業者への連絡、警察への連絡、国民生活センターまたは各地の消費生活センターへの連絡、フィッシング対策協議会への情報提供を、ユーザーに対し呼びかけています。
　今日お聞きしたことは、企業にとって、そしてユーザーにとって、たいへん有益なことばかりであり、これを役立ててもらえばと深く考える次第です。ありがとうございました。

【図表7-Ⅲ-4】フィッシング詐欺被害対応フロー

```
フィッシング詐欺被害対応フロー
```

(1) フィッシング詐欺被害の発見

- □ 発見状況、通報内容の記録　(担当者：　　　　　　　　　)
- □ 緊急連絡網の把握
- □ 対応役割の把握

(2) フィッシング詐欺被害状況の把握

・フィッシングサイトを調査し、実際に被害が出る危険性はどれくらいなのかを判断する。
- □ 調査・判断　(担当者：　　　　　　　　　)
  - □ 調査内容、フィッシング詐欺判断の内容記録
  - □ フィッシング詐欺発生の確定、関係者への連絡　(第一次連絡先：　　　　　　　　　)

(3) フィッシング詐欺被害対応活動

・フィッシングサイトテイクダウン活動
- □ IPアドレスブロックを管理しているISPへの依頼　(連絡先：　　　　　　　　　)
- □ 専門機関へのテイクダウン依頼
  - □ JPCERT/CCへの依頼　(連絡先：http://www.jpcert.or.jp/form/)
  - □ フィッシング詐欺被害対応サービス事業者への依頼　(連絡先：　　　　　　　　　)
  - □ サービス事業者テイクダウン依頼受付時間　(　時　分　～　時　分　土日祝日対応：有　無　)

・フィッシングメールに対する注意勧告
- □ 顧客からの問い合わせ窓口設置　(担当者：　　　　　　　　　)
- □ 基本的な質問事項、応答事項の準備　(担当者：　　　　　　　　　)
- □ 顧客への通知
  - □ フィッシングメール、フィッシングサイトの特徴情報まとめ　(担当者：　　　　　　　　　)
  - □ 正規サイトでの注意喚起掲示　(担当者：　　　　　　　　　)
  - □ 注意喚起通知メール配信　(担当者：　　　　　　　　　)
  - □ 報道機関等各種メディアへの告知等　(担当者：　　　　　　　　　)

・関係機関への連絡、報道発表　(顧客の被害が発生している場合)
- □ 都道府県警察のサイバー犯罪相談窓口への連絡　(連絡先：　　　　　　　　　)
- □ その他関係機関への報告　(連絡先：　　　　　　　　　)
- □ 報道機関等各種メディアへの告知等　(担当者：　　　　　　　　　)

(4) 生じたフィッシング詐欺被害への対応

・詐欺被害 (金銭的被害、IDの詐取等) 発生状況の把握　(担当者：　　　　　　　　　)
- □ クレジットカード番号、オンラインバンキングアカウントの詐取等の状況把握
- □ 金銭的被害の状況把握
- □ 被害拡大抑制の活動実施

(5) 事後対応

・事後処理含め、改善、再発防止策などを体制や対応手順書などに反映する。

出典：フィッシング対策協議会「フィッシング対策ガイドライン2019」

第8章　営業秘密

前同志社大学法学部教授
齋藤憲道　Norimichi Saito

　2015（平成27）年に改正された営業秘密管理指針は、不正競争防止法上の法的保護を受けるために必要となる最低限の水準の対策を示すものとし、ベストプラクティスや包括的対策については「営業秘密保護マニュアル（仮称）」の策定が待たれていました。このたび「秘密情報の保護ハンドブック～企業価値向上に向けて～」という名で公表されましたので、営業秘密の管理について営業秘密管理指針の策定に携わっておられた齋藤憲道先生と技術大国日本の企業のさらされている状況と、企業が自社を守るためにとるべき対策について対談しました（岡村久道弁護士は同ハンドブック策定のための研究会で座長をつとめた）。

1　制度対応の全貌と近時の事件の教訓

1　はじめに

（1）　営業秘密との関わり

岡村　まず、齋藤先生の営業秘密との関わりをお話しください。

齋藤　1990年代に松下電器産業（現・パナソニック）で法務部長として情報セキュリティ管理に取り組み始めました。

　その背景には、技術情報の流出や、他社からクレームを受けるようなことがありました。また当時、ISPサービス事業を行っていたので、サイバー関係の事件で警察が来て、通信記録に関して「捜査に協力して欲しい」、「利用者の通信情報は見せられない」というやりとりもあった。プロバイダ責任制限法ができる前のことです。

　そういう状況を踏まえ、後追いで対応するだけの法務ではダメだ、とにかく

元を断たなければ、法務人材が何人いても足りない、という思いから情報セキュリティ管理に取り組みました。当時は珍しかった名称ですが、日米の情報システム系の学会の動向等を参考、社内で「情報セキュリティ管理基本規程」を制定し、グループ全体で取り組んだのです。

　私と岡村先生は、今回の不正競争防止法（以下「不競法」という）改正等で、産業構造審議会（経済産業省）の知的財産分科会の「営業秘密の保護・活用に関する小委員会」委員を担当しました。私は、産業構造審議会で2001（平成13）年から不競法上の営業秘密保護に携わっており、最初の営業秘密管理指針（以下「本指針」という）をまとめるときには座長を仰せつかりました。今日は「企業の機密情報の管理手法等に係るマニュアルの策定に向けた研究会」で、座長としてまとめられた岡村先生との対談なので大変楽しみにしてまいりました[1]。

岡村　齋藤先生とは松下電器におられた時代からの長いお付き合いです。私は複数の省庁で情報セキュリティ関係の委員を歴任してきました。営業秘密の保護はセキュリティの観点からも重要課題の一つであり、ますます重要性が増しています。齋藤先生とご一緒した小委員会で、本指針の全部改訂版を策定して2015（平成27）年1月28日に公表しました。

　ところで、不競法に営業秘密の民事的な保護制度が最初に導入されたのは1990（平成2）年改正であり、刑事罰が入れられたのは2003（平成15）年です。このような流れで、まず民事の救済規定を、次に刑事罰規定を入れ、時代背景の中で次第に法整備を充実させてきたという状態ですね。

齋藤　生産拠点の海外シフトが円高の関係でどんどん進み、それに伴う技術情報の持出しが問題になりました。アジア諸国のライバル会社が、そんなに早く同じ事業を立ち上げられるはずがないのに、すぐに立ち上げてくる。自分たちの職場がなくなる状況が実際に目の前に現れ、日本の産業をなんとかして守らなければ失業してしまうという危機感が生まれました。そこで、それまで強く反対していた労働組合が初めて不競法を改正して刑事罰を導入することに賛成

1　本稿は2016（平成28）年9月28日に行われた対談（NBL1069号・1072号・1073号掲載）に加筆修正を加えたものである。齋藤先生は産業構造審議会知的財産分科会営業秘密の保護・活用に関する小委員会委員を勇退（任期は2014（平成26）年9月29日～2016（平成28）年9月28日）、岡村弁護士は不正競争防止小委員会委員長を務めている。

しました。刑事罰を初めて導入したときは対象範囲をかなり限定しました。その後、「こんな事件が発生した。再発を防止すべき。外国では刑事罰の対象だ」という声が上がり、続いて刑事罰をその事件の範囲だけ広げる、ということが繰り返されてきたのです。

岡村 「失われた20年」の最中には、中高年が大量に大企業各社から退職を余儀なくされる中で、外国企業からの勧誘を受けて再就職する際に一部の者が技術情報を持ち出して、日本企業からすると流出という形になってしまった。それに対処しなければならないということで、齋藤先生などは不競法の改正によって、退職者にも一定限度及ばせる方向で改正すべきではないかということで大変ご苦労をされた状態でした。

齋藤 反対が根強かったです。不競法の改正は、なぜこんなに細切れに頻繁に改正しなければいけないのかと、ずっと感じてきました。2015（平成27）年改正により、やっと世界の技術先進国の営業秘密保護レベルに手が届きました。

岡村 2005（平成17）年改正で、国外犯規定の導入、一定の退職者や法人への刑事罰の導入、罰則規定の法定刑の引上げなどが、2006（平成18）年改正で罰則規定の法定刑の引上げなどが、2009（平成21）年改正で営業秘密侵害罪に関し、目的要件の変更、営業秘密の不正な取得行為等を原則として刑事罰の対象とすることなどが、2011（平成23）年改正によって営業秘密侵害罪の刑事訴訟手続で営業秘密の内容を秘匿する措置を導入することなどが、それぞれ行われてきました。そして2015（平成27）年改正を迎えたわけです[2]。その内容は後述しましょう。

(2) 「秘密情報の保護ハンドブック」策定に至る経緯・視点

　a　経緯と指針・ハンドブックの位置付け

岡村 外国企業への技術情報流出が民事訴訟に発展した新日鐵住金事件や東芝事件（後掲3）、漏えいした顧客情報が名簿屋に渡った事件など、営業秘密を取り巻く環境は風雲急を告げています。2015（平成27）年改正法案の国会提出とほぼ同時期に、本指針も全部改訂されて、スリム化されました[3]。

2　本対談後の2018（平成30）年改正では主として「限定提供データ」の導入が図られ、それに伴い営業秘密関連の規定も一部改正されたが、営業秘密関連の規定内容は実質的にほぼ同一である。

齋藤　2015（平成27）年改訂前の本指針は、かなり詳しい内容でした。

岡村　この改訂前は、営業秘密に関する不競法の解釈だけでなく、情報管理に関するベストプラクティスおよび普及啓発的事項も含んでいました。先ほど申した小委員会が2015（平成27）年2月に公表した「営業秘密の保護・活用に関する小委員会中間とりまとめ」は、改正前の本指針について、従来の「営業秘密侵害訴訟（民事）の判例（最高裁判例はない）における考慮事項を分析し、肯定的に評価されるであろう対策をまとめたもの」としています。つまり、必ずしも本来は営業秘密保護に必須の要件（必要条件）でないものも、「肯定的に評価される」ための十分条件という観点から、網羅的に記載していました。

齋藤　表紙を含めると89頁あった2013（平成25）年の指針が、この全部改訂で20頁になりました。このスリム化は、裁判所を意識していますね。

岡村　はい。改訂前の指針は、それが少しでも欠けていれば「否定的に評価される」という性格のものではなかったのです。ところが、わが国の営業秘密侵害訴訟では、営業秘密として保護されるための「秘密管理性」要件に関し、こうした網羅的なベストプラクティス等の部分なのに、少しでも欠けていれば、それを根拠に要件を満たさないと主張して責任を免れようとする傾向が見受けられ、現に、そのような主張を認めた下級審裁判例も存在していました。

　しかし、図利・加害目的で重要情報を盗んだ加害者が、重箱の隅をつつくように、被害を受けた側が必ずしも完璧な防御を行っていなかったと主張して、責任を免れることが許されるのでしょうか。アメリカやドイツの判例と比べても厳しすぎるという意見もありました。

　そこで、本指針の2015（平成27）年全部改訂版指針では、このような誤解を避けるべく、「はじめに」の部分で記載されているように、ベストプラクティス等の部分を削除して「不正競争防止法によって差止め等の法的保護を受けるために必要となる最低限の水準の対策」のみを掲載しました。司法解釈ではなく行政解釈にとどまるとはいえ、その意義は大きいはずです。

齋藤　この全部改訂版指針と、このたび公表された「秘密情報の保護ハンド

3　本対談後の2019（平成31）年1月にも同指針は小規模改定されたが、主にクラウドサービスを用いる場合について加筆されたにとどまる。

ブック」の関係は、どのように整理ができますか。

岡村　この全部改訂版では、「漏えい防止ないし漏えい時に推奨される（高度なものを含めた）包括的対策は、別途策定する『営業秘密保護マニュアル』（仮称）によって対応する予定である」としており、今回のハンドブックは、これに基づいて策定されました。削除したベストプラクティス等の部分を別立てにしつつ内容をアップデートして、企業が未然防止策を講じる際に役立つようにマニュアル化しようという趣旨です。

　これを受けて私は小委員会に設置された「企業の機密情報の管理手法等に係るマニュアルの策定に向けた研究会」の座長として策定に携わりました。この研究会名が「機密情報」とされたのは、内容が「営業秘密」の保護要件と誤解されないように、「営業秘密」と区別して、過去の誤解が繰り返されるのを避けるためでした。ところが、「機密情報」では、インテリジェンス（諜報）と間違えそうだという声もありました。

　また、事業規模の大小を問わず企業に気軽に活用していただきたいという意味を込めて、「マニュアル」よりも親しみやすい「ハンドブック」という名称にしました。

　　b　ハンドブック策定における視点

岡村　ハンドブックはあくまでもベストプラクティスですから、営業秘密の保護要件と間違われないようにという点が、制定検討時の最大の課題でした。

　2点目は、技術情報について、グローバル化に伴う知的財産マネージメント戦略におけるオープン化とクローズ化の使い分けという「オープン・クローズ戦略」の視点です。企業にとって重要なのは情報資産をどう有効活用して企業活動に役立てていくかということですから、すべてを営業秘密にするというのではなく、オープンにしたほうが得策なものは国際標準化や特許可を検討する、それ以外の場合に営業秘密として管理する、ということをわかりやすく仕分ける必要があるという議論です。

　3点目は、かつての産業スパイのような古典的な不正行為から、いまや不正アクセスやウイルス対策などサイバーセキュリティ領域における不正行為が深刻な問題となっていることへの対処で、これを正面から考えて管理策を検討すべき時代であるという視点です。

【図表 8-1】三要件の理解

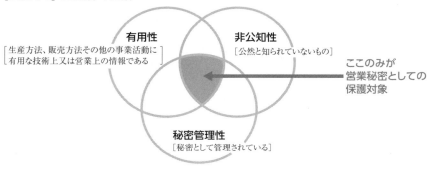

(3) 不競法 2 条 6 項が定める秘密管理性について

齋藤 本指針の 2015（平成 27）年全部改訂版は、これだけ実施していれば営業秘密として管理されていたと認められるところだけを抜き出して示した。だから、本指針を見ても具体的に何をすれば未然防止に役立つのか企業の方にはわかりにくい。そこで、企業の実務ではこうするのだということをハンドブックで別冊にして示した。別冊になって、法の適用と実務の運用の関係が誰の目にも明らかになりました。

　営業秘密として保護されるためには、有用性、非公知性、秘密管理性という三要件をすべて満たす必要があります。私は三要件を三つの輪にして描き、真ん中の三つが重なったところだけが保護対象だと説明しています（**図表 8-1**）。

岡村 わかりやすいですね。ただ三要件のうち問題は秘密管理性の要件です。

　これについて、従来は、ⓐアクセス制限と、ⓑ認識可能性の二つをすべて満たす必要があるというように説明される傾向にありました。この全部改訂版指針では、ⓐⓑの「両者は秘密管理性の有無を判断する重要なファクターであるが、それぞれ別個独立した要件ではなく、『アクセス制限』は、『認識可能性』を担保する一つの手段であると考えられる」とした上で、「情報にアクセスした者が秘密であると認識できる（『認識可能性』を満たす）場合に、十分なアクセス制限がないことを根拠に秘密管理性が否定されることはない」とする一方、「もっとも、従業員がある情報について秘密情報であると現実に認識して

209

【図表 8-2】2015（平成 27）年改正不正競争防止法

改正の項目	内容	改正不競法
営業秘密の転得者処罰の範囲拡大	最初の不正開示者から開示を受けた者（2次取得者）以降の者から不正開示を受けた者（3次取得者以降の者）の不正使用・不正開示行為を処罰。	21条1項8号
国外犯処罰の範囲拡大	日本企業がクラウドなど海外で保管する情報の取得行為も処罰。	21条6項
営業秘密侵害品の譲渡・輸出入等の規制	営業秘密の不正な使用により生産された物品の譲渡、輸出入等を禁止。	2条1項10号（民事）、21条1項9号（刑事）
未遂行為の処罰	サイバー攻撃等による営業秘密の窃取や転売の未遂行為を処罰。	21条4項
営業秘密侵害罪の罰金刑の上限額引上げと海外重罰の導入	営業秘密侵害罪の罰金刑の引上げ。海外への漏洩を特に重く処罰。	21条1項・3項、22条1項
犯罪収益の任意的没収規定の導入	営業秘密侵害行為によって得た収益を、上限なく没収。	21条10項
営業秘密侵害罪の非親告罪化	営業秘密侵害罪を、被害企業の告訴なく起訴できる。	21条5項
営業秘密である技術情報についての使用の推定	「営業秘密の不正使用」を一定の条件の下で推定する（立証責任の転換）。	5条の2
除斥期間の延長	営業秘密の不正使用に対する差止請求の期間制限（除斥期間）を10年から20年に延長。	15条

いれば、営業秘密保有企業による秘密管理措置が全く必要ではないということではな」く、「法の条文上『秘密として管理されている』と規定されていることを踏まえれば（法2条6項）、何らの秘密管理措置がなされていない場合には秘密管理性要件は満たさないと考えられる」としています。

　では、何が「秘密管理措置」といえるのかについて、「『アクセス制限』の用語は権限のない者が情報にアクセスすることができないような措置を講じることという語義で使用されることが多いが、秘密として管理する措置には、『秘密としての表示』や『秘密保持契約等の契約上の措置』も含めて広く考えることが適当である。それを明確化するため、本指針においては『アクセス制限』ではなく、『秘密管理措置』という用語で説明する」としています。

2　改正不正競争防止法と営業秘密管理指針

　(1)　改正項目の内容

齋藤　不正競争防止法2015（平成27）年改正は、主として**【図表8-2】**に掲げ

た内容です。今までの課題の大方がこれで整備されたと思います。国外犯処罰は、海外のサーバを使用するクラウド時代の到来を考えれば当然です。

　この改正で、日本でも未遂が処罰対象になりました。米国・韓国のように営業秘密流出のごく初期段階の共謀や陰謀を処罰するわけではありませんが、2003（平成15）年に営業秘密を不正取得して使用または開示する行為に対する刑事罰が初めて導入され、2009（平成21）年に営業秘密侵害罪の目的要件が「不正の競争の目的」から「図利・加害の目的」に変更されるとともに、従業者等による領得自体が処罰の対象（それまでは使用・開示が伴わなければ処罰外）になったのに続く画期的な改正です。刑事罰の導入から長期間をかけて、やっとイギリス、ドイツ、フランス等並みになりました。今後は、処罰範囲が諸外国に近づいた新法制を活用して営業秘密の保護を図ることができます。

岡村　特に齋藤先生が強調されているのは、未遂処罰の新設ですね。

齋藤　未遂を処罰できると、これまで、業務に関係ない大量の技術データに不正アクセスしたことは確認できても証拠隠滅されてその持出しを立証できず、起訴できなかった事案が有罪になり得る。大きな前進です。

　もう一つ、これは実際に運用されればという条件付きですが、没収の効果が大きいと思います。従来の罰金はあまりに少額です。これに比べると、没収は高額になり得る。たとえば、先般の新日鐵住金のケースでは理屈からいえば1000億円没収となるので、外国企業に対して本当に実行できるのかという問題がありますが、没収を新設したことによる抑止効果は大きいでしょう。任意的没収なので、裁判所の現実的な判断が期待されます。

岡村　2009（平成21）年に「不正の競争の目的」から「図利・加害の目的」に変更した理由ですが、目的要件の完全削除に対する反対論が強かった中で、漏えい情報の公表をネタに企業を恐喝するという図利目的の事件や、従業員や退職者の中の一部不満分子が勤務先への「腹いせ」にネット掲示板に勤務先の秘密情報を書き込んで暴露するという加害目的の事件が発生していたことへの対処を要したこと、先例としてドメイン名のサイバースクワットに関して同様の目的が不競法に規定されていたので理解が得られやすかったことによります。

　2015（平成27）年改正の中でも転得者等の処罰化は、二次流出対策と並んで名簿屋対策という意味があります。

齋藤 名簿屋対策ですが、不競法で処罰しようとすると、一次取得者から転得した二次取得者までは処罰できても、その次の三次取得者は処罰できず、これではあまりに刑事的保護が小さいのではないかと問題視されていました。

岡村 技術情報の場合も問題であって、新日鐵住金事件などは、同社の情報が犯人から韓国企業（ポスコ）に渡り、その韓国企業から中国企業に渡ったという二次流出と言われる状態になってしまったので問題になりました。

齋藤 韓国では刑事罰が問われたのに、肝心かなめの持ち出された日本側は、中国企業への流出について刑事罰を科すことがそもそもできなかった。

(2) 「海外重課」導入の背景と目的

齋藤 技術情報等の営業秘密が海外に流出すると、日本の産業競争力や雇用に対する悪影響が大きいだけでなく、司法救済も困難になります。この点を考慮して、海外重課が導入されました。諸外国にも多く見られる制度です。

　以前、日本の技術者が週末に近隣諸国に渡航し、競争相手の企業から接待を受けつつ、自社の営業秘密を含む技術情報を伝授して、日曜日に帰国することが問題になりました。近年は、一部の外国企業が日本国内に研究開発拠点を設け、ときには日本企業を買収もしています。技術者等がこれらの日本拠点で採用・雇用されて国内通勤を続けると、技術の海外流出には見えなくなります。営業秘密の海外流出が、外見上は国内流出に形を変え、その拠点を経由してグローバル企業のグループ内移転として海外流出するのです。

　今般、刑事罰の海外重課が導入されましたが、このグループ内移転を摘発できなければ、不競法改正の目的を十分に実現できません。

　2001（平成13）年から翌年にかけて、米国の財団や大学から日本人研究者が技術情報等を持ち出したとして逮捕された事件の報道が相次ぎました。日本の企業や研究機関が米国と同レベルで摘発することができなければ、日本の技術情報は流出し続け、国全体の国際技術競争力は失われてゆくでしょう。

　これまで日本の工業製品の品質力やコスト力は世界で高評価を得てきました。また、近年、日本の研究者が相次いで理系の分野でノーベル賞を受賞しています。世界の研究者たちが日本の技術に注目するのは当然です。必用な技術は、適切な方法で営業秘密として管理しまたは特許出願する等して、事業に活用しなければなりません。

そのためにも、どれだけの価値がある技術情報等の営業秘密を、どれだけの手間と金をかけて守るべきか、真剣に考えたいものです。

(3) 立証責任転換の効果

岡村 立証責任転換規定が新設された背景として、営業秘密、特に技術情報の侵害訴訟では、被告側に証拠が偏在することが一般的なので、原告が被告の使用の事実を立証することが困難でした。「物の生産方法」の営業秘密を対象としたのは、盗まれた技術情報が、まさに被告の工場内で秘密裏に用いられているケースが最も立証困難だということに基づいています。所定の要件を原告が立証した場合に、当該営業秘密の使用が疑われる被告の製品は、被告が当該営業秘密を使用してこれを生産したものと推定する。それによって、不競法5条1項の損害額の推定規定（侵害行為組成物の譲渡数量×原告の利益率→損害額と推定）によることが可能となります。9条の「相当な損害額の認定」なども同様です。ただし、被告側にも適正に防御の機会が付与されなければアンバランスです。たとえば、対象となる「違法な取得」には、不正開示であることにつき悪意の場合だけでなく、善意でも重過失があれば含まれる。そのため、重過失とされないように受け入れ企業側も対応しなければならない。転職者の受入れの場合などには、誓約書を取得するような手段が重要になります。

齋藤 これまでの経験上、不正行為や悪意・重過失で一定の営業秘密を取得した者は、その営業秘密を使用します。営業秘密の中で、製造ノウハウの流出に関する民事訴訟については2015（平成27）年の法改正により、原告（被害者）が、被告（侵害者）がⓐ不正取得したこと、およびⓑ原告の技術情報を用いることにより生産できるものを生産していること等を立証して損害賠償請求等した場合は、被告がその技術情報を使用したと推定することになりました。被告がこの推定を覆すためには、自社開発の技術で生産したもので、違法に取得した技術を使用したのではない等という事実を立証しなければなりません。

営業秘密侵害訴訟の審理において、仮に原告の技術情報を被告が不正取得して使ったという心証を持たれ、その不使用の事実を立証する責任が被告に転換された場合、被告は、秘密保持命令制度等を活用して防御のための立証を行うことになります。

裁判官は民事訴訟法（以下「民訴法」という）および不競法の文書提出命令

を適切に運用して、証拠収集を容易にすることが期待されます。

　(4)　立法・制度としての評価

岡村　2015（平成27）年の不競法改正は制度としては評価できますが、運用してみて初めて見えてくることもあるので、フォローしていきたい。

　全部改訂版指針における秘密管理性要件の解釈も、今後の司法判断の行方を注意深く見守る必要があります。先述のような誤解が正された司法解釈が定着しないようであれば、法改正に向けた検討作業も必要となります。

齋藤　制度面では、この法改正で、過去に積み残してきた課題を一気に実現できたと思います。あとは、この運用を見守りたい。なかでも、刑事事件の件数が米国・韓国に比べてかなり少ないのが気になっています。この背景を分析すると、さらに打つべき手が見えるかもしれません。

　制度の将来のあり方としては、契約で決めた守秘義務に違反したことを処罰の対象にすることが考えられます。日本ではまだ十分に契約が浸透していないので、ただちにこの考え方を検討することには抵抗があるかもしれません。私的な契約に違反した行為を処罰し得るか気になりますが、背任罪と同様に考えることが可能なら検討の糸口はありそうです。ともかく、今は新法・全部改訂版指針・ハンドブックの周知・浸透・実践が最優先です。

　運用面では、現在、特許庁が中小企業向けに全国で、営業秘密管理を含むワンストップ支援体制を構築していることに期待しています。将来的には、経営戦略・開発戦略・知財戦略を総合的に相談する受け皿になってほしい。企業が技術ライセンス契約を結ぶときは、特許だけでなく技術ノウハウ等を含めて総合的に交渉します。その中で、交渉の対象になっている特許や技術情報等の技術資産の価値を評価し、その価値に応じた資産の守り方を考えます。是非、経営者目線でベンチャー企業や中小企業の相談に応じていただきたい。相談に来る人たちの多くは、ヒントさえ貰えば、自分で考える力を持っています。過去に何度も、中小企業にもわかりやすい営業秘密管理の啓発活動を行ってきましたが、なかなか浸透しませんでした。企業のOBたちに応援してもらうことも考えたい。

　(5)　法の執行の問題提起（2003（平成15）年の刑事罰化以降の摘発例含む）

齋藤　日韓における警察の検挙件数を比較しますと、韓国では年間約150件が

摘発されているのに、日本では、2003（平成15）年の刑事罰化以降、刑事摘発件数は2014（平成26）年までで累積30件です（2003年〜2013年で累積15件、2014年15件）。

　技術情報などの営業秘密の流出が問題視されている日本において、この摘発件数は異様に少数です。韓国で摘発された技術流出の分野は、ディスプレイ、3D、冷蔵庫、掃除機、エアコン、機械、自動車、金属精錬、医薬品原料、船舶部品など広範に及んでいます。日本は、これらの分野で国際的に強い技術力を持っており、その先端的な技術情報も相当大量に保有しています。日本企業から取得したくても情報管理が厳しくて入手できないので、韓国企業から盗るのでしょうか。それとも、日本企業が無頓着で盗られてもそれに気付かないか、訴えないために流出が表面化しないのでしょうか。日本と韓国等の外国の摘発件数の差が大きい要因として、被害者が侵害者を告訴しようとする姿勢、捜査当局の捜査方法（通信傍受、おとり捜査等）、法律を適用する際の要件の厳格性等の違い、あるいは韓国では陰謀が犯罪になっていること等が考えられます。私には、韓国企業のほうが技術情報の価値を大きく評価しており、その分だけ流出に敏感で、摘発件数が多いように思われます。

岡村　警察としても各都道府県警に営業秘密保護対策官を置くなど体制の強化に取り組む姿勢だと聞いています。

3　過去の事例から得る教訓
(1)　新日鐵住金・ポスコ事件
a　事件の教訓

齋藤　2015（平成27）年9月には新日鐵住金と韓国企業のポスコが技術情報の不正流出があったとして争っていた訴訟で、ポスコが300億円を支払う和解が成立し、内外に大きなインパクトを与えました。この事件の教訓として、これを機会に、自社の技術情報の価値を試算してみることをお勧めします。競争相手に渡ると自社が負け戦に追い込まれることになる情報は厳重に管理する必要があります。以前、米国の原爆製造技術情報をソ連（当時）に渡したとして米国で夫妻が死刑になりました。競争相手を負かすことができる技術が安値で敵方に渡ると、自分の競争優位を保てなくなります。同等品が市場に出てくるだ

けでなく、開発した企業の製品の原価が開発費の分だけ高くなって販売価格をその分高くせざるを得ず、市場価格競争でも不利になります。

　技術情報に1000億円の価値があるのなら、その資産価値に応じた管理方法を採用したい。それが手元の現金なら、大金庫の中に入れ、厳重に警備するでしょう。経理部門は現金・手形・小切手を、金額の多寡に関わらず金庫に入れ、1円単位まで厳格に管理しています。これに比べると、技術部門の資産管理はずさんだと言われても仕方ない状況です。

岡村　情報の金額による評価は重要な発想です。その試算は経年により変化しますので、適宜、見直しが必要です。

齋藤　競争相手の営業・技術・製造等がいつ頃、何をするか（またはしたか）がわかると、自社の経営目標を適切に設定することができ、自社がどの経営資源をいつ・どれだけ調達して、どの割合で社内の複数の事業部門に配分するのが効果的かを見通すことができます。これをベースにして経営計画を作れば、その相手との競争では滅多に負けません。勝算のメドが立たない戦は、避けるのです。

　技術情報の価値は、それを使って作る製品の特性（耐用年数や、開発・普及・成熟・衰退の製品ライフサイクルのどの段階にあるか等）によって異なります。一般的に、金属・化学等の素材や、電子・機械等の部品の商品寿命（ライフサイクル）は長く、デザインが重視される季節商品の寿命は短いです。また、素材・部品や製造方法・検査方法に関する技術は適用されるカテゴリーが広いので、価値が大きくなる傾向があります。

　自社の営業秘密を競争相手が取得した場合に、その相手が営業秘密を何に使うか、そして、それが自社の経営にどのような打撃を与えるかシミュレーションすることを勧めます。競争相手の技術情報が手に入れば、同等の商品の設計・製造が可能になり、同等品を販売できます。また、競争相手の部品・材料の仕入先がわかれば、同じ仕入先に自社の部品・材料を発注し、最低でも、相手と同等の品質・価格で調達できます。機械装置の購入先リストを入手すれば、同じ機械装置メーカーに改良機を廉価で発注できます。このように、歩留り・コスト力・製品の特性等の面で相手と同等以上に戦えます。顧客名簿や商品別収支を入手すれば、自社の品揃えの中から競争相手に勝てる商品を選択し

て販売攻勢をかけ、顧客を奪えます。社員名簿を入手すれば、自社に必要な人材を選んで引き抜けます。

岡村 その情報によって生み出される現在の価値、およびその分野における技術革新のスピードや代替技術の有無等を加味した将来的な価値という意味で情報が生み出す経済的価値という点は重要です。

ただ、補足しますと、たとえば技術情報に関する営業秘密は、事業者の競争力を高めるためのものなので、特許など産業財産権化、国際標準化することによって公開する方法を選択することが得策か、それとも秘密として管理する方法を選択することが得策なのか、保有する個々の情報ごとに、何が自社のコア技術なのかという観点も交えて、企業としては経営的観点から位置付けを見極める必要があります。中間報告でも強調されていた知的財産マネージメント戦略における「オープン・クローズ戦略」です。それは情報それ自体の価値だけでなく、情報の性格や管理コストなど、複雑な要因が絡んでいます。こうした観点から、オープンにすべきでない情報のうち、手間やコストを掛けても保護する価値があるものを、営業秘密として管理します。

他方で、最近では、営業秘密の漏えいによって、取引先など他社に損失を与えるケースも存在します。他社や顧客から預かった情報であれば契約違反になり、取引打切りや損害賠償責任の対象となります。顧客名簿漏えいを例にとると、プライバシー権侵害による損害賠償責任や、個人情報保護法（以下「個情報」という）違反となるおそれがあります。いったん漏えい事故を起こしてしまうと、巨額の「損失」を生み出すおそれがあるという意味で「負の資産」になり得る側面もある。営業秘密にはこの両側面があることを強調したい。

とはいっても、情報は有効活用されて初めて意味があるので、社内の誰も一切使えないという極端な姿勢では無意味です。経営という観点から、ブレーキばかりで自縄自縛にならないよう、アクセルを踏むことの重要性にも留意いただきたい。その場合に、経営というクルマを高速で安全走行させるためには、その燃料となる情報資産を適正にコントロールする機能を具備する必要があるという点が重要です。その一環が営業秘密の管理だと思います。

齋藤 技術部門では、大部屋式にして情報共有すると、お互いに刺激し合って成果が出やすいとよく言われます。そのためには各技術者が情報を出し合って

【図表8-3】新日鐵住金・ポスコ事件の教訓

●技術情報（営業秘密）の価値を試算する

　　現在　　将来

　自社の競争力の中心となっている技術情報はなにか？
　それが競争相手に流出すると、どのような事態が生じるか？

●資産価値に応じた相応の対策を講じる
　金、人手、手間

それを共有しなければならない。しかし、それが外に漏れると損害が生じる。きちんとガードできているから共有しよう、という職場になれば、研究・開発は活性化します。

　b　和解による決着

岡村　この事件における和解という決着ですが、これまで日本企業は技術流出に苦しんできました。長年続いた終身雇用制の崩壊とともに、多くの国内企業から、前述のとおり、早期退職の対象となった中高年が一部の国外企業に流れ、それとともに技術流出したケースは新日鐵住金事件にとどまりません。

　事件の背景には、そうした日本経済全体の構造的変化があります。

　ところで、営業秘密侵害の場合、国内事件でも、民事事件として裏付け証拠を固めることが困難なケースが多いのです。民間企業の調査能力には限界があります。そのため、刑事事件として捜査機関の強制捜査に頼らざるを得ない面があります。国外事件の場合には、それに頼ることすら困難です。今回は外国企業間の事件を契機に発覚しました。その事件を契機に新日鐵住金の元技術者から証拠書類を証拠保全することができたので民事訴訟の提起にたどり着けたようです。新日鐵住金としては、長年の提携相手に裏切られた形になり、しかも二次流出という事態も生じただけに無念さは計り知れませんが、前述の困難性が、和解決着せざるを得なかった要因の一つではないかと推測しています。

　問題は、このような困難性は現在でも本質的には変わりがない点です。それだけに、同じ苦しみを有する他の国内企業には、事後的な責任追及だけでな

く、流出の未然防止策を講じることの重要性が痛切に感じられたはずです。東京地判平成31・4・24は元技術者の損害賠償責任を認めました。

(2) 東芝・SKハイニックス事件

齋藤 もう一つ大きな技術情報漏えい事件として、東芝の半導体メモリーに関する研究データを提携半導体メーカーの元社員がUSBメモリにコピーし、転職先の韓国企業に提供した事件がありました[4]。

岡村 この事件で東芝は韓国企業に対し1000億円規模の損害を受けたとして損害賠償請求訴訟を提起し、約330億円で和解解決しています。この刑事事件の第1審判決[5]は、この和解額は東芝の競争力が相当程度低下したことを裏付けるものであると判示しています。その点で、新日鐵住金事件と同様に、重要な技術情報の持出しが、企業の競争力に重大な損失を与えるものであること、悪意の内部不正に対する防御は相当困難であるが、今後における未然防止策が企業にとって重要な課題であることなど、多くの示唆を与えています。

それともう一つは、民訴法（2011（平成23）年）改正で、国際裁判管轄につき不法行為地で提訴ができることが明文化されました。不法行為地とは行為地または結果発生地が原則ですから、東京地裁への提訴に踏み切れた。海外事案でも、不法行為地として被害を受けた日本の裁判所で提訴できることが民訴法の整備で明確化されたということは、よい追い風になっています。

国際私法（法の適用に関する通則法17条）でも不法行為の準拠法は不法行為地法となっており、具体的には、結果発生地法を原則としつつ、一定の場合には加害行為地としています。日本の裁判所で日本法に基づいて民事訴訟ができるという利点は大きいはずです。裁判をするのにアウェーよりもホームグラウンドのほうがいいですからね。とはいえ、営業秘密の侵害を不法行為の問題として法性決定すること自体については明文規定がなく、法解釈によるものであることを付け加えておきます。

---

[4] 東京高裁で2015（平成27）年9月4日に控訴棄却、懲役5年、罰金300万円〔判例誌未登載、LEX/DB文献番号25541281〕。
[5] 東京地判平成27・3・9判例誌未登載、LEX/DB文献番号25506161。

【図表8-4】 他社情報を取得するルート（イメージ）

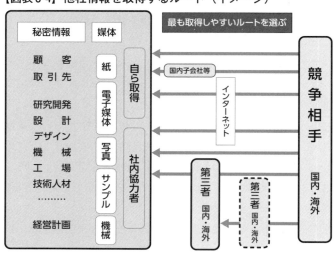

2 漏えいのパターンと管理の勘どころ

1 情報漏えいのパターン

(1) 技術情報漏えいの主な類型

　a　情報流出の経路のパターンと防護策

齋藤　情報流出の経路は多様で、それぞれの対策が必要になります。

　営業秘密の流出にはさまざまなパターンがありますが、①営業秘密が記録される媒体（紙・写真、電子媒体、サンプル、機械装置・金型、頭脳の記憶等）、②営業秘密が取得され競争相手等に（直接的・間接的に）渡る経路、③競争相手等が最終的に営業秘密を利用する部門（開発、設計、製造、営業等）を図に描くと全体像を俯瞰できます（**図表 8-4** 参照）。そこで一度、自分が③の立場にある利用者なら、どの方法で①の情報を入手する（盗む）かを考えてみてください。

　盗る側にとって②の経路は、部外者に発覚し難いこと、発覚しても③に捜査の手が伸びず、自分が法的責任を負うことにならないのがベストの選択です。保有企業（その従業員等を含む）から直接取得する場合は、利用価値の高い情

報が保管され、かつ盗っても発覚し難い媒体を狙います。2015（平成27）年の不競法改正までは、領得した者と、その領得者から転得した者だけが処罰の対象でした。盗まれた情報が領得者から直接、競争相手に渡ることを前提に刑事罰が設けられていたのです。今回、この②の経路に着目して、領得者（いわゆる下手人）から1回目の転得者である大学等の外部の研究者（個人情報の場合は名簿屋）等に情報が渡り、そこからさらに2回目、3回目の転得者を経て競争相手に渡ることも想定し、盗まれた情報だと知ってこの経路を構成したすべての者が刑事罰の対象になりました。今後は、「直接の下手人ではない者から取得した」という言い訳は通用しません。

　取得者が攻撃の対象にするのは、利用価値の高い情報が集中的に蓄積されている場所（サーバー等）や人です。これを防ぐには、(a)情報の保管場所への侵入を困難にして防ぐ方法や、(b)たとえ侵入されても情報を再現し難い形に暗号化、または、分割して一つのサーバーや個人に集中しないようにして保管等する方法があります。(b)の方法を採用すると生産性は若干下がりますが、一部が流出しても利用できないので被害が生じません。守る方法は、守りたい情報の価値と、守るコストを比較して決めます。情報保管拠点への接触・侵入を難しくする方法とそれを破る方法はともに日進月歩で、電子情報の場合はアクセス権限の付与を厳格にする方法等を組み合わせて守ります。

　顧客の個人情報が流出すると、その対応コストは高額になります。情報流出事件が生じた企業の取組みを参考にして、自社に応じた管理方法を決めると良いでしょう（**図表 8-5** 参照）。守る対象を明らかにして防護策を講じないと、対策費は青天井で上昇します。

　b　セキュリティリスクの多様化と防護策の変化

岡村　企業でとるべき対策について、セキュリティ関連の領域では、昔と今とでかなり違ってきています。たとえば、この数年来、標的型攻撃が大きな脅威となっています。2011（平成23）年には宇宙航空研究開発機構（JAXA）と大手重工業企業が被害を受け、新型個体燃料ロケットの技術情報が漏えいした可能性があると報道されました。にもかかわらず、2015（平成27）年にも日本年金機構や自治体などが相次いで被害を受けました。典型的な手口として、送信者を知人に偽装したメールを送り付け、添付ファイルを開くと感染し、それに

【図表 8-5】企業の情報セキュリティ強化の事例（複数の企業の取組みを例示）

1. システムのセキュリティ水準を高度化
   - 異常操作や攻撃を検知・排除する機能を強化
   - 外部インターネットから遮断
   - システム構築・保守業務をグループ内で完結
   - セキュリティ対策ソフト・暗号を高度化
   - アクセス権限付与を厳格化、ID・パスワードの管理を強化
2. 情報の取扱いレベルを引上げ
   - 情報資産の持出しを禁止（金属探知ゲート・ボディスキャナーを設置）
   - 自社の管理下にないPCへの接続を禁止
   - 業務エリアを一般執務・データベース閲覧・操作等に分けてそれぞれ対策
   - 離席時にパスワードロック機能を作動
   - 書類・電子媒体の廃棄時にセキュリティ確認を徹底
3. 組織体制を強化
   - 最高情報責任者を任命
   - セキュリティ管理職を補強、セキュリティ重視の人材配置
   - 現場の管理統括部署を設置
   - 業務を簡素化し、各部署の情報取扱いマニュアルを一元化
   - 社外有識者による定期的な監視・点検を実施
4. 顧客情報の取扱い方針・対応を改善
   - 顧客対応窓口を一元化
   - 段階（取得・利用・消去）に応じた運用・管理を徹底
   - 運用・管理方法を顧客に簡明に周知

よってバックドアを作って外部と交信し、さらに強力なウイルスを招き入れ、企業内に感染が拡大します。ウイルスは攻撃ごとにオーダーメードなので、既知のウイルスパターンによる通常のウイルス対策ソフトでは一般に検知できません。最初に送り付けられたウイルスを駆除しても、後から招き入れられた強力なウイルスは駆除されずに残り、外部へ情報を自動送信するという方法で漏えいします。このため、入口対策用のファイアウォールも役立ちません。

こうした手口から自衛するため、中央省庁では訓練用標的型メールを用いて実地訓練をしていますが、添付ファイル開封率をゼロにすることは不可能に近い状態です。感染事故をゼロにできなくても、被害の拡大防止を含め、多様な高度な対策を組み合わせ、できる限り被害を抑制するよう努力が続けられてい

ます。私が理事をしている経済産業省系の「JPCERT/CC」でもネットを介してウイルス被害状況をモニタリングしていますが、こちらからウイルス感染の事実を連絡して初めて感染に気付く団体が多いという状態です。さらに感染に気付いても、対処方法がわからないといわれるケースも日常茶飯事です。ほかにも、インターネットバンキングの不正送金被害が急増してきました。

齋藤 漏えい事故が発生した大手教育企業では事後対策を公表していますね。

岡村 このケースでも、報道によれば、この事故が発覚するまで予測が大変困難な新規で高度な手口であったようです。でも、現に事故が発生してしまった以上、急いで対策を講じなければなりません。実際に、セキュリティ関係者と情報交換していると、この事故以降、多くの企業が、このような手口を封じるための新規管理策の導入を急いでいるようです。換言すると、この事故以前には一般に同様の手口対策が普及していなかったという事実が示されています。特にITの世界は日進月歩どころの速度では収まらず、新たな技術が開発・投入される度に、新たな隠れた脅威が発生します。攻撃側も手を変え品を変えといった状態ですので、どうしても対策は後追い的にならざるを得ません。

問題は、この事故のケースだけではありません。一般のユーザーに広く行き渡っている動画ソフトや、最も高いシェアを誇るOSについても、セキュリティアップデートが相次いで行われています。このように考えると、医療水準論と同様に、「セキュリティ水準論」という考え方を採用するほかありません。つまり、システム管理の現場において、当時は当該脅威に対する知見が一般化していたか、それに対する対策が一般化していたかということが重要なファクターとなります。最三判平成15・4・8金判1165号7頁が示したシステム過失論の発展型として位置付けられるものです。

実際に事故を発生させてしまった企業としては、事故前のセキュリティ水準が不十分だったとまでいえないにしても、事故後に通常よりも格段に高度な水準の管理策に強化しなければならないのが宿命です。事故発生で揺らいだ顧客や市場の信頼回復は簡単な事柄ではないからです。

(2) ハンドブックでのフレームワーク

岡村 ハンドブックでは、「対策の目的」として、①接近の制御、②持出し困難化、③視認性の確保、④秘密情報に対する認識向上、⑤信頼関係の維持・向

【図表 8-6】ハンドブックにおける5つの情報漏えい対策の目的

① 接近の制御
具体例）アクセス権の設定、構内ルートの制限、PCを不要にネットに繋がない、施錠管理

② 持出し困難化
具体例）私用 USBメモリの利用・持込み禁止、秘密情報を含む会議資料の回収、記録媒体の複製制限

③ 視認性の確保
具体例）座席配置等のレイアウトの工夫、PCログの記録、作業の記録（録画等）

④ 秘密情報に対する認識向上
具体例）マル秘表示、秘密保持契約の締結、研修の実施

⑤ 信頼関係の維持・向上等
具体例）社内表彰（適正な評価）、ワークライフバランスの推進等働きやすい環境整備、OB会の組織

出典：経済産業省知的財産政策室「秘密情報の保護ハンドブック～企業価値向上に向けて～」（平成28年2月）18～19頁等を基に作成

上等という点を掲げています（**図表8-6**）。①と②が「物理的・技術的な防御」、③と④が「心理的な抑止」と分類されています。

　情報漏えいのパターンというのは、先に齋藤先生が示されていた**図表8-4**のとおりなのですが、ハンドブックでは、営業情報と技術情報の区分を前提にしつつ、人の分類として、内部者たる従業員等、それに準じる者として退職者等、取引先、そして純然たる外部者に分類しています。

　純然たる外部者には工場見学者なども含まれますが、近時は不正アクセスやウイルス感染のようなサイバー攻撃などが中心で、深刻です。その手口も昔と違って、標的型攻撃など手口が高度化しています。しかもメールで2～3回普通のやりとりをして人間関係を築いてから送り付けてくるという、非常に巧妙なものも登場しています。今は完全に防御するのは無理なので、万一の場合には、被害の拡大や、二次被害の防止を含めて対処しようという状態です。

　もう一つの問題は、先の大手教育産業の事件で問題になった「内部不正」です。従業員等や委託先によるいわば権限濫用アクセスともいうべきものです。外部者による攻撃と違って、こちらは正規のアクセス権限を一応有している者が権限濫用するものだけに、情報へのアクセスが容易であると同時に、不正行

為があっても、必ずしも発見が容易ではないのです。

それに対してハンドブックでは「対策の目的」として①から⑤までの点も含めて書いています。

(3) 視認性の確保(ログの問題)

岡村 ハンドブックで掲げられた五つの「対策の目的」の中で、③視認性の確保の具体例として、PCのログ確認が挙げられています。PCのログを取ることは、心理的な抑制につながると思いますが、ログデータは膨大になり、有効に監視するのは難しいという意見があります。ログの取り方が簡潔であればあるほど、確認対象となるデータ量は少なくなる半面、どのような事態が発生したのかというトレーサビリティが低下して、原因究明は困難となります。ログの取り方がある程度詳しくなければ発見できない手口があるのです。

他方で、ログの取り方が精密であればあるほど、トレーサビリティが高まる半面、データ量が増加してハンドリングが困難になるという二律背反状態となります。そのため解析ツールなどができていて、できの良いものも登場しているのですが、セキュリティの専門家でないと手に余るケースが多いのが実情です。そのため、セキュリティ専門企業などのアシストを受けて補うことになりますが、それにも限界があります。セキュリティ人材の不足も深刻です。残念ながら「魔法の杖」がなくて困っている状態です。

(4) (顧客の)個人情報の管理等について

岡村 個情法に関する指針では、漏えい発生時に、漏えい元企業には、主として①被害者への通知、②公表と並んで、③個人情報保護委員会への連絡などが求められています。この連絡に基づくデータの集計・分析・公表等は同委員会が担当します。

従来の公表データによれば、漏えい事故の件数単位では、そのほとんどが社内か委託先の従業者による「うっかりミス」によるものです。紛失などのケースが、これに該当します。「うっかりミス」の場合、事故件数は多くても、一件当たりの漏えい件数は少ないことが通常です。例外的に、大手金融機関から大量漏えい事故が頻発した時期がありましたが、それは経営統合に伴う支店統合時に誤廃棄したかどうか記録上不明なため、「漏えいした可能性は否定できない」という程度のものでした。

齋藤 故意の漏えい事故の場合には、かなり様相が異なりますね。

岡村 「うっかりミス」と比べて、事故件数こそ少ないのですが、一件当たりの事故における漏えい件数は大量になることが多いです。近畿地方の自治体、ブロードバンド事業者、大手教育産業からの各漏えい事件が、それを象徴しています。個情法では、個人データの安全管理措置義務があり、従業者と委託先に対する監督責任を負っているので、それを怠った企業は、勧告や命令の対象となることがあります。プライバシー侵害で損害賠償責任を問われることもあり得ます。マイナンバー法に基づく個人番号や特定個人情報の利用が開始されており、さらに責任は重くなっています。

(5) 個人情報保護法と不競法の営業秘密保護との関係

岡村 個情法と不競法の営業秘密保護との関係ですが、保護法益に違いがあるほか、対象情報の点では、顧客名簿のように両者は重なる面があります。しかし、後者は技術情報を含む点で前者よりも範囲は広いです。他方で、営業秘密に該当するためには有用性など他の要件にも該当することが必要ですので、個人情報のうち、顧客名簿のようなものは対象情報に入っても、従業員情報のようなものは必ずしも有用性を満たさず営業秘密に該当しないことが通常です。

対象行為の点では、営業秘密保護は不正漏えいが中心ですが、個情法は個人情報等の適正な取扱い全般という意味で営業秘密保護よりも広いです。違反に対する救済手段は、個情法による実効性確保は行政処分が中心ですが、後述のとおり「個人情報データベース等提供罪」が新設されました。

保護の主体は、営業秘密保護は情報を保有する企業であり、差止め、損害賠償請求という民事的保護と刑事罰によって保護されます。個情法では情報主体たる本人の保護が図られますが、情報を保有する企業は、保護されるのではなく、むしろ不適正な取扱いをすれば行政処分を受ける立場にあります。この点が最大の違いです。

齋藤 個情法と不競法で、故意の漏えい行為の直罰規定が異なっていますね。

岡村 これまで個情法には、故意であっても直罰規定はありませんでした。そのため、顧客情報の漏えい事故を起こした企業は故意の加害者に対し刑事責任を問おうとしても、営業秘密の侵害という法律構成によるほかありませんでした[6]。漏えい元企業とすれば、原因を究明したくとも強制捜査権を有しない点

で限界があります。ですから捜査機関の手に委ねるほかないことが多いのです。しかし、転得した名簿屋や一部大企業が存在していることは残念です。2015（平成27）年の不競法改正で転得者にも刑事責任が及ぶことになったことの意味は少なくありません。また、個情法2015（平成27）年改正で「個人情報データベース等提供罪」が新設され、故意による図利目的の不正漏えい等が処罰対象となりました（同法83条）。さらに、マイナンバー法にも安全管理に関する規定や、故意の漏えい行為の一部を対象とした直罰規定が置かれています。個人番号や特定個人情報の場合には、顧客情報ではなく従業員情報が中心であるという点で、営業秘密として不競法で扱うことには限界があります。いずれにしても、今後は、それらについて実効性のある運用が行われるのか、見守る必要があります。

齋藤 対象情報、対象行為、保護主体が違うということですね。個人情報データベース等提供罪は、図利目的だけが対象で加害目的が対象外です。

岡村 図利目的だけであり、加害目的が入っていない点が、営業秘密の場合と違うのです。名簿屋対策という観点のものなので、図利目的に限定されたのだと推測しています。でも、この点が将来的に問題にならなければよいのですが。従業員の一部が嫌がらせで掲示板などに漏えい情報を貼り付けるような場合、嫌がらせですから図利目的はない、加害目的しかない。そういう点で若干限界があります。ただし、「盗用」も処罰対象となっていますので、それに該当するケースも想定されます。

　顧客名簿の漏えい事案のような場合には、改正前の個情法に直罰規定がなかったので、営業秘密の侵害に対する刑事罰が、個人情報の不正漏えいに対する刑事罰の欠如を事実上「穴埋め」する役割を果たしてきました。改正個情法で「個人情報データベース等提供罪」が新設されましたが、加害目的が対象外になる点で限界があります。

齋藤 顧客名簿の漏えい事案でも加害目的のケースはもっぱら不競法で対処するということですね。

6　現に、大手教育産業の事件では営業秘密侵害罪で刑事告訴され、東京地裁立川支部で平成28年3月29日、懲役3年6月、罰金300万円の実刑判決が言い渡された（控訴審でも有罪判決）。

2 漏えいリスクの高い局面を把握する

岡村 企業から秘密情報が流出する局面は、前述のように、顧客名簿の場合にはほとんどが内部者の「うっかりミス」です。その場合は事故一件あたりの被害人数は少数です。これに対し、悪意で持ち出されるケースは、事件数は少ないのですが被害規模が大きくなる傾向にあります。

齋藤 流出する件数が大量です。

岡村 たとえばソニー事件。ハッカーが約1億人分漏えいさせたと。大手教育産業の事件では数千万人分と言われています。2015(平成27)年の年金機構の事件では約125万人分ですが、このケースでは基礎年金番号が含まれていました。悪意の場合は被害人数が多くなっています。

3 秘密情報管理のポイント

(1) 企業が秘密情報を管理するポイント

　　a　内部者と外部者を分けて検討

岡村 漏えい対策の流れの具体的なポイントですが、まず、内部者と外部者を分けて検討する必要があります。外部者と言えば、昔は新薬スパイ事件のような古典的な産業スパイが中心の時代もありました。これに対し、いまはウイルス添付メールによる標的型攻撃のような、海外からのサイバー攻撃が大きな脅威ですので、サイバーセキュリティ対策の必要性が、格段に高まっています。

　内部者については、従業員等に向けた対策が中心です。かつてのように自宅残業のために書類やデータの持ち帰りも大きなリスクとして、ご法度になっています。かなり時代は変わりました。

　退職者も問題となってきました。終身雇用制が崩れた「失われた20年」の時期に早期退職を募って、リストラの対象となって行き場がない退職者が、外国企業から声をかけられて技術情報を漏えいしてしまうという事件が社会問題化しました。そのため不競法の2005(平成17)年改正で退職者対策が導入されました。

　さらに取引先に向けた対策も重要です。

　　b　情報の経済的価値等の評価

岡村 次に、保有する情報を洗い出して評価しましょう。経済的価値等が乏し

い情報の場合は、法令で保護義務があるものを除けば、わざわざ手間暇、費用をかけて管理する必要は少ないわけです。洗い出した価値ある情報について、前述の「オープン・クローズ戦略」による区分けが重要です。

クローズドにする場合でも、経済的価値等の評価の高低によって、講じるべき管理措置の程度にも差が生じて当然です。こうして秘密情報を分類して、それに応じて管理策を選択の上内部ルール化して実行に移す必要があります。

その際に、必要な社内体制の構築が求められます。いずれにしても、それは経営事項です。管理策等の投入には人、物、金が必要になることが多いので、経営層の積極的な関与が求められます。さらに、情報の所在や管理は、社内の研究機関、システム部門、法務部門など、多方面にわたる横断的な課題ですので、連携して役割分担を図ることも必要になってきます。社内体制の構築は、本当はISMS（Information Security Management System）的なものにすればよいのですが、その導入は中小企業には敷居が高い面があるので、できるだけ余裕がある企業はやってくださいという趣旨からハンドブックでは比較的後ろのほうに書いています。

(2) 「個人の忠誠心」に頼っているのでは情報の漏えいは防げない

岡村 かつての終身雇用制は、日本企業にとって従業員等の忠誠心を保つ最大の武器の一つでした。それが崩壊して人材流動化、非正規雇用やアウトソーシングが増大した現在、もはや情報漏えい対策として忠誠心に頼ることには限界があることは率直に認めざるを得ません。しかし、人材流動化やアウトソーシングは外国企業にとっては当然の事柄です。その意味では、日本企業も外国企業に近付いてきたというだけのことです。終身雇用制に代わるべき有効な管理システムを講じなければいけません。

(3) 情報漏えいがあった事例の多くは内部者による流出

齋藤 企業はこの「人」を通じた営業秘密の漏えいに対して重点的に対策を講じるべきです。役員による漏えいも報告されており、役員だからといって、情報セキュリティ管理のルールに適用除外を設けるのはご法度です。たとえば、社長を例外にすると、緊急の場合等にその秘書や随行者が例外行為を行うことになり、徐々にルールの抜け穴が大きくなります。また、例外が認められていることを社員が知ると、誰もがそれぞれ自分なりの理由を見つけて小さな例外

【図表 8-7】 漏えい対策の流れ

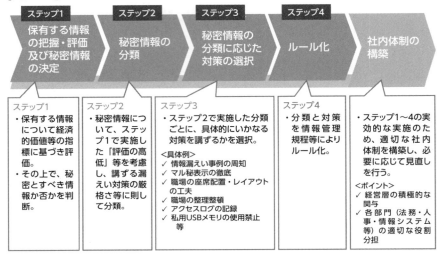

出典：経済産業省知的財産政策室「〔概要資料〕秘密情報の保護ハンドブック～企業価値向上に向けて～」（平成27年12月10日）7頁より抜粋・加工

を作るようになり、結局、会社のルール全体に綻びが生じます。

　技術流出に関しては、自分が不当だと思う退職勧告を受けた、他社よりも給料や賞与が少ない、職場でルール違反が繰り返されている、会社の業績が悪く、いつ倒産するか不安だ、あるいは自分の仕事が評価されないと感じる、などが流出を正当化する原因となっています。自社の技術者が抱いている不満の要素を検討し、それに丁寧に対応して対策をとることが必要です。転職を決意した者が、自分の実力を高く見せて厚遇を得るために営業秘密である技術情報を持ち出す事案が大きな事件として、ときどき報道されています。

　情報漏えいに至る要因を防ぐための方法ですが、企業内で不正が行われるのは、「1. 動機・プレッシャー」「2. 機会」「3. 姿勢・正当化」の三つの不正リスク要因が揃ったときです（企業会計審議会「監査基準の改訂及び監査における不正リスク対応基準の設定に関する意見書」（平成25年3月））。1. 動機・プレッシャーを取り除くのは、経営幹部や組織の上司の責任が大きい。2. 機会を無くすには、電子データや通信等を管理する情報システム部門、建物や部屋等へ

の出入りを監視・規制する総務部門、情報へのアクセス権限を付与する組織責任者やアクセス状況を監視する担当者、不正を察知した者から内部通報を受け付けて調査し必要に応じて対策する内部通報受付窓口等が部門横断的に連携するなどして、取り組むことが必要です。そこではセキュリティに関する専門的な技術が求められます。3. 会社にルール遵守の厳しい姿勢が見られず、または、社員の中に自分の業績が適切に評価されていない等の理由で不満が溜まると、「悪いのは会社だ」あるいは「上司が悪い」と他人の責任にして自分に甘く正当化し、不正に手を染めます。経営幹部や職場の管理者が自らルールを厳守するとともに、社員の間に不満が溜まらないよう、「研究で一定の裁量枠を与える」、「社外で通用する肩書を付与する」等の実質を伴う配慮をすることが考えられます。1. 2. 3. の要因ごとにそれぞれ対策責任者を決めて、少なくともどれか一つが欠ける仕組みにすると、情報漏えい防止のレベルが一段と高くなります。

　企業が秘密情報を守り抜くためには、役員・従業員等の人の意識が最も重要で、経営幹部が「情報は重要な財産だ」と心底思い、それを仕事の中で具体的に示すことが重要です。これがなければ「きちんと守っておけ」といくら言われても、守れるものではない。どんなルールを作っても破たんします。

(4) 従業員の意識

齋藤　企業が秘密情報を守りぬくには、従業員の意識を高めることが不可欠です。そのためには、幹部が日常の経営活動の中で「この情報は百万円の価値がある」、「この情報がライバルに渡ると、当社のシェアが半減する」、「次期商品の情報がリークされると、現行商品の市場価格が20％下がる」等と具体的に指摘して、相応の管理を求めることが重要です。また、セキュリティ管理業務の重要性を評価することを忘れてはなりません。管理ルールを作って、それを社員に守らせ、違反者を処分等するのは、地味で、あまり人に好かれる仕事ではありません。しかし、これができなければ会社の秘密情報を守れず、市場競争で負けます。その秘密情報が株価に大きな影響を与える重要事実であれば、金融商品取引法が禁じるインサイダー取引として刑事事件になります。

岡村　従業員についてはハンドブックでフレームワークとして掲げた五つの点すべてにかかわります。中でも従業員の意識向上は「⑤信頼関係の向上等」と

して掲げている点に対応しています。秘密情報の管理に関する従業員等の意識向上の手段としては、(a)秘密情報の管理の成功事例の周知、(b)情報漏えいの事例の周知、(c)情報漏えい事案に対する社内処分の周知があります。企業への帰属意識の醸成・従業員等の仕事へのモチベーション向上として、(d)働きやすい職場環境の整備、(e)透明性が高く公平な人事評価制度の構築・周知があります。

(5) 秘密情報管理の困難性

岡村　「複数の部署にまたがって秘密情報を管理しているため、それぞれの部署での管理を徹底するのが難しい」「業務委託先での管理を徹底するのが難しい」と感じている企業が多いようです[7]。この課題に関するご意見はどうですか。

齋藤　水が一杯に入ったバケツをイメージしてください。このバケツの側面に穴が開くと、水が漏れて、そこまで水面が下がります。その下にもう一つの穴ができると、さらに水が漏れて、一番低い穴の所まで水面が下がります。会社の情報の管理水準はこれと同じで、水準の一番低いところが、全社の水準になります。社外から情報を取得しようと狙っていたハッカーが、会社の中で管理水準が一番低いサーバーに侵入し、社内LANを通じて機密度の高い重要データにアクセスして、それを流出させた大きな事件があります。また、開発部門の技術者が、自ら開発した新技術を画期的で重要だと評価して厳重に管理していても、営業部門の者が「類似の技術が社外にもある」と言って社内で開発した技術をさほど評価せず、一般情報扱いしようとすることがあります。同じ会社内で別方式の技術を開発している技術者たちは、社内のライバル技術者の成果をあえて低く評価することがあります。会社として評価を統一し、価値相応の管理をする必要があります。また、競争相手が欲しがる情報は、厳重に管理したい。生産技術や購買の担当者は取引先リストの価値を低く評価するかもしれませんが、それを競争相手が入手すると、リストに載っている会社と取引を開始し、すぐに、機械の生産速度を上げたり、材料の品質向上・値下げ等を実現したりすることができます。以前、米国の自動車会社の部品調達先リストが

---

[7]　「『営業秘密管理に関するアンケート』調査結果」（エヌ・ティ・ティ・データ経営研究所〈産業経済研究委託事業〉、平成27年3月）22頁より。

欧州の競争相手に流出したことが国際捜査によって明らかになり、情報を不正に入手した欧州企業が米国企業に高額の損害賠償等を行う事件がありました。もし、部品・材料・機械等の調達先リストに調達先の技術力・コスト力・納期対応力等の評価が記入されていれば、経営にすぐに役立ちます。

　また、ライバル会社が新工場を建設するときは、その工場の生産能力・生産性・コスト力等に関する情報を知りたいものです。その工場の中に設置される機械装置の技術水準が高ければ、工場に出入りするトラック等から機械メーカーを割り出して、自社の機械を発注することも行われます。競争相手の機械設計図を盗まなくても、その機械メーカーからライバル会社に納入した機械と同じまたは類似の機械を1台買って分析すればポイントはわかります。ただし、それができる技術者が自社にいることが前提です。ライバル会社とその機械メーカーの間で、機械の売買に関する秘密保持契約を結んでいる可能性がありますが、そのときは発注した機械の納入時期を秘密保持期間が経過したときにする等の方法を考えます。機械設備が少数であればこのような調査・分析を行うことができます。装置産業では全ての機械等の調達先を知るのは困難ですが、調達先リストがあれば、調査に要する時間と費用を大幅に削減できます。自社の技術ノウハウが社外（特に競争相手）に流出するのを嫌う企業の中には、重要な技術ノウハウを組み込んだ機械をすべて自社で内製し、ノウハウを門外不出とするケースもあります。

岡村　まず、社内で複数の部署にまたがっている場合ですが、対象情報が、どこから社内に入ってきて、どのような経路をたどって、最終的にどこで消去されるのか、情報のライフサイクルというべき流れを把握・分析しておくべきです。次に、複数の部署といっても、その中で見る必要がある人は限られているはずです。言い換えれば、その複数の部署に所属する従業員全員が秘密情報を閲覧・利用等ができる必要はないはずです。「need to know」の原則に従って、適切なアクセス権の階層化を実行することが肝心です。もちろんアクセスの必要性は、複数の部署にまたがるプロジェクトの終了などによって変動するわけですから、アクセス権の範囲の適切な変更も重要です。アクセス権を付与されている場合でも、「明るいところでは悪いことはできない」という見地から、アクセスログなどモニタリングも適宜必要になります。これは入退室管理につ

いても同様です。また、権限を付与された人に対して、その権限に応じて教育し、秘密保持誓約書を書いてもらうことも重要なはずです。こういうことを社内ルール化する必要がある点では、複数の部署にまたがるかどうかは、必ずしも本質的な問題ではないはずです。

　業務委託先の場合について、ハンドブックの63頁以下に記載した「取引先」には業務委託先も含まれます。「取引を開始する前に留意すべき点」として「秘密情報を取り扱う業務を不用意に委託しない」ということを指摘しています。次のステップとして、委託先の「選定」と「監督」に区分することができます。前者の「選定」には「取引先の管理能力の事前確認」があります。選定はアドホックにならないよう、事前に委託先選定基準を定めている企業もあります。「取引先に開示する情報の厳選」、「取引先での秘密情報の取扱者の限定」も大切です。「持出し困難化」のため、「秘密情報の消去・返還と複製できない媒体での開示」、「遠隔操作によるデータ消去機能を有するPC・電子データの利用」という点も掲げています。さらに「視認性の確保」の観点から「秘密情報の管理に係る報告の確認、定期・不定期での監査の実施」等も記載しました。他にも「取引先に対する秘密保持義務条項」を指摘していますので、詳しくはハンドブックをお読みいただくようお願いします。肝心なことは、内部規程や指揮命令で縛ることが可能な従業員が相手の場合と違って、委託先は別個独立の存在ですから、契約条項で縛る必要があるという点です。契約で定めておかないと、必要な監査等も実施できません。

(6)　子会社での管理はどうすべきか

齋藤　親会社と子会社の間で同一情報を共有して事業を行う場合は、両社の管理が全体として一体になるような仕組みにして、双方を同じ管理水準にする必要があります。社内規程・業務基準や物理的管理はもちろん、社内教育や特定の守秘義務を負っている技術者の人事異動等を含めて、同一水準を保たなければなりません。親会社の多数の顧客情報が子会社のサーバー等から漏えいした事件を見ると、親会社が高額の対策費・賠償金を負担しています。結局、その会社では、グループ全体の電子情報システムの維持管理を、外部に委託せず、グループ内に取り込むという対策を採りました。

　事業のグローバル化の一環として開発・設計の機能を海外拠点に移す例が多

数あります。その海外拠点では、機能を日本の本社から移した当初は、本社と同水準の情報セキュリティ管理が維持されます。しかし、移管後に何年か経って、その海外拠点から次の拠点に開発・設計機能を第2次シフトする時に、管理の仕組みの一部が思いがけず崩れることがあります。

　私が初めて経験したのは、日本の技術機能の一部を東南アジアにシフトし、何年か後にそこから北米にシフトしたときです。東南アジアの拠点では、日本の本社が考えているほど情報セキュリティが重要な管理システムだとは認識されていなかった。北米でも管理の形だけはできたのですが、その目的の理解が不十分で、建物のレイアウトや交替制等の勤務形態が変わったのに対応する管理の仕組みができず、セキュリティにすき間ができた。仏作って魂入れず、でした。グループの一角で管理水準が下がると、全体の水準がその低い水準にまで下がります。グループ全体の情報セキュリティを統括する者を明らかにし、その下で、本社主導型で全体の水準を維持・向上し続けることが必要です。

　いま、重点投資先を中国からベトナム、ミャンマーなど東南アジアに移す企業が増えています。海外拠点間で機能を移管する時は、特に注意が必要です。

岡村　同一レベルを維持できるようにするというのは、ルールを設定した上で、そのルールの運用も厳格にきちんとやるということですよね。

齋藤　ルールの厳格な運用が重要です。業務のルールを比較的細かくマニュアルや契約で決め、そのチェック・監査の手順まで整備するという米国流の仕事の流儀なら、そのマニュアルを翻訳して新拠点で運用すればよいでしょう。しかし、仕事の勘所を体得した社員が中心になって業務運営を行っている日本企業において、本来の管理目的を実現するためには、本社が作るルールをもう少し現場向きに修正する必要があるかもしれません。

　米国流の仕事の仕組みは、従業員が3年もするとジョブ・ホッピングして転職していくことを前提に作られます。日本企業のように、有能な人が長期間勤務する前提で管理の仕組みができている場合は、海外拠点に仕事を移管するときに米国流の工夫を行う必要があるでしょう。近年、日本でも転職が多いのですが、管理の仕組みでは以前の流儀を踏襲している例をよく見かけます。

岡村　本社は天守閣のように厳格な管理体制を採っているのに、地方の販社のような子会社などではかなりルーズで、温度差に大きな開きがあるケースは少

なくありません。外来者として訪問すると、カウンター越しに、机の上にある書類の内容が見えたり、手を伸ばせば届きそうなことが多いという、情けない現実があります。子会社だけでなく、地方の支店・支社などでも同様です。もちろん、取り扱う情報の重要性などにも差があるのでしょうが、それにしても違いが大きすぎることが気になります。

齋藤 とにかくグループ全体で一本筋を通しておかなければダメです。

(7) 弁護士から見た営業秘密管理の難しさ

岡村 弁護士として依頼者である企業から、どこまで対策を講じれば適正管理を果たしたと認めてもらえるのか、線引きが曖昧としていて際限がないという嘆きを聞くことが少なくありません。

最近では、企業が漏えいのような事故を発生させた場合、ネット上で、あたかもサンドバッグのように容赦なく、炎上させられる時代になっています。そのため担当者が精神的に追い込まれて退職を余儀なくされたケースも少なくありません。しかし、セキュリティに「絶対」ということはありません。サイバー攻撃は、ますます高度化、そして巧妙化しています。そのため、結果責任のみを声高に叫ぶ風潮には、強い違和感を持たざるを得ません。

企業としても、無責任ではいけませんが、人的リソースや投下資本に限界があるのも当然です。外国企業との厳しい競争の中で、コストダウンの要請は高まる一方です。そうした限られた枠の中で、どこまでやればよいのかという、線引きができないもどかしさは深刻です。企業活動それ自体も「少しでもリスクがあるのなら新しいことは止めておこう」と萎縮する傾向にあります。こういう事態が進むと、ますます国際競争力が損なわれるおそれもあります。

4 輸出入等の規制

岡村 今般の改正で、関税法による税関における輸出入差止め（水際措置）も導入されましたね[8]。

齋藤 違法に取得した技術情報の不正使用等の営業秘密侵害行為に対する抑止力を高めるには、使用行為によって生産された製品の販売を禁止して、侵害行

---

8 関税定率法等の一部を改正する法律（平成28年3月29日成立、同日31日公布）。

為が割に合わなくすることが必要です。そこで、技術情報の保有者が、自分の技術上の秘密が不正使用されて生産された侵害品である事実、および輸出入業者が侵害品だと知って（または善意でも重過失がありながら）輸出入等していることを証明し、譲渡・輸出入等を規制するように申し立てることによって、侵害品が市場に出回るのを差し止めることができるようになりました。

　2003（平成15）年に、それまでの商標権・著作権等の侵害品である模倣品・海賊版に加えて、特許権侵害物品を輸入差止申立ての対象とする制度が導入されましたが、2015（平成27）年に不競法の営業秘密のうちの技術上の秘密の侵害物品も輸入等の差止めの対象になったのです。

　ただ、物品と書類を見て通関の可否を判断しなければならない税関の立場で、取り締まる方法を具体的に考える必要があります。商標は見ればわかりますが、技術情報の不正使用は製品の外観だけではわかりません。そこで具体的に製品の品番等で、「これが侵害品だ」とわかるようにしなければなりません。なお、原材料や部品の輸入が差し止められる場合は、それを使用している国内企業の生産に影響が出るのが気になります。

岡村　前述の営業秘密の保護・活用に関する小委員会の中間とりまとめでは「水際措置については、原材料や部品、完成品等を輸出入する事業者において、事前に営業秘密侵害行為の有無を認識できないにもかかわらず、短期間にせよ、輸出入の一時停止などの支障が生じることは回避する必要がある」とした上、「税関への輸出入差止申立てに先立って、経済産業省において、技術上の営業秘密を使用する不正競争行為により生じた物品か否か、及び、輸出入者の悪意・重過失の有無の双方の判断が、両当事者からの弁明を聞きつつ一体的に行われる必要がある」としています。

齋藤　武器や麻薬等の摘発で多忙な税関が「営業秘密を不正に使用して生産された物品であること」を迅速・適正に見分けることができる仕組みを作って、侵害品を摘発することが期待されます。以前、外国政府に模倣品・海賊版の水際摘発の強化を求めたときに、「企業からブラック・リスト等の侵害者情報を提供してくれると税関がもっと活発に動ける」と言われ、それに協力して成果を上げたことがあります。差止めを申し立てる者が、差し止めるべき貨物の特定につながる業者名・便名・仕向先等の情報を税関に提供する等して新制度が

機能するようにしたいものです。

3 漏えい時の対応と今後の企業戦略

1 情報が漏えいした場合
(1) 営業秘密の漏えいに気づく仕組み

岡村 しっかりと管理しながらも、もし営業秘密が漏えいしたときにいかに早く気づき、対策を打つかも重要になります。営業秘密の漏えいに気づくための仕組みをご説明願います。

齋藤 できれば漏えいの事実を自社内で察知したいものです。営業秘密を不正取得される時点で自ら気づき、それを阻止するのが最善です。社内のデータへのアクセス状況を常時監視し、異常利用があれば警報を発する仕組みを作り、アクセス記録を残し、入退室や作業風景を監視カメラで記録等すれば、不正行為の発見が容易になります。以前、監視カメラの設置は労働強化につながるとして導入に否定的な向きもありましたが、近年では不祥事を防ぐために導入する企業が増えました。個人情報漏えいや食品への異物混入等のトラブルが発生して警察の捜査等を経験した多くの会社が、社会における信用回復と社員のモラル向上等を目的として、監視ツールを導入しています。また、内部通報システムの充実も漏えい防止に有効です。

　次善の策は、営業秘密が流出しても、競争相手に渡る前に阻止することです。退職した技術者が、学会やセミナーで発表準備しているのを会社仲間やOB達からの連絡により事前に察知し、阻止した事例があります。重要な営業秘密に接した者の動向は、退職後も目を離せません。

　最後に、競争相手が営業秘密を使用したことに一刻も早く気づいて、差し止めることです。特定の技術ノウハウを持つ当社にしか作れないはずの製品を「競争相手が発売した」という情報は、多くの場合、営業等の市場関係者から入ってきます。また、当社独自の部品の設計図面が、競争相手から部品会社に提示され、その部品会社から「貴社の図面ではないか」と通報されて漏えいに気づくこともあります。市場関係者・OB・学会・部品取引先等との間に信頼できる情報網を構築し、そこに入るノイズを感度よく拾い集めて営業秘密の流出を察知することが重要です。

流出した事実を把握していない企業は、ぜひ、自社の営業秘密の価値を評価して、それに見合う管理を指向していただきたい。

岡村　流出を察知した後の対応として、事前に備えることはありますか。

齋藤　不正行為を認識できたら、証拠を整理して法的措置を取ることを考えたいものです。日本企業はこの点が弱いようです。日頃の仕事の中で証拠を収集・分析する方法を考えたい。

　万一、技術情報が相手に渡っても、事業に役立つ情報として使うことができず、競争に支障が生じなければ問題はありません。役に立たなくする方法がいくつか考えられます。

　第1は、情報を入手しても利用できなければよい。そのためには、暗号化して製品の構造・成分等を解読不能にする、あるいは情報を分割して保有し、その一部が流出しても全体像を把握不能にする等の方法があります。

　第2は、取得した情報を使っても市場競争で役に立たなければよい。たとえば、特定の技術を用いて作った製品の経済的寿命が尽きるまでに、後続の新技術を用いて新製品を作り、それを市場に供給して既存の製品に置き換えることを継続できれば被害は生じません。技術革新が激しく商品ライフサイクルが短い業界では、この戦略が有効です。技術の経済寿命は、技術ライセンス契約の秘密保持期間を参考にして推測できます。ファッション性が強い商品は1年程度、機械・電子業界では3年前後が多く、素材・基礎部品では5年超というケースも多いようです。

　また、営業秘密として管理している技術ノウハウと特許権・意匠権・著作権等を併用して初めて商品として機能するように設計できれば、競争相手が同等商品を市場に投入するのが難しくなります。

　営業部門等が市場の監視を徹底し、競争相手による不正商品の出荷をすみやかに認識して、ただちに差止めや損害賠償を請求する体制を整えたい。不正商品の事業規模が小さければ、競争相手は当社の警告に応じやすいのですが、人材と資金を投入して大規模になると撤退が難しくなり、何としても当社の弱点を見つけ出して徹底抗戦しようとします。迅速な初期対応が効果的です。

岡村　海外への流出を察知できる手立てはあるのでしょうか。

齋藤　流出した営業秘密が海外で使われた場合、特に国内中心に営業活動して

いる企業は、使用されている事実に気づかないことが多いと思われます。「当社の販売が減るわけではない」と言う人がいるかもしれません。しかし、できるだけアンテナを高くして類似品の販売情報を入手し、ビジネス・チャンスを逃さないという発想で事業を行いたいものです。海外市場のほうが国内より大きいことを肝に銘じておかなければ、これからのビジネスは難しい。営業秘密に関する多くの解説や手引きは、競争相手の侵害行為に気づくことを前提にして書かれています。実際には、気づかないことが多く、経営上はこれが一番まずい。販売・仕入・業務委託等の取引先や学会・OB会等の仲間から入る情報を大切にすることが重要です。提供した情報が役に立っていることがわかれば、協力者は増えます。

(2) 漏えいが発覚した場合の会社の対応

岡村 技術情報の漏えいが判明した場合、刑事告訴をする、民事訴訟を提起するといった対応をする会社はあまり多くない理由ですが、一般に最初から民事訴訟で争うには証拠上の限界があります。差止請求などを行うには証拠が不十分な場合が多いのです。そもそもこっそりと持ち出しているようなケースでは、きわめてきな臭い場合でも、最終的には刑事手続において捜査機関に原因究明をお願いしないと仕方がない側面があるわけです。

また、たとえば顧客名簿が持ち出された場合を考えますと、企業とすれば、会社ぐるみで顧客名簿を売り払ったのだというふうに世間に誤解されるようであると非常に具合が悪い。アウトロー企業だとみなされてしまいますので、身の証を立てるためにも警察にも被害を申告して相談する、あるいは、状況によっては刑事告訴すべき場合もあるわけです。

そのように、流出事案では、刑事事件の強制捜査によって得られた刑事記録を活用して、今度は民事事件で争うということになります。

齋藤 特許庁の営業秘密・知財戦略相談窓口「営業秘密110番」が2015（平成27）年2月より始まりました。同年2月〜11月の相談件数は178件となっており、相談が多数寄せられていることがみてとれます。また、警察庁でも相談体制を整えたとのことです。

岡村 警察もこれまで多様な方法でサイバー犯罪対策を実施してきています。たとえば不正アクセス禁止法による逮捕などです。今回の不競法改正を踏まえ

て、警察庁の指導によって、各都道府県警に、1名以上の営業秘密保護対策官というポストを新設しています。対策官は被害相談への指導等も行っています。営業秘密に関係する事件の摘発強化を目的とするものです。

齋藤 特に名簿屋が問題になりました。一般的には名簿屋に関する業法を制定して名簿業を規制するのですが、名簿屋の定義が難しい。すぐにできそうにないというので、多様な法律を駆使して、合わせ技で規制することになります。

岡村 具体的なケースとして、ある製品の製造ノウハウが持ち出された場合は結構難しいですね。工場内における物の生産方法や製造ノウハウといったものは本当にこっそり使われるとどうしようもありません。証拠がないことが通常ですので、推測だけでは裁判や刑事告訴はできません。

物の発明に関する特許権侵害であれば、同じような製品を売っているのがわかりますので、侵害が外見から比較的わかりやすい。しかし、流出した生産方法や製造ノウハウが用いられていても一見してわからないことが通常です。

さらに申しますと、特許の場合はクレームの範囲が決まっているので、侵害判断が比較的容易です。一方、技術的な製造ノウハウの場合はどの範囲でどのように悪用、流用されたのかということが非常に整理しにくい。

仮に、流出した他社の生産方法を使用しているというネット上の「内部告発」があっても、本当なのか、悪質な冗談や中傷で言っているのかがわからず、隔靴掻痒の感がある。そうなると刑事手続に頼るという方向に行く。

今般の不競法改正で刑事罰が非親告罪化されたことについて、企業にとっては身内の恥をさらすので困ったことだとおっしゃる方もいらっしゃいます。しかし、もしかすると警察が独自捜査で追及してくれますので、企業としては、証拠が不足する中で虚偽告訴、つまり罪にもならない者を犯人扱いしたと言われるリスクを負わないだけましなのかもしれません。

齋藤 営業秘密侵害に刑事罰を初めて導入したとき、当初の案では非親告罪とされていました。しかし、企業の営業秘密がその意に反して、当局によって刑事裁判の法廷でオープンになるのは何としても回避したい、ということで親告罪になった。被告人が「取得した情報は、営業秘密ではない」と主張し、情報の内容について争う場合、法廷の傍聴席は同業の競争相手の技術者等で一杯になるでしょう。タダで有用な技術情報等を入手できるのです。したがって、被

害企業が当局に告訴して犯人を起訴することを望むのは、営業秘密が年月を経て陳腐化したときになります。ところが、この親告罪の場合、犯人を知った日から6ヵ月を超えると告訴できません。財産権を保障する憲法が、公開の刑事裁判の過程でそれを侵害するという矛盾を抱えていました。そこで、2011（平成23）年の不競法改正で、刑事裁判においても秘密を保護する手続が導入されました。これに関連して2015（平成27）年改正で非親告罪にされたのです。今後、営業秘密侵害罪の捜査や立件は当局主体で行われることになりますが、多くの場合、被害者である企業との連携が欠かせないことが想定されます。うまく連携することが望まれます。警察が他の犯罪を捜査していたら、当社の情報が流出していることを発見し、「貴社の技術情報が盗まれていませんか」と言って訪ねてくることがあり得る。場合によっては、捜査に入ってくる。

岡村　他方で、これまでもそうでしたが、善意でも重過失によって他社の営業秘密を入手してしまった場合に、入手した企業が民事責任を負わされることがあります。ですので、企業としては、転職者の受入れなどの場合に別段の配慮が必要であることもハンドブック策定の際に議論となりました。身の証を立てる、不当な嫌疑を受けることを避けるためにどのような体制を整えるのかということも、このハンドブックの中では取り上げています。

齋藤　企業としては、特に他社の技術者を採用する時に「前の会社で、これから当社で担当してもらう予定のテーマを担当しましたか」、「やっていません」とか、「前の会社で営業秘密として管理されていた技術情報を当社に持ち込まないで下さい」、「持ち込みません」等の確認を、チェック・シートを使って行い、それを保存します。

岡村　採用時などにインタビューはやっておられましたか。

齋藤　優秀な技術者の場合は特に注意して行います。そこで嘘をつかれると、見破れません。でも企業として一応尽くすべき手は尽くした、少なくとも重過失ではないと考えられるレベルまでチェックする。念のため入社後、前の会社の設計技術をそのまま使わない基礎研究部門に配属する例もあります。

岡村　問題になるのは、プログラムの場合です。プログラムを個人資産だと勝手に判断して持ってくるような技術者が結構おられるので怖い。前の会社で作ったものを、あとで部分的に流用して紛争になるなどのケースが非常に怖い

状況です。プログラム内容から生産プロセスが判明することもありますし、プログラムにビルトインされたノウハウもありますので、必ずしも著作権法の枠組みに収まり切れず、さらに問題が複雑になっています。

2 社内規程、秘密保持契約、競業避止義務契約
(1) 社内規程の整備において注意すべきこと
岡村 営業秘密として保護を受ける要件を想定する必要があります。特に、秘密管理性として「認識可能性」を満たすことは重要です。「社外秘」などの表示という意味です。たとえば新製品発売情報なら、営業トークの中で、いつの時点で、どこまで言っていいのかがわからないと営業担当者は困ります。

秘密表示については対象情報の特定と人的範囲の特定が重要です。後者は、「社外秘」なのか「部外秘」なのか。ここで重要なのは、社内の誰が秘密指定のラベリングをする責任があるのかという点です。秘密指定、そしてその旨の表示をしないで、営業担当者が漏えいしたと騒ぐのは無責任です。むしろ秘密指定担当者が責任を負うべきです。あまり指摘されていませんが、情報の目的外利用規制も重要となります。

それから類似の社内規程が多すぎることも問題です。やれ秘密管理規程、リスク管理規程、システム管理規程、個人情報保護規程とあります。なかには内容が不統一なケースすら少なくありません。組織関係の規程も同様です。重複・矛盾を避けないと、混乱するだけで不合理かつ不経済です。むしろ遵守の妨げになりかねません。次に、不合理で無理なルール内容は避けることです。私物パソコンの持込みについて、①持込み時に上司の同意を得る、②内部での使用時に私物パソコン内にデータを保存しない、③持ち帰り時に職務データが保存されていないか上司のチェックを受けることを規定していたところ、それが守られていなかったことを理由に所属団体の責任を認めたウイルス感染による情報漏えい事件の裁判例があります[9]。しかし、これは、もともと実現可能性が低いルールです。①は、上司は何を基準に同意の可否を決めるのか。②

---

9 札幌地判平成17・4・28裁判所HP。NBL813号26頁参照。ただし、控訴審の札幌高判平成17・11・11裁判所HPは、国家賠償請求の要件を満たさないとして損害賠償請求を棄却。

は、それならどこに保管するのか。携帯メモリへの保管だと、かえって紛失などのリスクが増加します。③は、短時間にチェックは不可能です。無理なルールを決めたことが、かえって遵守できていなかったとして、命取りになったというケースです。

　さらに、数年前に発生した大手教育産業の漏えい事件を発端として、スマートフォン（以下「スマホ」という）の持込み規制が焦点になっています。昔のパソコンと違い、データ通信機能はもとより、Wi-Fi接続、テザリング接続、Bluetooth接続、極小サイズの大容量マイクロSDカード内蔵、ネットストレージ接続など、新機能が次々に追加されていることは、個人ユーザーの立場からすれば、便利になるので喜ばしい限りです。しかし、その半面、対策を講じるべき企業としては、これらの機能に既存のセキュリティ管理ソフトでは対処できていないケースや、対処していても設定方法が複雑すぎて適切にコントロールすることが困難なケースを見受けることが通常です。私物なので、適正なウイルス対策が講じられているかなどのチェックが行き届かないことも多いのです。かといって、いまや誰でも私物スマホを常に携帯していて当然の時代ですし、営業等にも私物スマホを使う機会が増えています。そのため、勤務時間中は職務専念義務があるとしても、社内規程でどこまで私物スマホの持込みを規制すべきなのか、頭を悩ませている企業も少なくありません。重要情報を取り扱う部署をゾーニングして持込み規制するとしても、無線接続でゾーン内外で壁を越えて悪用されるリスクがないのかなど、ルール作りを含めて、適正な管理策の構築に関する悩みは深刻です。ある程度は、社内教育、啓発で補う方法も考えられますので、それをルール化している企業もあります。しかし、社内教育等にしても、悪意者に対して効果に限界があることも認めざるを得ません。

　緊急時対応の体制作りも事前に社内でルール化しておかないと、まさかの時点で機能しません。

　最後に、違反行為が発生した場合に備えて、懲戒規定と適正に連動しているのか、チェックする必要もあります。それが不備だったため、釣り合うだけの適切な懲戒処分が困難となったケースもあります。

齋藤　ポイントは、重要情報の特定、アクセス権限の適切な付与、情報通信機器の業務利用の適正確保と私物持込み規制、操作の監視・監査の徹底、管理責

任者を督励、採用・退職時の情報の持込み・持出し規制等です。

　企業の幹部やシステム管理者の多くが、内部の不正を防ぐのに「有効な管理方法」として、アクセス制限や情報システムの高度化を挙げるのですが、一方で、管理の対象になる社員たちの多くが「対策効果が期待される」と考えている項目（不正をし難くなる対策）は、誰が不正行為をしたか証拠が残ることや監視されることだということが知られています。社内での行動はいつも何らかの方法で監視されており、不正行為はただちに露見して証拠が残っているという状況を作り出し、これをあらかじめ社内に周知しておけば、違法行為はかなり減るでしょう。情報流出者の心理に迫る手を打つことが重要です。

　セキュリティ管理規程等を制定する場合は、行政機関が紹介する例や他社の例を参考にして、社員が自分たちの手で原案を作ることを勧めます。そのプロセスの中で、自分たちが守るべき情報資産が明らかになり、それを守る効果的な方法がわかってきます。どのようなときに情報が流出するかは、それを実際に保有・管理している者が一番よくわかっています。情報の流出口を想定できれば、適切な専門家を加えて対策を考え、それを塞げばよい。

　経営幹部の仕事は、「管理の仕組みを作れ」という全社号令を発すること、必要な人材・資金を確保してリーダーを決めること、仕組みを取締役会等で決議して社内（グループ内）に周知すること、ルール通りに運用されていることを確認することに尽きると思います。

(2)　情報漏えいを未然に防ぐ方法

齋藤　人材を通じた技術情報の流出を防止する方法としては、従業員との間で、営業秘密などの業務上知った秘密を第三者に開示しないことを契約する「秘密保持契約」を締結する方法と、退職後に競業他社へ就職しないことを契約する「競業避止義務契約」を締結する方法とが考えられます[10]。

岡村　入社時には誓約書を書いてもらいやすいのですが、対象情報の特定が一般に困難です。一方で退職時には、ケンカ別れなどで書いてもらえないことがあることに注意が必要です。この点、先ほど齋藤先生がご指摘されたとおり、

10　経済産業省の調査（「営業秘密の管理実態に関するアンケート」（平成24年12月））によると、就業規則とは別に従業員と個別の「秘密保持契約」を締結している企業が55.5％であるのに対して、「競業避止義務契約」を締結している企業の割合は14.3％にとどまる。

ノートやインタビュー記録で、ある程度、補う方法があります。最初の配属時や転勤・配転時には、対象情報の特定が比較的容易なのでお奨めです。その際、退職後も一定期間有効と謳っておく方法もあります。研修終了時に「研修で十分に意味を理解できたから遵守する」として書いてもらう方法もある。誓約書を書かされたが、サインだけ求められたにすぎず、内容をきちんと確認も説明もしてもらえなかったという、取って付けたような弁解の防止にもなる。また、法令の改正時や社内での大規模事故発生時などにも、社内研修とともに誓約書を書いてもらうことは有用です。

誓約書の内容について、目的外利用の禁止を謳うことを忘れずにお願いします。中途入社してきた者に、前職場での営業秘密流用をしないと誓約してもらうことも重要です。これは他社から「当社の営業秘密を盗んだ」として紛争になることを防止する見地からのものです。

齋藤 従業員との間で結ぶ秘密保持に係る契約には、就業のステージに応じて、①採用時の雇用契約、②雇用期間中の就業規則・契約（開発等の部門配属時、共同開発等の特定プロジェクト参加時、年間等の定期的な業務進捗確認時）、③退職時の契約等があります。

これらの契約によって規制される範囲について会社と従業員の間で共通認識できていることがポイントです。雇用契約や就業規則による秘密保持義務は、個別の業務を対象にせず一般的な規定であることが多いので、入社して就業期間中に、会社（上司等）と社員の間で秘密保持の対象となる情報の範囲を特定し、秘密保持期間・義務違反に対する措置（差止請求、損害賠償請求、信用回復措置請求等）等を具体的に確認することが後日のトラブルを防ぐために重要です。退職時に秘密保持義務の対象になるすべての事項を確認できればよいのですが、その時に必ずしも円満に話し合いできるとは限らないので、日常の業務遂行のつど開発実績やその取扱方法を相互に確認し、記録を残すことが重要です。研究開発部門で作成されるラボ・ノートはこの代表事例です。

技術情報の秘密保持期間は、製品の特性によって異なります。たとえば、研究着手から治験・当局承認等を経て商品が市場に出るまでに10〜15年を要することが多い医薬品業界では、開発資金を回収できる期間の秘密保持が必要になります。開発資金を回収できない段階で、開発情報が無償で公開されると、

いずれ資金が枯渇して次の開発ができなくなり、事業が行き詰ります。2015（平成27）年10月に大筋合意に至った環太平洋12ヵ国のTPP（環太平洋パートナーシップ協定）交渉では、生物製剤のデータ保護期間を何年にするかについて最後まで国益をかけた交渉が続き、最終的に8年で合意されました[11]。

(3) 競業避止義務の締結のポイント

岡村 「競業避止義務契約」は「職業選択の自由」の制限になるため、その有効性は、厳格に判断されることになるとのことですが、適切に契約を結ぶことができれば、技術情報の流出に対するより強い抑止になるわけですね。有効性が認められ得る「競業避止義務契約」のポイントをお教えください。

齋藤 退職後の競業避止義務の有効性の要件は、職業選択の自由の観点から、会社に在籍時の秘密保持義務よりも厳格になっています。裁判では、競業避止義務の有効性を判断するに当たって、企業側の守るべき利益、従業者の地位・業務内容、地域的限定、避止期間、禁止行為の範囲（業務内容、職種等）、代償措置（義務の対価）の要素が検討されているので、これらを適切に説明できるルールにすることが必要です。

岡村 その人の職業から得られたいろいろな知識は、職業選択の自由の対象であるだけでなく、その人の人生そのものともいえます。他方で、会社都合の早期退職者募集では、なかなか競業避止義務まで言い出しにくいのも事実です。

　基準は齋藤先生のご指摘のとおりです。つい過剰保護を求めがちですが、期間等の限定が行き届いているか、合理性が担保されているか、疑わしい内容だと、いざというときに有効性の有無が争われ、困ることがあります。

3　オープン＆クローズ戦略

齋藤 企業の知財戦略として「オープン＆クローズ戦略」が広まってきておりますが、その峻別に悩む企業も多いようです。どのように考え、判断していくべきかなどの点は、事業の種類によって異なります。デファクト・スタンダード化を狙う事業ではオープン化を考えます。一方、自社だけが作ることができる商品を軸にする事業では、クローズ戦略を採ることになります。多くの部品

11　その後の米トランプ政権によるTPP離脱宣言により、米国を除く11カ国がTPP11を締結して2018年に発効。

やソフトを組合せて作り上げる商品では、オープン化を指向する部品等と、クローズ化を指向する部品等が混在しているので、それぞれのメリットを使い分けることになるでしょう。

　また、自社の商品を世界標準にして市場を拡大し、その中で大きなシェアを獲得することを狙う場合は、自社が保有する知的財産権を無償で公開することもあります。欧州企業がオーディオ・カセットテープの規格を無償公開して市場が一気に拡大した例が知られています。

　途上国の企業が半導体事業に参入するために先進国企業から特許ライセンスを受けて生産体制を整えたところ、歩留まりが上がらずに苦労した事例は多いです。技術ノウハウがなければ事業化は難しい。最近、自動車会社による水素燃料電池車の特許の無償公開が話題になりましたが、これに伴って、開発競争における技術ノウハウの重要性が相対的に高くなり、営業秘密管理の重要性がこれまで以上に高くなりそうです。

岡村　ご指摘のとおりであり、パラメータなど重要なノウハウ部分がなければ、特許があっても無意味なケースも多いです。

　付言すると、技術防衛のため特許出願しなければならない場合もあります。将来的なクロスライセンス対策のために、特許を大量出願する企業も存在します。必ずしも褒められたことではありませんが、IT業界などでは、特許の保有を「売り文句」にするベンチャー企業も少なくない。その極端なケースが、今世紀初めころに世界を巻き込んだ「ビジネスモデル特許騒動」でしたが、かなり落ち着いてきました。

4　おわりに

齋藤　営業秘密保護の制度はできました。これを活用するのは、企業・研究機関・大学等の役割です。2015（平成27）年の不競法改正で海外重課と非親告罪化がとり入れられたことで、特に「技術情報は国の財産」という色彩が強くなったと思います。

　情報資産の価値を認識し、守るべき財産を相応の手間と金をかけて守りたいものです。同じ情報でも使う目的によって異なる複数の規制の対象になることがあります。たとえば、技術情報は自社の財産であると同時に、国の安全保障

貿易管理の対象になることがあります。

岡村　新ココム、つまりワッセナー[12]のことですね。

齋藤　そうです。これに違反すると刑事罰が科されます。顧客情報は個情法の対象になり得る。また、守秘義務を負って取引先から預かった情報は、契約でさまざまな管理義務を負わされています。これらの規制に個々に対応する管理の仕組みをつくろうとすると、重層的で複雑なものになり、現場でこれを運用するのは著しく非効率で現実的ではありません。それぞれの規制で求められる管理の必須項目を洗い出し、共通項を1つの作業で管理できるようにしなければなりません。シンプル・イズ・ベストを肝に銘じていただきたい。

岡村　営業秘密の問題は社会構造の変化と密接にかかわっていますので、そうした変化を踏まえて検討する必要があります。たとえば技術流出は、中高年の雇用問題とか、あるいは非正規雇用対策と裏腹の関係にあります。そうした総合的な視点から日本企業の国際競争力強化を検討する必要があるはずです。

　また、事後的な法的責任の追及は重要ですが、それには限界があることも事実です。サイバー攻撃に対する対処のような点も含め、事前防止策や、緊急時の対応態勢を事前に整備しておくことも大変重要になります。そういう意味で今般のハンドブックが少しでもお役に立てれば幸いだと考えております。

齋藤　最後に、営業秘密の保護は、日本等の技術先進国だけの問題ではなく、世界の潮流だということを指摘したいと思います。日本企業としては、自分の財産である秘密情報をグローバルな視点で最大限に保護するとともに活用し、日本のGDPの20倍近くの規模の世界市場を視野に入れて事業展開するように心がけたいものです。

---

[12] 「通常兵器及び関連汎用品・技術の輸出管理に関するワッセナー・アレンジメント」〈http://www.mofa.go.jp/mofaj/gaiko/arms/wa/〉。通常兵器および関連汎用品・技術の責任ある輸出管理を実施することにより、地域の安定を損なうおそれのある通常兵器の過度の移転と蓄積を防止することを目的として、1996（平成8）年7月に成立した多国間協定のこと。

第 9 章　限定提供データ制度の導入の意義と考え方

東京大学大学院
法学政治学研究科教授
田村善之　Yoshiyuki Tamura

　「不正競争防止法等の一部を改正する法律」が 2018（平成 30）年 5 月 23 日に可決成立し、同月 30 日に公布されました（平成 30 年法律第 33 号）。この改正によって不正競争防止法に「限定提供データ」制度が新設されました（本部分の施行期日は 2019（令和元）年 7 月 1 日）。同制度に関する指針作りのためのワーキンググループ座長を担当された田村善之教授との対談を掲載します（法改正に向けた検討作業を行った経済産業省の小委員会委員長を岡村久道弁護士は務めた）[1]。

　なお、対談中に登場する条番号は、特に断りのない限り改正後の不正競争防止法のものを指します。

1　限定提供データ制度導入の経緯

岡村　不正競争防止法の 2018（平成 30）年改正によって新設された限定提供データ制度について、本日は田村善之教授と対談を行います。以下、この制度を「本制度」といいます。

　まず、新設に至った道筋とともに、どのように関係してきたのかについて、最初に私から簡潔に説明します。

　本制度は、後ほど詳しく申し上げますが、先にごく簡単に申しますと、商品として広く提供されるデータや、コンソーシアム内で共有されるデータのように、事業者等が取引等を介して第三者に提供するデータを念頭に、相手方を限定して業として提供するものを「限定提供データ」として定義した上、その不

1　本対談は 2019（平成 31）年 1 月 11 日に収録された内容（NBL1140 号掲載）をもとに加筆修正したものです。

正取得、使用・開示行為を新たに不正競争として民事的措置の対象とするものです。

　本制度の導入に至る経緯ですが、2017（平成29）年6月に閣議決定された「未来投資戦略2017」は「近年急激に起きている第4次産業革命（IoT、ビッグ・データ、人工知能（AI）、ロボット、シェアリングエコノミー等）のイノベーションを、あらゆる産業や社会生活に取り入れることにより、様々な社会課題を解決する『Society 5.0』を実現すること」を政策課題としており、同年5月に知的財産戦略本部が決定した「知的財産推進計画2017」は「価値あるデータの利活用を広く進めることを支援する政策手段」として「新たな不正競争行為の追加等の『行為規制アプローチ』の検討を進める」としています。

　これらにおける議論の動向を踏まえつつ、経済産業省において産業構造審議会知的財産分科会「営業秘密の保護・活用に関する小委員会」が検討作業を行って策定・公表した報告書が導入の端緒となっています。同年5月に公表された「第4次産業革命を視野に入れた不正競争防止法に関する検討　中間とりまとめ」と題する報告書です。これをベースとして同小委員会を改組した「不正競争防止小委員会」で具体化を図るための検討作業が進められました。そこでは限定提供データ制度の新設が中心課題であり、この両小委員会では私が委員長を務めました。このうちの「不正競争防止小委員会」のことを、以下、「小委員会」といいますが、小委員会における検討段階から、田村先生に委員に加わってもらって議論をリードしていただき、「データ利活用促進に向けた検討　中間報告」をとりまとめて2018（平成30）年1月に公表しました。以下、「中間報告」といいますが、経済産業省のサイトに掲載されています。

　以上の検討作業によって得られた方向性に基づいて、「不正競争防止法等の一部を改正する法律案」が2018（平成30）年の通常国会に提出され、同年5月23日に可決成立、同年法律第33号として同月30日に公布されました。

田村　小委員会における議論の過程では、「新たに導入する制度なので、できる限り疑義を払拭して明確化を図るべく、ガイドライン（指針）を作るべきではないか」という意見が出されていました。そのため「不正競争防止に関するガイドライン素案策定ワーキンググループ」（以下、このワーキンググループを「WG」といいます）を設置して、わかりやすい指針等をすみやかに策定すべきことが小委員会で決定されました。WGでは私が座長となって検討作業が進め

251

られました。岡村先生をはじめ小委員会の多数の委員にも、委員またはオブザーバーとしてWGに参加して議論に加わっていただきました。WGにおける検討結果を受け、2018（平成30）年11月20日に開催された小委員会で指針案がとりまとめられました。その後、細部の調整、パブリックコメントを経て、完成版が「限定提供データに関する指針」として2019（平成31）年1月23日に公表されました。以下、「本指針」といいますが、経済産業省のサイトに掲載されていますので、閲覧・ダウンロードして参照していただければと思います。

　本制度に関係する規定の施行期日は「不正競争防止法等の一部を改正する法律の施行期日を定める政令」によって2019（令和元）年7月1日と定められましたので、準備期間として間に合った次第です。

岡村　平成30年法律第33号には不正競争防止法だけでなく、工業標準化法、特許法等の一部改正も含まれており、不正競争防止法の改正部分に限定しても、限定提供データ制度に限らず、他の改正部分も含まれています。本日の対談では時間の関係もありますので、その中で限定提供データ制度にテーマを絞って、私からは本制度の概要と趣旨を中心として、田村先生からは本指針の対応部分の内容を中心として、基本的には本指針の記載順に対談を進めることができればと存じます。この対談の性格上、2018（平成30）年改正後の条項を用いることにします。あくまでも、本指針は行政解釈であって、これと異なる司法判断が下される可能性があること、委員長・座長として策定したものであり、それぞれの個人的見解と必ずしも同一ではない部分もあり、以下に述べる内容も、それぞれの私見であることを、最初にお断りしておきます。

2　制度趣旨と概要

1　制度趣旨と保護のアプローチ

岡村　初めに限定提供データ制度の制度趣旨を説明しますと、簡単にいえば、データを安全・安心に流通させて利活用してもらうための仕組み作りです。

　今日ではデータは企業の競争力の源泉たる価値を増しており、その共有・利活用によって新たな事業が創出され、日本経済を牽引し得る高付加価値が生み出されることが期待されています。他方でデータの創出等には多額の投資を要

するケースが多く、当該投資に見合った適正な対価を回収可能な環境の整備が要請されています。しかし、電子データとなると複製が容易であり、ひとたび不正取得されると一気に広く拡散して投資回収の機会を喪失するおそれがあります。ところが、従来の法令では対応が困難ですので、安心してデータを提供するために、新たな仕組みを作ろうとするものです。

　と申しますのも、本制度の対象となるデータは一般に必ずしも秘密管理性や非公知性を満たしませんので、「営業秘密」として保護されないことが通常です。著作権法との関係でも保護が困難です。事実に関するデータそれ自体には著作物性（同法2条1項1号）がなく、情報の選択または体系的構成によって創作性を有するものといえないので、全体としてデータベースの著作物（同法12条の2）にも該当しない場合が多いからです。一般不法行為による保護も、北朝鮮映画最高裁判決（最一判平成23・12・8民集65巻9号3275頁）との関係で原則的に無理があり、仮に保護対象となる場合であっても、差止請求の対象にならない点で限界があります。契約法理による保護も重要です。経済産業省が2018（平成30）年6月に「AI・データの利用に関する契約ガイドライン」を公表していますが、契約当事者以外には効力が及びません。以上が、従来の法令では対応が困難であったことの理由です。

　田村先生、補足点がございましたらお願いします。

田村　ビッグ・データを保護するに当たっては、立法論として、大別して、二つの方向性があり得ます。一つは、保護される客体に着目して、その保護の要件を調節することを主眼とする法技術であり、他方は、規制される行為に着目して、その態様を特定することを主眼とする法技術です。前者を客体アプローチ（"subject matter-based" approach）、後者を行為アプローチ（"conduct-based" approach）と呼ぶことにします。

　データ保護の関係で、相対的にいえば客体アプローチと評し得る例は、EUデータベース指令（1996（平成8）年）によるデータベースの保護に関するsui generis right（個別立法により認められた権利）に見ることができます。そこでは、保護されるべき客体の要件として、質的、量的に大きな投資がなされたデータベースであることを掲げつつ、その要件をクリアーしたデータベースについては、質的、量的に重要と評価される部分の利用行為に対する禁止権を付

与するという形で広範な行為を規制する権利を付与しております[2]。

　客体アプローチをとるとすると、ビッグ・データの場合、データ自体に着目することになります。データの財産的価値の高低を保護の要否の分かれ目と捉えて、財産的価値の高いものを炙り出す要件の設定を試みることになります。しかし、公知のものを含めて情報の集積に財産的価値が生じており、その利用を規制しようとする以上、条文の文言としても、その解釈としても、境界の確定は生来的に困難なものがあり、過少ないし過大な保護を生んだり、予測可能性に乏しく、取引や利用を過度に阻害したりするおそれがあります。

　他方、行為アプローチは、営業秘密の不正利用行為規制に見いだすことができます。営業秘密不正利用行為の特徴は、秘密管理に焦点を当て、秘密管理体制を不正に突破する行為の有無を規制の要否を区別するメルクマールとしている点です。

　ビッグ・データの場合、行為アプローチをとるとすると、技術的なプロテクションを突破するところを規制の要否のメルクマールと捉えて、技術的プロテクション不正突破行為と、不正突破行為の利用行為を規制することになるでしょう。行為アプローチをとった場合の客体の特定のあり方に関しては、技術的プロテクションを突破したところに不正性を見いだすことになるので、不正突破行為があったか否かを判別するための結節点として技術的プロテクションを客体の要件とすることは必要ですが、保護の客体についてうるさく吟味する必要はありません。規制すべき行為のほうで予測可能性は確保しており、それ以上に客体を絞る意味に乏しい反面、管理者も財産的価値を見いだしているからこそ、管理を施しているとともに、突破者は財産的価値を見いだしているからこそ突破行為に及んだと考えられますから、客体に財産的価値が備わっていない場合が仮にあるとしても例外的なものにとどまります。結論として、技術的プロテクションは、保護の外延を画すものとして要求しますが、客体に関する他の要件は、そこから保護されるべきでないことが明らかなものを除くための要件と捉えるべきでしょう。

2　Cf. Matthias Leistner, "Big Data and the EU Database Directive 96/9/EC: Current Law and Potential for Reform" in Lohsse/Schulze/Staudenmayer (eds.), Trading Data in the Digital Economy: Legal Concepts and Tools, Baden-Baden, Nomos 2017.

改正不正競争防止法[3]の立場は、ここでいう技術的プロテクションに該当する電磁的管理をメルクマールとして、電磁的管理突破行為（正当取得者の目的外利用を含む）とその突破行為を不正に利用する行為を規制するとともに、客体の結節点として電磁的管理を要件としており、概ねここにいう行為に着目するアプローチを主眼としていると評することができます。他方、客体の要件には相当量蓄積性も入れられており、行為にのみ着眼するアプローチを貫徹しているわけではありませんが、規制行為が限定されている分、客体要件については、規制行為との結節点となる電磁的管理を除けば、過度に厳格に運用する必要はないように思われます。

2　制度の概要

岡村　次に本制度の概要ですが、「百聞は一見にしかず」という言葉があります。**図表 9-1** は本指針に掲載されているものです。まず、全体像を把握していただくためには、これをご覧いただくのが適切かと存じます。

田村　この**図表 9-1** に記載されているとおり、「限定提供データ」の定義規定として 2 条 7 項が新設され、これによって改正前の同条 7 項以下が、同条 8 項以下へと順次繰り下がりました。ただし、「技術的制限手段」に関する定義規定である改正前の同条 7 項は、内容の一部改正を伴い同条 8 項となっています。

　本制度の不正競争に該当する行為として、新たに 2 条 1 項 11 号から同項 16 号までの規定が置かれました。詳しくは後述しますが、この**図表 9-1** に条項が記載されているように「不正取得類型」と「著しい信義則違反類型」、および、それぞれの「転得者類型」によって構成されています。これによって改正前の同項 11 号以下が、改正後は同項 17 号以下へと順次繰り下がりました。ただし、技術的制限手段について規定する改正前の同項 11 号・12 号は、内容が一部改正されて同項 17 号・18 号となっています。安全なデータ利用という見地から、利用者側の萎縮効果に配慮して、適用除外とする行為も 19 条 1 項 8 号で規定されました。

3　詳細につき、参照、田村善之「限定提供データの不正利用行為に対する規制の新設について——平成 30 年不正競争防止法改正の検討」高林龍ほか編『年報知的財産法 2018-2019』（日本評論社、2018）28〜41 頁。

【図表 9-1】限定提供データに係る不正競争

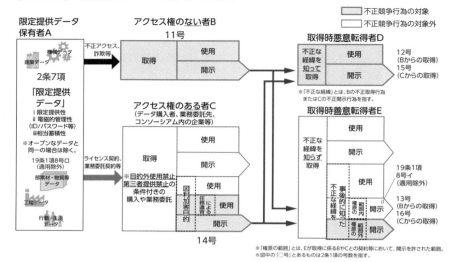

出典：本指針5頁をもとに一部修正

　他にも複数の関連規定が改正されています。営業秘密制度と異なり、本制度に関する不正競争は、過度の萎縮を避けるため刑事罰の対象となっておらず、民事措置の対象にとどめられています。民事措置に関する規定のうち、4条、5条および15条についても本制度に関連する改正が行われています。また、営業秘密関連の規定にも概念区分のため等の趣旨から改正が加えられています。

3　限定提供データの定義

1　2条7項が定める要件の理解

岡村　限定提供データの定義規定である2条7項に、話を進めたいと思います。同項は、「業として特定の者に提供する情報として電磁的方法（中略）により相当量蓄積され、及び管理されている技術上又は営業上の情報」をいうものと定義しています。

　まず、「**業として特定の者に提供する**」について説明します。「特定の者に提供する」という要件は、まさに限定提供データを保護対象とすることから当然に導かれるものです。中間報告では「限定的な外部提供性」という言葉を用い

ていましたが、本指針では「限定提供性」と呼ぶことになりました。「特定の者に提供」ですので、提供先の多寡、有償・無償を問わない半面、提供先が不特定の者であれば、後述する行為時点における提供先の多寡に関係なく、この要件を満たしません。「業として……提供」という要件は、本法が競争法であることから抽象的には理解できるのですが、営利事業以外に該当する範囲についてWGで検討されました。

田村 第一に、データは特定の者に提供されている必要があります。無限定に提供されており、誰でも利用できるデータについて、あえて本規制による手間隙をかけて利用者を限定する必要がないからです。したがって、完全に自由に提供されている場合はもとより、クリックをすれば誰でも無償で利用できる場合にも、限定提供性を満たさないと解されます。他方、対価の支払いが要求されている場合には、そのように対価を支払う意思を示した者だけが利用できるのですから、限定提供性を満たします。その場合、利用者の数が多数に上ることになったとしても、限定提供性の要件が充足されることに変わりはありません。さもないと、大規模にユーザーを募ることができる経済的な価値が高く、その分、インセンティヴを付与する必要性の高いデータの提供サービスが、かえって本規制の保護を享受し得ないことになってしまいます。

　第二に、データは業として提供されるものである必要があります。データが営利目的とは無関係に蓄積、管理されているにとどまる場合には、あえて不正競争防止法の規制によってインセンティヴを与える必要はないからです。

岡村 「業として……提供」という要件については、ほかにも、現に反復継続的に提供している場合だけでなく、まだ実際には提供していなくても、データ保有者の反復継続して提供する意思が認められるものであれば、本要件に該当するかどうかという点がWGで議論され、これも含まれるということで落着して、本指針8頁に記載されました。提供の準備が整った状態に至ったため「来月1日から提供サービス開始、当該サービス契約締結は今月15日から先行して開始」と広報した直後にハッキング被害に遭ったような場合にも、保護されて当然であると思われるからです。

　次に**「電磁的方法により相当量蓄積され、及び管理されている」**という要件ですが、「電磁的方法」を要件としたのは、中間報告5頁以下に記載されてい

るとおり、ビッグ・データ等を念頭に置いているという本制度の性格上、いわゆる電子データに限定する趣旨です。「……により相当量蓄積され」を要件としたのは、集合することにより商業的価値が認められるという趣旨であり、本指針9頁では「相当蓄積性」と呼ばれています。この要件への該当性に関する基準についてWGにおける検討結果が本指針に掲載されましたので、田村先生からご説明をお願いします。

田村 この要件は、電磁的管理による付加価値が生み出されていないデータに対して、あえて本規制によるインセンティヴを与える必要はないと判断されたものです。

条文の構造に照らしますと、保護の客体として必要とされている要件ですので、保有者のほうで相当量蓄積されているだけでは足りず、利用者が利用したデータも「相当蓄積性」の要件を充足しない場合には、保護が否定されると解さざるを得ないのではないかと思われます。

問題は、どの程度、蓄積されると、同項にいう「相当量」に該当すると判断されるのかということです。限界線を具体的な数値で画することは困難ですが、電磁的方法による蓄積、管理による付加価値がいまだ生み出されていないような規模にとどまる場合には、「相当量」とはいえないと解することになるでしょう。たとえば、合理的な範囲内の手作業でも到達し得る量の場合には、この要件を満たさないと解されます。

岡村 さらに「**電磁的方法により……管理され**」という要件は、本指針10頁では「電磁的管理性」と呼ばれています。中間報告5頁では「技術的管理性」という名称で、「データを取得しようとする者が、データ提供者との契約で想定される者以外の第三者による使用・提供を制限する旨の管理意思を明確に認識できる、特定の者に限定して提供するための適切な電磁的アクセス制御手段（ID・パスワード管理、専用回線の使用、データ暗号化、スクランブル化等）により管理されているデータであること」としていましたが、いわば管理性の方法が「技術的」から「電磁的」へと名称変更されました。とはいえ、中間報告でも「電磁的……手段」としているので、その点では実質的に変わりがありません。本要件についてWGではさらに解釈について細部の精緻化されました。

田村 たとえば、特定の部屋に置いてある端末でしか受信できない場合に当該

部屋の入退出を電磁的方法で管理しているにすぎない場合には、データ自体を電磁的に管理していると評価できず、本要件を充足しないと解すべきでしょう。そのような管理方法はデータとの関係が離れすぎており、何が保護されるべきデータであるのかということに関する関係者の認識可能性を保障することに難があるからです。このほか、多様な用途に供される端末（たとえば、携帯電話、PC）を個人が保有しており、その端末の起動がパスワード等によって管理されているにとどまる場合にも、同様の評価を与えるべきだと考えます。

　これに対して、保護されるべきデータ専用の端末や専用の回線に関しては、当該端末、回線にアクセスするための認証手続等が電磁的に管理されている限り、電磁的管理性を満たすと理解して差し支えありません。この場合、当該端末、回線でやりとりされるデータは一つでないとしても、すべて保護されるべきデータであることを関係者は認識し得ると考えられるからです。

岡村　電磁的管理性が提供を制限する旨の管理意思を明確に認識するためのものであることからして、ご指摘の点は当然の帰結であると考えます。

　「技術上又は営業上の情報」という要件に移りますが、中間報告の段階では、営業秘密の定義に関する 2 条 6 項の場合と同様に「有用性」が記載されていました。成立した法文では営業秘密のような「事業活動に有用な」という形容詞が付けられておらず、「有用性」を示す明文がありません。

　その理由ですが、集合することにより商業的価値が認められることについては前述したとおりであり、これは「相当量蓄積」という法文から読み込めますので重複させる必要はありません。他方で、営業秘密の場合には違法または公序良俗に反する内容の情報は保護対象外とされてきましたが、これは「事業活動に有用な」の解釈を待つまでもなく、1 条の本法の目的にいう「事業者間の公正な競争の確保」、「国民経済の健全な発展への寄与」から導き出すことが可能です。本指針 12 頁も、このような説明を行っていますので、補足がありましたら田村先生からお願いします。

田村　今回の改正の趣旨に鑑みれば、いずれにせよ、産業の発展に寄与しないことが明らかなもの、たとえば、児童ポルノの画像データや社内での人間関係の不祥事に関するデータなどは本規制の保護の対象外にすべきだと思われます。あとはどこの要件で読むべきかということですが、ご指摘のような処理の

仕方のほかにも、趣旨解釈として「技術上又は営業上の情報」に該当しないと解したり、3条または4条の「営業上の利益」として保護に値する利益がないと読んだりすることもできるように思います。

2　適用を除外されるデータ

岡村　2条7項かっこ書に「**秘密として管理されているものを除く**」とありますが、これは営業秘密との重複を避けるという立法趣旨から規定されたものです。この点に関する田村先生のご意見をお願いします。

田村　立法論として疑問が残ることも事実です。被疑違反者側が秘密管理を証明して本制度の規制を免れようとしたところで、情報が公知となっていないために営業秘密の要件を満足するのであれば、結局、営業秘密の不正利用行為規制に服することになるので、かっこ書該当性を議論する実益はなさそうです。他方、秘密として管理しているが非公知とはいえない情報に関しては、条文の文言上は、保有者は、限定提供データとしての保護も営業秘密としての保護も失うことになります。しかし、秘密管理と電磁的管理の境界は曖昧であることも事実です。幸い秘密管理に至らない程度の管理しかなしていないと情報が公知となっても限定提供データとしての保護を享受することができるのに、努力して秘密管理に至る管理をなしているととたんに、公知となった場合に一切保護されなくなるという、両ケースの差異を正当化する理由を見いだすことは困難であるように思います。

　といっても、すでに条文として明確化されてしまった以上、次善の策として何らかの彌縫策を考えるほかありません。そこで、公知となることを予定していない場合には、秘密管理を行っていると解釈すべきでしょう。そのような場合には、大半は実際に公知とならないように管理していると思われますので、保護の間隙を少なくすることができます。それでも間隙は残りますが、解釈論としていたしかたないところです。その理由付けとしては、限定提供データの保護が営業秘密の保護と異なる点が、正当使用者の図利加害目的使用の管理にかかる任務に違反していることが要件となっていること、善意無重過失転得者が免責されていること、善意転得者の使用が免責されていることにあることに鑑み、これらの差異は、公知となることが予定されており、ゆえにその分流通

を保護する必要があるからだ、とでも説明することになるのでしょう。

岡村　ご指摘の点との関係では、両制度のどちらに該当するのか必ずしも明確といえない場合が想定されます。「公知・非公知」の概念も、ウェブ検索が容易になったことに象徴されているように、現在では必ずしも区分が容易でなくなってきているという問題もあります。両制度のどちらに該当するのかが必ずしも明らかでない事案については、民事訴訟の実務的な対応方法として、営業秘密侵害を主位的に主張し、限定提供データ侵害を予備的に主張するというパターンが登場する可能性も考えられるところです。さらに著作権法上のデータベースの著作物に対する侵害を主位的に主張した上、その創作性が認められない場合に備えて、営業秘密侵害や限定提供データの侵害を予備的に主張するといったケースが登場する可能性もあります。他方で、事業者が当初は営業秘密として社内で管理していたデータについて、その後の検討によって外部への提供サービスとして事業化することに踏み切ることになった場合のように、同一データが営業秘密から限定提供データへと動的に変化を遂げるケースがあることにも留意すべきです。

　最後に、「**無償で公衆に利用可能となっている情報〔オープンなデータ〕と同一**」の情報が19条1項8号ロによって適用除外とされています。これは中間報告6頁で「提供する相手を特定・限定することなく広く提供されているデータと『同一』のデータは、保護の対象外とすべきである」としたことに対応しています。具体的には、政府が公開している統計情報等が念頭に置かれています。これらについてまで対象とすると、かえって前述した制度趣旨に反する結果を招くおそれがあるからです。中間報告では、先の部分に続いて、「提供する相手を特定・限定することなく広く提供されているデータとの『同一』性の程度や、『技術的管理性』の内容等については、ガイドライン等において、明確化を図る」としており、これを踏まえて本指針により明確化が図られました。

田村　この適用除外は、無償で提供されている情報と同一の情報の創出や提供にインセンティヴを与える必要がないことから設けられているものです。

　本号による適用除外が成立するためには、無償で利用可能となっていなければなりません。有償で利用し得るようになっている場合には、それが多数の者に供されているとしても、限定提供データとしての保護は失われるものではあ

りません。有償ながら多数の者が利用している情報は、付加価値の高い情報として、まさに本規制の保護に値するものだからです。

「無償」とは、一般には、データの提供を受けるに当たり、金銭の支払いが必要ない、つまり無料である場合であるといえますが、金銭の支払いが不要でも、データの提供を受ける見返りとして自らが保有するデータを提供することが求められる場合や、そのデータが付随する製品を購入した者に限定してデータが提供される場合等、データの経済価値に対する何らかの反対給付が求められる場合には、「無償」には該当しないものと考えられます。

次に、公衆に利用可能となっているものでなければなりません。無償で提供されているが、いまだ特定ないし少数の者に提供されているにとどまる情報に関しては、なお本規制によりさらなる開示を促す必要があるからです。他方、無償で誰もが自由にアクセスし得る状態になっている場合には、もはや開示のインセンティヴを与える必要はなく、ゆえにアクセス数の多寡を問わず、適用除外の対象となると解すべきです。たとえば、誰でも自由にホームページ上に掲載された当該データにアクセスできる場合等がこれに当たるでしょう。

さらに、無償で利用可能となっている情報と同一の情報でなければなりません。利用可能な情報を加工して得られる情報に関しては、いまだ創出、提供のインセンティヴを付与する必要性は失われていないからです。もっとも、この趣旨に鑑みれば、「同一」とは、そのデータが「オープンなデータ」と実質的に同一であることを意味し、たとえば、「オープンなデータ」の並びを単純かつ機械的に変更しただけの場合は、実質的に同一であると考えるべきでしょう。また、限定提供データの一部が「無償で公衆に利用可能となっている情報」と実質的に同一である場合は、当該一部が適用除外の対象となると考えるべきです。

なお、「オープンなデータ」が、紙媒体によってのみ、無償で公衆に利用可能となっている場合でも、これと同一の電子データであれば、「無償で公衆に利用可能となっている情報と同一の限定提供データ」に該当すると考えられます。

岡村 現在では、サイト上のコンテンツをユーザーが誰でも無償で閲覧できるとしつつ、サイトのバナー広告その他の広告料収入を広告配信業者から得るこ

とによって事業として成り立つというモデルが普及しています。このような場合も、閲覧者たるユーザーとの関係では有償といえませんので、「無償で公衆に利用可能」に該当することになるのでしょうが、当該コンテンツを無断流用するようなケースについては、それ自体に著作物性があれば、著作権法による保護が及ぶ場合も少なくないものと思われます。

4 「不正競争」の対象となる行為について

岡村 本制度は、前述の「行為規制アプローチ」を基本的には採用しており、前掲**図表 9-1** のとおり、限定提供データ保有者の利益を直接的に侵害する行為等の悪質性の高い行為を「不正競争」として定めています。限定提供データの定義については詳論しましたが、その全体ではなく一部を「取得」等するような場合もありますので、その対象範囲等が WG でも議論となりました。

田村 本指針 18 頁は、「限定提供データ保有者が提供している『限定提供データ』の全部、又は相当蓄積性を満たす一部(当該一部について、蓄積されることで生み出される付加価値、利活用の可能性、取引価格、収集・解析に当たって投じられた労力・時間・費用等を勘案し価値が生じているものと判断される場合)であることが必要である」としています。

まず確認ですが、前述したように、条文の構造に鑑みれば、保護の客体として必要とされている要件であるので、保有者のほうで相当量蓄積されているだけでは足りず、利用者が利用したデータも相当量蓄積性の要件を充足しない場合には、保護が否定されると解さざるを得ません。

インプットの場面で「相当量」の情報を収集し解析した結果、アウトプットとして得られた情報の量が大きなものでなかったとしても、本規制の保護の対象となると解すべきかという論点があります。たとえば、大量の販売データ、気象データがインプットされ電磁的に蓄積し管理した結果、アウトプットとして、予測された特定日の特定の店舗への来客数に関する予想データが得られた場合、このアウトプットのみを利用する行為が違反行為となるのかという論点です。条文上、「相当量」が「蓄積」を限定しているにとどまり、「管理」は修飾しないという読み方も不可能ではないからです。しかし、営業秘密と異なり限定提供データは公知の情報と区別がつかない場合があり、公知の場合の適用

除外はあるとしても、それはデータが無償で提供されている場合に限られていることに鑑みれば、「相当量」の要件を外してしまうことはデータの利用を過度に萎縮させることになりかねません。結論として、「相当量」の要件は「蓄積」、「管理」双方に要求されると解されます。

したがって、蓄積され管理されている相当量のデータが利用されない限り、本規制の対象外ということになりますが、もちろん、管理されているデータのすべてが抽出される必要はありません。被疑違反者によって利用された部分だけで、合理的な手作業によって到達し得ない量のデータがあると認められる場合には、相当量蓄積管理性の要件は満たされると考えるべきです。その判断は質的なものですから、一個の写真の画像データであっても、ピクセル数が十分に多く、手作業では集積が困難となる量に到達していれば本規制の保護の対象となると考えられます。

岡村 対象となる行為として限定提供データの「取得」、「使用」、「開示」が登場します。「**取得**」について、本指針19頁は、「データを自己の管理下に置くことをいい、データが記録されている媒体等を介して自己又は第三者がデータ自体を手に入れる行為や、データの映っているディスプレイを写真に撮る等、データが記録されている媒体等の移動を伴わない形で、データを自己又は第三者が手に入れる行為が該当する」としています。本指針で明らかにされた具体例と留意点についてご紹介ください。

田村 本指針では「原則として『取得』に該当すると考えられる具体例」として、サーバや媒体に保存されているデータを自分のパソコンやUSBメモリにコピーする行為、自己のアカウントに係るクラウド上の領域等でデータを利用できる状態になっている場合、データが記録された電子ファイルを添付したメールを他者に依頼して送付させ、自身か第三者が受信する行為に加えて、データを紙にプリントアウトして持ち出す行為まで含めています。なお、電子ファイルが送信された場合等について、データにアクセスできるID・パスワードのみを入手したにとどまり、データそのものは入手していない場合は、「取得」には該当しないとしても、「取得」の蓋然性が高いものである以上は、「営業上の利益を……侵害されるおそれ」（3条）があるとして、将来の「取得」に対する予防的差止請求を行うことができるとしています。

第 9 章　限定提供データ制度の導入の意義と考え方

岡村　「使用」について、本指針 19 頁は、「データを用いる行為であるが、具体例としては、データの作成、分析等に用いる行為が該当するものと考えられる」としており、これについても本指針で明らかにされた具体例と留意点についてご紹介ください。

田村　取得したデータを用いて研究・開発する行為、取得したデータから AI 技術を利用したソフトウェアの開発用の学習用データセットを作成するために分析・解析する行為、取得したデータを AI 技術を利用してソフトウェアの開発に利用する行為、取得したデータを用いて新たにデータベースを作成するべく、検索しやすいように分類・並び替えを行う行為等が具体例です。

　取得したデータを使用して得られる成果物がもはや元の限定提供データとは異なるものと評価される場合の扱いについて、本指針は、その使用、譲渡等の行為は不正競争には該当しないとした上、ただし成果物が、取得したデータをそのまま含むデータベース等、当該成果物が取得したデータと実質的に等しい場合や実質的に等しいものを含んでいると評価される場合には、当該成果物を使用する行為は、取得したデータの「使用」に該当すると考えられるとしています。

岡村　「開示」について、本指針 20 頁は、「データを第三者が知ることができる状態に置くことをいう」とした上、「実際に第三者が知ることまでは必要がなく、必ずしも『開示』の相手方が『取得』に至っていることも必要ではないと考えられる」としています。検討課題となった点をお聞かせください。

田村　取得したデータを用いて生成されたデータベース等の成果物を開示する行為について検討課題となりましたが、本指針は、その成果物が元データと実質的に等しい場合や実質的に等しいものを含んでいると評価される場合には、元データの「開示」に該当するとしました。

5　不正取得類型について

岡村　先に本制度は「不正取得類型」と「著しい信義則違反類型」、および、それぞれの「転得類型」によって構成されているとのご紹介がありました。

　まず、「不正取得類型」から説明を始めたいと存じます。これを 2 条 1 項 11 号は「窃取、詐欺、強迫その他の不正の手段により限定提供データを取得する

行為（中略）又は限定提供データ不正取得行為により取得した限定提供データを使用し、若しくは開示する行為」と規定しています。前掲**図表 9-1** の中央上段にある「アクセス権のない者B」の部分に対応しています。この取得行為のことを「限定提供データ不正取得行為」といいます（同号かっこ書）。

　不正の手段として「窃取、詐欺、強迫」が例示されていますが、どのようなものが「その他の不正の手段」に含まれるかという点について、本指針 22 頁は、「社会通念上、これと同等の違法性を有すると判断される公序良俗に反する手段を用いる場合も含まれる」とした上、不正アクセス禁止法違反行為等を掲げて該当例を 23 頁に記載しています。これらは比較的理解が容易ですが、重要なのは「不正取得類型に該当しないと考えられる事例」です。

田村　「不正の手段」は例示（「窃取、詐欺、強迫その他」）があるだけで定義されているわけではありませんが、前述した規律の趣旨に鑑みれば、電磁的管理体制を突破する行為を指すと理解すべきです。たとえば、なりすまし、セキュリティ攻撃、文書等の保管体制を破壊してIDやパスワードを不正に取得してアクセスする行為、ハッキングにより専用回線に侵入する行為、人的に詐欺や強迫によりアクセスする行為等がこれに該当します。指針では、不正アクセス行為の禁止等に関する法律に違反する行為、刑法上の不正指令電磁的記録を用いる行為等の刑罰法規違反に加え、電気通信法制に反して通信の秘密を侵害する傍受行為といった法令違反の行為がある場合に加えて、これらの行為に準ずる公序良俗に反する手段によって、ID・パスワードや暗号化等によるアクセス制限を施した管理を破ること等も「不正の手段」に入るとしています。謙抑的ながら、不正競争防止法独自の視点から違法となり得ることを肯定している点に特徴があります。

　他方、「不正の手段」に該当しない例として、指針では、他社製品との技術的な相互互換性等を研究する過程で、市場で購入した当該他社製品の作動を確認するため、ネットワークにつなぐことなく（不正アクセス禁止法に抵触しない方法で）当該製品のプロテクトを解除し、必要な範囲でデータを取得する行為、ウイルスが混入している等データ自体が有害である可能性が生じた場合に、その確認および対策を講じる必要から、データ保有者の許可を得ずに限定提供データの取得を行う行為等が挙げられています。

6 著しい信義則違反類型について

岡村 次に、「著しい信義則違反類型」については2条1項14号が規定しています。「限定提供データを保有する事業者（以下『限定提供データ保有者』という。）からその限定提供データを示された場合において、不正の利益を得る目的で、又はその限定提供データ保有者に損害を加える目的で、その限定提供データを使用する行為（その限定提供データの管理に係る任務に違反して行うものに限る。）又は開示する行為」というものです。こちらは前掲**図表9-1**の中央下段にある「アクセス権のある者C」の部分に対応しています。

　不正取得類型と異なり、本類型は適法に取得済みのケースですので、「取得」は対象となっていません。残された「使用」または「開示」のみが対象であり、さらに図利加害目的を要件とする点、不正使用行為については「その限定提供データの管理に係る任務に違反して行うものに限る」という加重要件を付している点でも、不正取得類型の場合と異なっています。これは中間報告9頁に基づいており、単なる契約違反にすぎないものが該当しないよう、著しい信義則違反と評価し得る悪質性の高い場合に限定する趣旨から設けられた要件です。データの取得自体は正当に行われている場合に関する類型ですので、データの流通、そして取得者の事業活動が過度に萎縮することを避けるためです。中間報告9頁は「データ利用者側の予見可能性を高める観点から、具体的な内容については、ガイドライン等において、明確化を図る」ものとしました。それを受けてWGで検討された本指針の内容として、まずは**「限定提供データの管理に係る任務」**について、ご説明をお願いします。

田村 正当取得者の適正な使用が本規制によって過度に萎縮することのないように、使用行為に関しては、主観的目的としての図利加害目的に加えて、「管理に係る任務」に違反していることが必要とされています。他方、利用者の行為が開示にまで至る場合には、保有者に与える不利益が類型的に大きなものとなるので、管理に係る任務に違反していなくても、図利加害目的があれば不正競争行為となります。

　管理に係る任務を緩やかに解しすぎると、図利加害目的（後述するように、原則として明らかな契約違反を指すものと解すべきです）との差異が不明確とな

り、何のために任務という限定要件を付したかわからなくなります。その反面、委任のように提供者に代わって情報を管理する任務に限定するのはおそらく狭きに失します。そうすると、わかりやすいところで中をとって、提供者のために管理する場合を指すと解すべきでしょう。本指針もこのような立場をとっており、「管理に係る任務」があると認められるためには、限定提供データ保有者のためにする任務があることが必要であるとするとともに、限定提供データ保有者のためにする目的と同時に、正当取得者自身のためにする目的が併存する場合であっても、保有者のためにする行為であると評価されれば、「限定提供データの管理に係る任務」が存在する、としています。

　「管理に係る任務」が認められる具体例としては、指針にも掲げられていますが、データの管理を委任されている場合、コンソーシアム内で互いにデータを共有している場合、フライチャイズ本部からデータを提供されたフランチャイズ支部が自己の加盟店に配信するために管理している場合等がこれに該当し得るといえます。他方で、情報の利用について単なるフランチャイジーやライセンシーはこの任務を負っていないと考えるべきですが、たとえば、ライセンシーがデータを利用する過程で取得する情報をライセンサーにフィードバックする義務を負っている等の特段の事情がある場合には、管理に係る任務を肯定し得る場合があるといえます。

　いまご説明したような例で説明しています。

岡村　続いて、**図利加害目的**について、ご説明をお願いします。

田村　図利加害目的は、正当取得者の使用と開示の双方を通じて不正競争行為が成立する要件とされています。情報を正当に利用し得るはずの者の利用が萎縮することがないよう、保有者からの契約に反することが明らかであって、それを認識していることを要すると解すべきです。他方、条文の構造上、競業目的は要件とされておりません。したがって、正当に取得した際の相手方である管理者が外部に有償で提供しているデータを明らかに契約に違反することを認識しつつ利用する場合には、必要となる対価を支払うことなく利用しているという意味で自己の利益を図っており（＝不正の利益を図る目的）、その結果、収受し得たはずの対価を相手方が収受し得なくするという意味で損害を与える目的（＝加害目的）が充足され、別途、正当な目的があることが示されない限り

図利加害目的を充足すると解すべきでしょう。

　具体的には、契約条項で明示的に禁止されていない場合には、図利加害目的は原則として否定されます。ただし、例外的に、被開示者が保有者に対して利益相反行為を行わない義務を負担している等、その職務等に鑑みて、開示の趣旨が明らかである場合には別論が成り立ち得る、と解すべきです。

　逆に、契約内で明示的に許されている利用を超える場合であっても、契約の趣旨に即してそのような利用が認められる場合には、図利加害目的は否定されると解されます。最終的に裁判所が採用した契約の解釈とは異なっていたとしても、正当取得者がそのような利用が許されていると考えていた場合には、萎縮効果を防ぐという法の趣旨に鑑み、図利加害目的の充足を否定すべきでしょう。

　過失で契約に違反して利用した場合、債務不履行責任を負うことは格別、それだけで図利加害目的を満たすと理解すべきではありません。さもないと、やはり正当な行為を過度に萎縮させるおそれがあるからです。

　この他、図利加害目的が否定される例としては、契約には違反しているものの、正当な目的がある場合を想定できます。急迫の危険を免れるための事務管理であって悪意、重過失がないために損害の賠償責任が免責される場合（民法698条）にも、こうした行為を抑止しないようにするという法の趣旨に鑑み、図利加害目的を否定すべきといえます。

7　転得類型について

岡村　「不正取得類型」の場合における転得類型と、「著しい信義則違反類型」の場合における転得類型に分けて規定されています。また、両者ともに取得時悪意の場合と、取得時善意であったが取得後に悪意に転じた場合（いわば取得後悪意の場合）に分けて規定されています。以上によって4類型に区分されます。いずれにしても、限定提供データ不正取得行為等の「介在」という言葉が示すように、不正行為者からの直接の取得者だけでなく、中間に別の取得者が介在したn次取得者も対象となる点で共通しています。

　他方で、営業秘密の場合には悪意だけでなく重過失の場合にも不正競争となることと異なり、重過失が対象とされていない点で共通しています。これは中

間報告 11 頁に記載されているとおり、入手経路への注意義務が転得者に課されないよう、重過失の者は対象外とすべきであることを制度趣旨とするものです。調査義務もないことになります。

　問題は「介在」の認識を含めた「悪意」の内容ですが、まず、最もシンプルな、「限定提供データ不正取得行為が介在したことを知って限定提供データを取得し、又はその取得した限定提供データを使用し、若しくは開示する行為」（2 条 1 項 12 号）を取り上げたく思います。「不正取得類型」の場合における取得時悪意の転得類型です。

田村　データの流通を過度に阻害することがないよう、不正転得者としてその取得、使用、開示が規制されるのは、転得時に悪意があることが要求されております。事後的に悪意となったにとどまる場合には、次に述べる事後的悪意者の規律に服することとなり、取引による善意取得者の利用行為の適用除外（19 条 1 項 8 号イ）の対象となりますが、転得時に悪意であった者には、取引の安全を保護する必要がないので、そのような恩恵を享受することはありません。

岡村　取得時善意（取得後悪意）の転得類型に移りたいと思います。中間報告 11 頁では、この場合も「不正競争」とすべきであるとしつつ、「転得者が悪意に転じる前の取引で定められた権原の範囲内での提供は、適用除外とすべきである」とされていました。データ保有者の被害拡大防止のための救済措置が必要である一方、取得後悪意に転じることによって差止請求等によって突然事業活動の停止を余儀なくされるようなことがあれば、データを使用する事業活動へ萎縮効果を与え、ひいてはデータ流通や利活用の阻害要因ともなりかねないことが懸念されたからです。そのため、データの保有者と利用者の保護のバランスを考慮し、取得後悪意に転じた転得者については、開示行為に限定して「不正競争」としています（2 条 1 項 13 号・16 号）。開示行為は、拡散により保有者が甚大な損失を被るおそれがあるからです。さらに取引安全確保の観点から、取引によって「限定提供データ」を取得した者が、「限定提供データ」の不正行為の介在等に関して悪意に転じる前に契約等に基づき取得した権原の範囲内での開示行為を適用除外としました（19 条 1 項 8 号イ）。

　他方で「**権原の範囲内**」等について、中間報告 11 頁は、「ガイドライン等において、明確化を図る」としています。

第9章　限定提供データ制度の導入の意義と考え方

田村　今のご紹介にありましたとおり、善意転得者に関しては、悪意転得者と異なり、使用は禁止行為類型に掲げられていませんので、事後的に悪意に転じたとしても、その使用行為が不正競争行為に該当することはありません。立法論としては議論の余地があると考えますが、今回の改正では、ユーザー側に立つことが多い企業等からの取引の安全を重視する要望が強く、放任されることとなったものです。

　さらに、善意転得者に関しては、その開示に関しても取引の安全を保障するため、データを取得した契約の範囲内で開示する行為は、不正競争行為の適用が除外されています（19条1項8号イ）。

　「権原の範囲内」とは、限定提供データを取得した際の売買、ライセンス等の取引において定められた開示の期間、目的、態様等に関する条件の範囲内という意味であるとされています。なお、契約に期間が定められているが、原則として更新することが予定されている場合には、やはりライセンシーの期待を保護するために、更新前の契約の締結の時点に善意であれば、更新後もなお権原の範囲内として適用除外を受け得ると解すべきです。

　この適用除外の規定を受けるための要件である善意の判断基準時はいつかという問題があります。条文の文言上、19条1項8号イかっこ書内の「その取得した時」とは、その直前の「取引によって限定提供データを取得した」時を指していると理解することが自然な読み方です（データ取得時説）。

　しかし、この見解に立脚する場合には、たとえばデータを継続的に提供してもらう契約を締結したライセンシーが契約期間中に警告を受けたりする等により悪意に転じた場合、それまでに取得したデータに関しては免責されるが、悪意に転じて以降、提供されるデータに関しては、もはやデータの取得時に悪意に転じることになるので適用除外を享受し得ないことになります。このような帰結は、ライセンシーの継続的なデータの利用に関する期待を保障できないことを意味し、本号の趣旨である取引の安全を達成し得ないことは明らかです。そこで、日本語としては不自然な読み方ではありますが、本号の趣旨に鑑み、善意の判断基準時は権原を取得した時であると解するべきだという見解も有力に主張されています（権原取得時説）。この見解に立脚する場合には、契約の締結時の期待を保護することが可能となり、取引の安全に資する結論を得ること

271

ができます。

　指針は結局、条文の文言を重視して、データ取得時説を採用しておりますが、今後、議論になり得るところかもしれません。

8　今後の課題

岡村　本制度に関する今後の課題ですが、今回は導入が見送られた刑事罰の導入について、産業界の中には、なおも導入を望む声がありますので、今後検討課題となる可能性があります。とはいえ、産業界と一括りにしても、データを提供する側の事業者もおられる一方、提供を受ける側の事業者もおられますので、温度差があることも否定できません。

　次に、いわゆる企業の情報資産について、オープン・クローズ戦略の見地から、特許化や国際規格化を含め、「秘密情報の保護ハンドブック〜企業価値向上に向けて〜」を経済産業省知的財産政策室は2016（平成28）年に公表しました。今後は本制度も含めて情報の保護と利活用をめぐる企業戦略という見地から、必要に応じて改訂を考えていくべき時期に来てます。それによって新たな俯瞰図を描いた上で、制度面における過不足が生じていないか、それに対する対応が必要かどうについて検討を進めていくことが重要なはずです。他方、この領域における技術の進歩、ビジネスモデルの変化は大きく、かつ急速ですので、それに制度が追いつけているか、不断の見直しが必要です。

田村　今回の改正については、ビッグ・データの保護を念頭に置いたおそらく世界初の立法ということで、規制新設を正当化するほどの喫緊の要請があるのか、やや不明確なところがあるようにも思われます。そのため、産業界からは、もちろん保護を求める声も強かったのですが、他方で、強すぎる規制により情報の流通が過度に萎縮しかねないとの懸念も表明されていました。できあがった立法はこうした懸念にも配慮して、すでにご説明したように、規制行為が相当量に刈り込まれたものとなっています。今後、ビッグ・データの保護の重要性が現在以上に増すにつれて、今回の規律ではたして十分な保護といえるのか、見直していくことも必要となるかもしれません。少なくとも、長期的な視点に立って、情勢を注視していくことが望まれるように思います。

岡村　田村先生、本日は長時間にわたり、たいへん有り難うございました。

第 10 章　平成 30 年改正労働安全衛生法による労働者の心身の状態に関する情報の保護

近畿大学法学部教授
三柴丈典　Takenori Mishiba

　平成 30 年改正労働安全衛生法 104 条（施行期日は 2019（平成 31）年 4 月 1 日）は、小規模事業者を含め、すべての企業に義務を課す規定です。同条に基づいて策定された厚生労働省「労働者の心身の状態に関する情報の適正な取扱いのために事業者が講ずべき措置に関する指針」等に関し、その策定のための同省検討会委員を務められた三柴丈典教授（近畿大学法学部）との対談によって、その概要を理論面と実務面から解説します[1]。

1　労働安全衛生法 2018（平成 30）年改正と指針の策定

岡村　本日は労働安全衛生法（以下「安衛法」といいます）における「労働者の心身の状態に関する情報の取扱い」をテーマに対談します。これは事業者すべてに適用されるものです。

　三柴先生と私は厚生労働省「労働者の心身の状態に関する情報の取扱いの在り方に関する検討会」の委員として、同省「労働者の心身の状態に関する情報の適正な取扱いのために事業者が講ずべき措置に関する指針」[2]の策定に携わりました。以下「本指針」といいます。詳しくは後述しますが、これは安衛法の 2018（平成 30）年改正によって新設された 104 条に基づいて作られたものであり、同年 9 月 7 日に公表されています。

---

[1]　本稿は、2019（令和元）年 5 月 13 日に行われた対談（NBL1147 号・1149 号掲載）に加筆修正を加えたものである。
[2]　労働者の心身の状態に関する情報の適正な取扱い指針公示第 1 号（平成 30 年 9 月 7 日）。

それに続いて「平成30年度 労働者の健康情報の取扱いに関する検討会」にも委員としてご一緒し、「事業場における労働者の健康情報等の取扱規程を策定するための手引き」の策定に携わりました。以下「手引き」といいますが、これは本指針に基づき事業者が定めるべき取扱規程等について解説したものです。2019（平成31）年4月3日に公表されています。

　三柴先生のご専門分野は労働法・産業保健法です。他方で、対象となる心身の状態に関する情報（「健康情報[3]等」とも呼ばれ、上記手引きでは、その呼称が用いられています）は、後述のように個人情報保護法（以下「個情法」といいます）上の個人情報、その中でも要配慮個人情報に該当することが通常です。そのため、私は主として個情法の専門家という立場から委員として意見を述べました。この対談で述べる見解は、あくまでも個人的見解であることを、あらかじめお断りしておきます。

　まず、安衛法とはどのような法律なのかについて、ご説明ください。

三柴　安衛法の冒頭の1条（目的）（条項は特に断りがない限り、安衛法のそれを指すものとします）は、労働基準法（以下「労基法」といいます）と相まって、労働災害の防止のための危害防止基準の確立、責任体制の明確化および自主的活動の促進の措置を講ずる等その防止に関する総合的計画的な対策を推進することにより職場における労働者の安全と健康を確保するとともに、快適な職場環境の形成を促進することを目的とすると規定しています。安衛法は、もともと労基法に定められていた労働安全衛生に関する第5章14箇条を、昭和47年法律第57号によって分離して別個独立の法律としたものです[4]。要するに、労災・職業病の予防や、より開発的な健康づくり、働きやすい環境づくりなどを目的としており、紛争解決や犯罪処罰の基準を提供する一般の民刑事法などとは異質な、主に政策の立案や達成を目的とする、行政法的な法律です。ただし、民事損害賠償訴訟などで、よく、過失——特に契約法上の安全配慮義務違反や不法行為法上の注意義務違反——の判断の根拠とされたり参考にされたりします。

---

[3]　健康情報とは、労働者の心身の状態に関する情報のうち、要配慮個人情報（個情法2条3項）に当たるものを指します。
[4]　学校における児童生徒等および職員の健康の保持増進を図るための法律として学校保健安全法がある。

第 10 章　平成 30 年改正労働安全衛生法による労働者の心身の状態に関する情報の保護

　安衛法の適用を受ける「事業者」とは、事業を行う者で労働者を使用するものをいい（2 条 3 号）、通達で、事業利益の帰属主体のことを意味すると説明されています（昭和 47 年 9 月 18 日発基 91 号）。要するに、トップマネジメントに安全衛生責任を負わせるためにこの法律用に編み出されたマジックワードですが、これまでは、その代行者である人事担当者、管理監督者や健康部門も含めて広く理解されてきました。「労働者」とは、労基法 9 条に規定する労働者（同居の親族のみを使用する事業または事務所に使用される者および家事使用人を除く）をいうと定義されています（2 条 2 号）。したがって、安衛法は、同居の親族だけで事業を行っているような場合を除き、自身で使用する全労働者を対象として、彼／彼女らを使用する全事業者に遵守を求める法律です。また、一部の規定は、事業場で用いられる機械や化学物質のメーカーや販売業者、建設工事の発注者などにも遵守義務を課しており、まさに目的志向の法律といえます。日本法の制定時に参考とされ、現在も法改正の際によく参考にされるイギリス法では、リスクを作り出す者こそがその責任を負うべきとの原則を明記しており、それに部分的に倣ったものとも言えます。

　安衛法の条項には、労働安全衛生法施行令、厚生労働省令である労働安全衛生規則（以下「安衛則」といいます）に委任しているものがあり、これらを以下「安衛法令」と総称します。さらには安衛法が厚生労働大臣の指針に具体化を委任している場合も多いので、その具体的内容を知るためには、それらを含めて参照する必要があります。

　安衛法は、折々に生じる現場課題への対応の必要から、制定後、幾度も改正を重ねてきました。今回の改正は、2018（平成 30）年春の通常国会で成立した「働き方改革を推進するための関係法律の整備に関する法律」（同年法律第 71 号）の一環として労基法等の改正と一緒に行われた同年改正です。以下「改正法」といいますが、同年 7 月 6 日に公布されています。じん肺法も同様です。

岡村　最三判昭和 50・2・25 民集 29 巻 2 号 143 頁が示したように、事業者は労働者に対する安全配慮義務を負っており、それを怠れば損害賠償責任を負います。この義務は労働契約法 5 条で明文化されています。実際のところ、労働者の心身の状態の悪化によって実際に事故が発生するケースもあり、その事故に巻き込まれた第三者が受傷する場合もあるなど、労使だけでなく第三者も不

幸になり、その点でも損害賠償責任が発生します。平易な言い方をすると、安衛法は、その未然防止を図る機能等を果たしています。

　他方、安衛法の場合、後述の健康診断等にしても実際の診断は医師等が行う半面、制度の構造上、あくまでも実施の主体、そして実施義務を負うのは事業者であるという点に大きな特色があります。

　次に、今回の安衛法改正の概要についてご紹介ください。

三柴　今回の改正では、主に産業医・産業保健機能の強化が図られましたが、ご指摘のとおり、併せて、心身の状態に関する情報の取扱いに関する104条が新設されました[5]。事業者は、同法またはこれに基づく命令の規定による措置の実施に関し、労働者の心身の状態に関する情報の収集、保管または使用に当たり、本人の同意がある場合その他正当な事由がある場合を除き、労働者の健康の確保に必要な範囲内で労働者の心身の状態に関する情報を収集し、ならびに当該収集の目的の範囲内でこれを保管・使用しなければならないこと（1項）、事業者は、労働者の心身の状態に関する情報の適正管理のために必要な措置を講じなければならないこと（2項）、厚生労働大臣は、前二項の規定により事業者が講ずべき措置の適切・有効な実施を図るため必要な指針を公表すること（3項）、厚生労働大臣は、前項の指針を公表した場合に必要があれば、事業者またはその団体に対し、当該指針に関し必要な指導等を行えること（4項）を定めています[6]。同時に新設された、じん肺法35条の3も同旨の規定です。

　この改正の施行期日は2019（平成31）年4月1日ですが、104条3項および、じん肺法35条の3第3項にいう「指針」として本指針が策定され、その解説として手引きが作られました。

2　「労働者の心身の状態に関する情報」とは

岡村　改正法104条にいう「労働者の心身の状態に関する情報」は、前述のとおり、そのほとんどが個情法2条3項にいう「要配慮個人情報」に該当する情報です。

5　改正前の同法104条（健康診断等の実施事務に携わる者による秘密の保持）は、改正によって105条となった。
6　同年法律第71号では、同様に、改正じん肺法35条の3として同趣旨の規定が新設されており、やはり2019年（平成31年）4月1日に施行された。本指針は同法同条にいう「指針」の役割も担っている。

労働者が安心して産業医等による健康相談を受けられるようにするとともに、事業者が必要な心身の状態情報を収集して労働者の健康確保措置を十全に行えるようするためには、当該情報が適切に取り扱われることを要する旨が、本指針の冒頭部分に記載されています。換言しますと、改正法 104 条は、労働安全衛生分野における特色を踏まえた個情法の特則として位置付けるべきものと考えています。法文自体には個情法と比べて特色がないように見えますが、本指針によって前記特色を反映させるべきことになります。その理由の詳細は後述します。

そこで次に、改正法 104 条にいう「労働者の心身の状態に関する情報」について、どのような目的で、どのような情報が取り扱われるのか、主なものについてご説明ください。

三柴 主要な目的は、労働者本人への健康確保措置の実施や事業者が負う民事上の安全配慮義務の履行ですが、職場の同僚や顧客など第三者の安全確保、関係者の財産保護のために取り扱われることもあります。

主要な情報として、安衛法に基づく健康診断（66 条以下）に関する情報、長時間労働者を対象とした医師による面接指導（66 条の 8 以下）に関する情報、ストレスチェック（66 条の 10）に関する情報がありますが、治療と仕事の両立支援[7]のための医師の意見などもあり、多岐にわたっています。安衛法と同旨の定めが多いじん肺法に基づく措置を果たすための情報もあります。また、旅客自動車運送事業運輸規則および貨物自動車運送事業輸送安全規則では、事故防止の観点から、点呼時のアルコール検知器使用を義務付けており、最近、事業者が乗務員を乗務させてはならない事由に睡眠不足も追加されています。自動車運送において重大な交通事故やヒヤリ・ハット事例（事故につながりかねない、その一歩手前の出来事）が相次いだことが背景になっていて、こうした情報も、改正法 104 条の対象となり得ます。

7　68 条は病者の就業禁止を規定するが、世界的にもトップスピードで進行する高齢化等を踏まえて、厚生労働省「事業場における治療と職業生活の両立支援のためのガイドライン」（平成 28 年 2 月）は、労働者がり患した疾病の性質によっては、事業者が、まずは配転、時短などの必要な措置を講ずることで就業を支援し、やむを得ない場合に限り禁止する趣旨であるとしている。

3 法定健診制度

岡村 取り扱う目的という点について、もともと安衛法は建設機械等ならびに危険物および有害物に関する規制を中心としていましたが、メンタルヘルスや長時間労働による過労のような現代的問題が出現して、どの職場であっても関係するような問題への対処が織り込まれるに至っているという意味で、次第に変容を遂げてきたように感じます。このように考えると、いまや安衛法は、企業法務においても人事・労務部門と連携して対応すべき課題であるとともに、各従業員が自己に関係する知識として知っておくべき時代になったと考えます。

いずれにしても、ご指摘のとおり対象情報が多岐にわたっていますので、まず、安衛法が定める健康診断（健診）制度の概要についてご説明ください。

三柴 安衛法上の法定健康診断制度と呼ばれており、以下「法定健診」と略称します。法定健診は、常時使用する労働者に対して実施し、業務との関連性を問わず、疾病やその他の健康状態を把握して、適正配置などの安全衛生面での就業上の配慮に活用することを主な目的とする一般健康診断と、作業に起因する健康障害の早期発見と個別的な就業上の配慮のほか、作業環境の改善を主な目的とする特殊健康診断などのその他の健康診断に大別されます。

順序が逆になりますが、後者には、有害な業務に常時従事する労働者等に対して実施する特殊健康診断（安衛則45条1項）のほか、歯またはその支持組織に有害な物のガス等を発散する場所における業務に常時従事する労働者に対する歯科医師による健診（安衛則48条）、じん肺法に基づく健診があります。

前者の一般健康診断には、(1)雇入時の健康診断（安衛則43条）、(2)定期健康診断（安衛則44条）、(3)特定業務従事者の健康診断（安衛則45条）、(4)海外派遣労働者の健康診断（安衛則45条の2）、(5)給食従業員の検便（安衛則47条）があります。(3)は坑内労働、深夜業等の有害業務に常時従事する労働者に対して6ヵ月以内に1回、医師による定期健康診断の実施を義務付けるものです。(3)の対象者は(2)から外れます。(3)の健診は頻度と項目が(2)よりも上回っているからです。

以上のうち、一般の事業者に関係するのは、常時使用する労働者[8]について、

【図表10-1】 法定健診の流れと事業者の義務

1. ・医師等による健診の実施義務（66条1項）、違反には罰則（120条1号）
2. ・健診の結果記録義務（66条の3）・保存義務（103条）、どちらも違反には罰則（120条1号）
3. ・診断結果について医師等からの意見聴取義務（66条の4）
4. ・医師等の意見を勘案し必要があれば、作業の転換等の適切な措置義務（66条の5）
5. ・健康診断の結果の労働者への通知義務（66条の6）、違反には罰則（120条1号）
6. ・健康診断の結果に基づく医師等の保健指導（66条の7）
7. ・健康診断の結果の所轄労働基準監督署長への報告（100条）

雇入れの際に実施する(1)と、1年以内ごとに1回実施する(2)です。

岡村 事業者の義務という観点から法定健診の流れを図示しましたので参照ください（**図表10-1**）。すべて安衛法上の規定です。

他方で個情法2条3項は、本人の「病歴」とともに「政令で定める記述等が含まれる個人情報」を要配慮個人情報として定義しており、後者について個情法施行令2条は、一定の心身の機能の障害（1号）、医師等により行われた健康診断等の結果（2号）、健康診断等の結果に基づき、または疾病、負傷その他の心身の変化を理由として、本人に対して医師等により心身の状態の改善のための指導または診療もしくは調剤が行われたこと（3号）を、要配慮個人情報として規定しています。

ところで、法定健診制度では、労働者側も受診義務を負いますが[9]、義務違反には罰則がありません。そのため、配置転換等の対象となることをおそれた

---

[8] 常時使用する労働者とは、①期間の定めのない契約（かそれと同視できる契約）により使用される者であり、かつ、②労働時間が通常の労働者の労働時間の4分の3以上の者をいう。いわゆる非正規雇用でも、これらの要件を満たせば該当する。
[9] 他の医師等の行うこれらの規定による健診に相当する健康診断を受け、その結果を証明する書面を事業者に提出したときは、この限りではない（66条5項）。近隣の人間ドックや市町村で行う健康診断を受診して、その結果が記載された書面を事業者に提出するようなケースが、この例外的場合に該当する。雇入れ時の健康診断でも、医師による健康診断を受けた後、3月を経過しない者を雇い入れる場合において、その者が当該健康診断の結果を証明する書面を提出したときは、当該健康診断の項目に相当する項目については、この限りでない（安衛則43条ただし書）。定期健康診断および特定業務従事者の健康診断についても健康診断の実施日から1年間に限り、その者が受けた当該健康診断の項目に相当する項目を省略して行うことができる（安衛則44条3項・45条3項）。法定健診項目と比べて抜けている項目があれば、当該項目の健診を受診することになる。

労働者が受診義務を果たさない場合に、安衛法や安全配慮義務との関係で事業者が板挟みになるというケースがあります。このような場合、懲戒処分等と、どのような関係に立つのかという質問を受けることも多いのが現実です。

三柴 法定健診は、まさに法が労使双方に義務付けた健診ですので、事業者は、それを実施しないこと自体で安衛法上の監督指導を受けかねませんし、それを実施しなかったことで労働者の素因（持病や病気にかかりやすい資質）が自然経過を超えて悪化するなどすれば、事業者の民事上の過失責任が認められることがあります（富士保安警備事件・東京地判平成 8・3・28 労判 694 号 34 頁、真備学園事件・岡山地判平成 6・12・20 労判 672 号 42 頁など）。また、個情法上も、法令に基づく場合という例外に当たるので、本人同意がなくても、情報の取扱いが許されます。ですので、一部には反対説もありますが、受診義務を履行しない労働者に対し、それに見合った懲戒処分等の不利益処分を科すことも可能と解されます（肯定例として、愛知県教育委員会事件・最一判平成 13・4・26 判時 1751 号 173 頁など）。また、そうした措置を尽くしても、本人が従わなかった場合、業務の性質によっては、就業を拒否することも可能と解されます。さらに、労働者の素因が自然経過を超えて悪化するなどしても、他に帰責事由（業務上の負荷を課している、別途不調の情報を得ているか、得るべき条件があるなど）がなければ、使用者は免責されたり減責されたりするでしょう。

　問題は、法定外健診を強制できるか否かです。

　この点について、私は、過去の判例学説や行政解釈等に照らすと、使用者には、労働者に「安心して健康情報等を伝えられる条件」を整備する信義則上の義務があり、その不履行から所要の情報を入手できず、その結果、健康確保措置を実施できなかった場合、それに基づいて生じた災害疾病について過失責任を推認する一方、それが履行されたにもかかわらず、労働者が情報提供等を拒んだ場合、職場秩序への影響等が見込まれるか、使用者に安全配慮義務の一環として、その情報を踏まえた措置義務が生じる場合には、懲戒処分が可能になると共に、同意のない情報の取扱いも正当化（ないし義務化）され、使用者が合理的な努力を尽くしても情報を取り扱えなかった場合、そのため発生した災害疾病について免責ないし減責されるという法理が成立すると考えています[10]。

第 10 章　平成 30 年改正労働安全衛生法による労働者の心身の状態に関する情報の保護

　つまり、まず、事業者には、労働者の健康管理と取得した情報の管理を適正に行い、労働者が安心して健診結果を提供できる条件を整えることが求められます。
　そうすれば、次のような対応をとることができると考えられます。
　人の生命、身体または財産の保護のために必要がある場合であって、本人の同意を得ることが困難であるとき等の個情法に定められた例外に当たる場合には、本人同意がなくても取扱いが許されます。特に、健診結果が業務に関わる場合などには、提供を命じてもかまいません。感染症への罹患が疑われる場合や、旅客運送業の運転に支障を生じ得る場合などが考えられます。ただし、できる限り、本人同意を得るための努力や、産業医等への確認による必要性の確認などの手続を尽くす必要があります。
　また、通常業務に支障を来す、職場の秩序を乱すなど、業務と関係が深い疾病に関する情報であって、会社による健康管理や業務の遂行上必要な場合などには、就業規則への定めと周知等の手続を踏むことで、本人の同意とみることができ、それでもなお提出を拒む労働者には、十分な説得を経た上で、人事上の不利益措置をとることも考えられます。
　もっとも、上記の措置を講じても健診結果を提供しない労働者には、その情報が必要となる業務に就けないなどの対応も考えられます。

岡村　法定健診制度における健診項目は、いかがでしょうか。

三柴　それぞれの健診項目が安衛則で規定されており、以下「法定健診項目」（法定項目）といいます。具体例を掲げますと、**図表 10-2** は雇入れ時の法定健診項目です（安衛則 43 条）。定期健康診断の場合には、さらに喀痰検査が加わる半面、一定の条件が整えば省略可能な項目がある点で異なります（安衛則 44 条）。もっとも、双方に含まれる問診（自覚・他覚症状調べ）での調査内容は、かなりの程度、担当医師の裁量に委ねられている（安衛則 43 条の雇入れ時健康診断の「自覚・他覚症状調べ」に関する昭和 47 年 9 月 18 日付け基発第 601 号の 1、安衛則 44 条の定期健康診断の「自覚・他覚症状調べ」に関する昭和 47 年 9 月 18 日付け基発第 601 号の 1）点には留意されるべきでしょう。

10　三柴丈典『労働者のメンタルヘルス情報と法』（法律文化社、2018）。

【図表 10-2】雇入れ時の健康診断（安衛則 43 条）

	健康診断の項目
1	既往歴及び業務歴の調査
2	自覚症状及び他覚症状の有無の検査
3	身長、体重、腹囲、視力及び聴力の検査
4	胸部エックス線検査
5	血圧の測定
6	貧血検査（血色素量及び赤血球数）
7	肝機能検査（GOT、GPT、γ-GTP）
8	血中脂質検査（LDL コレステロール、HDL コレステロール）
9	血糖検査
10	尿検査（尿中の糖及び蛋白の有無の検査）
11	心電図検査

法定健診項目の受診費用は事業者負担です。業務上の疾病の発見を主な目的とする特殊健診とは異なり、受診に要する時間は、労基法上の労働時間ではなく、賃金支払いの有無は労使間の協議で決定されています。

労働者の希望によって癌検診のような追加健診項目（法定外項目）の健診を認めているケースもありますが、その条件や費用負担は事業者ごとに労使間の協議で決定されているので、事業者ごとに異なっています。

岡村 法定健診項目の結果に異常値があった場合について再検査・精密検査等を受診させることは事業者の義務か、その場合の再検査・精密検査等に要する費用負担、要する時間の賃金はどのように考えるべきか、再検査等を拒否した場合、どのような対応を事業者は行うことになるかといった点が実務上問題となっています。

三柴 法定健診の役割は、所定の検査項目について、その趣旨に沿った精度で（大量一律検査の必要性からも、さほど高いものである必要はありません（東京海上火災保険事件・最二判平成 15・7・18 判例誌未登載（D1-Law.com など登載）））、検査を実施して職域での健康管理に活用することです。したがって、再検査・精密検査といった、プラスアルファの措置は、安衛法 66 条の 7（健診結果に基づく医師・保健師による保健指導）が定める保健指導において受診が勧奨されたり、脳・心臓疾患に関連する一定の項目に異常所見が認められた場合に、労働者の請求に基づき、二次健康診断等給付（労災補償保険法第 3 章第 4 節）を受けることがあるものの、その実施や受診は安衛法上の義務ではありません。

ただし、就業規則等で定めた場合は、当然に契約上の義務になりますし、何

か体調の悪化を示す兆候がみられたなど、経過・脈絡によっては、裁判所で、安全配慮義務の内容と判断されることもあると思います。一般健診の費用負担が労使の協議事項である以上、再検査・精密検査でも同様ですが、事業者が強制する場合はもちろん、業務上の疾患の調査である場合には、労災補償の範囲にも含まれ得ますし（労基法施行規則36条などをご参照ください）、信義則上も事業者側の負担とする必要が生じます。

4 ストレスチェック制度

岡村　「労働者の心身の状態に関する情報」を取得する法定健診以外の主な場合として、66条の10に基づくストレスチェック制度があります。この制度に関し、三柴先生は厚生労働省「ストレスチェック制度に関わる情報管理及び不利益取扱い等に関する検討会」など関係する検討会の委員を歴任されており、その分野に関する専門書[11]も執筆されていますので、この制度についてご説明ください。

三柴　この制度は、労働者個々人のメンタルヘルスケアと職場の心理的な環境改善のため、2014（平成26）年改正によって安衛法に新設されました。

　法改正の直前まで長らく自殺者数が3万人を超えていたこと、仕事による強いストレスが原因で「うつ」等の精神障害を発病し、労災認定される労働者が増加傾向にあったこと等を重視して、労働者のメンタルヘルス不調を未然に防止するため、心理的な負担の程度を把握するためのストレスチェックという検査、そして、本人の申出を前提に、その結果に基づく面接指導の実施を事業者に義務付けること等を内容として導入された制度です。労働者50人以上の事業場は、毎年1回、全労働者に対しこの検査を実施する義務を負います[12]。厚生労働省は、職域のメンタルヘルスについては、2006（平成18）年に「労働者の心の健康の保持増進のための指針」（平成18年3月31日付け健康保持増進のた

11　三柴丈典『裁判所は産業ストレスをどう考えたか』（労働調査会、2017）、同『安衛法改正の展望』（労働調査会、2011）など。近く、6ヵ国の比較法制度研究の成果を踏まえたT.Mishiba, Workplace Mental Health Law: Comparative Perspectives.が海外の出版社（Routledge）から発刊される予定である。
12　この人数は、企業全体ではなく事業場単位で計算する。したがって、労働者数が東京本社は60名、大阪支店は50名、名古屋支店は40名の場合、東京本社と大阪支店はストレスチェック制度の実施義務があるが、名古屋支店は実施義務を負わない。

【図表 10-3】 ストレスチェック制度の実施の具体的な流れ

0	・事業者がストレスチェック制度の基本方針を表明(指針)→衛生委員会等で調査審議・規程整備
1	・労働者→実施者　質問票(厚労省ひな形あり)に記載して提出
2	・実施者→労働者　判定(厚労省提供の判定ソフトあり)して結果を通知(66条の10第2項)
3	・労働者→事業場　高ストレス判定なら医師との面接指導申出(労働者には申出義務なし)(同条3項)
4	・医師→労働者　申出後1ヵ月以内に面接指導実施、面接指導の結果を記録(同条4項)
5	・事業場→医師　意見の聴取、面接指導の結果を記録(同条5項)
6	・事業者が必要な措置(就業上の措置)を実施(同条6項)
7	・ストレスチェック実施報告書を労基署へ提出(100条3項)、違反には罰則(120条5号)
8	・検査結果を集団ごとに集計・分析、職場環境改善(安衛則52条の14に基づく努力義務)

めの指針公示第3号)(通称・メンタルヘルス指針)を公示して対策を図っており、新設された仕組みは、その中にすでに定められていました。その意味で、ストレスチェック制度は、メンタルヘルス指針の内容の一部を法律に格上げしたものとも言えます。

　66条の10第7項は、厚生労働大臣は、事業者が講ずべき措置の適切・有効な実施を図るため必要な指針を公表すると定め、これを受けて厚生労働省から「心理的な負担の程度を把握するための検査及び面接指導の実施並びに面接指導結果に基づき事業者が講ずべき措置に関する指針」が公示されており(最新の改正は2018(平成30)年8月)[13]、以下では「ストレスチェック指針」と呼びます。この指針は、ストレスチェック制度の具体化と履行の支援を図るもので、上述のメンタルヘルス指針は、ストレスチェック制度を含めて、幅広い対応が求められるメンタルヘルス対策全体の促進を図るもので、今なお有効です。

岡村　ストレスチェック制度の実施の具体的な流れを図示しましたので、ご参照ください(**図表10-3**)。ここでも特に断りがないものは、すべて安衛法の規

13　心理的な負担の程度を把握するための検査等指針公示第1号(平成27年4月15日)。心理的な負担の程度を把握するための検査等指針公示第3号(最終改正・平成30年8月22日)。

【図表10-4】 ストレスチェック制度に関し衛生委員会等で調査審議・規程整備すべき事項

① ストレスチェック制度の目的に係る周知方法
② ストレスチェック制度の実施体制
③ ストレスチェック制度の実施方法
④ ストレスチェック結果に基づく集団ごとの集計・分析の方法
⑤ ストレスチェックの受検の有無の情報の取扱い
⑥ ストレスチェック結果の記録の保存方法
⑦ ストレスチェック、面接指導および集団ごとの集計・分析の結果の利用目的および利用方法
⑧ ストレスチェック、面接指導および集団ごとの集計・分析に関する情報の開示、訂正、追加および削除の方法
⑨ ストレスチェック、面接指導および集団ごとの集計・分析に関する情報の取扱いに関する苦情の処理方法
⑩ 労働者がストレスチェックを受けないことを選択できること
⑪ 労働者に対する不利益な取扱いの防止

定です。

三柴 ストレスチェック指針は、メンタルヘルスケアを3段階に区分しています。①労働者自身のストレスへの気付きおよび対処の支援ならびに職場環境の改善を通じて、メンタルヘルス不調となることを未然に防止する「一次予防」、②メンタルヘルス不調を早期に発見し、適切な対応を行う「二次予防」、③メンタルヘルス不調となった労働者の職場復帰を支援し、再発を防止する「三次予防」です。同指針はストレスチェック制度の主な目的を一次予防の強化と位置付けた上、事業者は、同指針に基づき各事業場の実態に即して実施される二次予防および三次予防も含めた労働者のメンタルヘルスケアの総合的な取組みの中に本制度を位置付け、メンタルヘルスケアに関する取組方針の決定、計画の作成、計画に基づく取組みの実施、取組結果の評価および評価結果に基づく改善の一連の取組みを継続的かつ計画的に進めることが望ましいとしています。

岡村 ストレスチェック指針によれば、事業者がストレスチェック制度の基本方針を表明して、衛生委員会等で調査審議・規程整備を行い、労働者に周知することから始まり、調査審議・規程整備すべき事項は**図表10-4**のとおりとしています。

三柴 この指針以外にも厚生労働省が「ストレスチェック制度導入ガイド」「ストレスチェック制度導入マニュアル」「数値基準に基づいて『高ストレス者』を選定する方法」等を公表しています。標準となる「職業性ストレス簡易質問票」(57項目)は、指針に別添として掲載されており、いずれも同省サイトや同省が委託した「こころの耳」のサイトで閲覧できます。簡易質問票はあくまで標準なので、衛生委員会等で決議して、同じ機能を持った質問項目を活用してもよいですし、そこに記載された項目以外に、法の趣旨に反しない限り、衛生委員会等で必要と認めた質問項目を追加することもできます。

　安衛法は、労働者にストレスチェックの受検を義務付けていません。その理由は、メンタルヘルス不調で治療中のため、受検の負担が大きい等の特別の理由がある労働者にまで受検を強要する必要はないからだと説明されていますが、法案調整の過程で、自民党の部会で修正を受けた経緯があり、実際には、労働者のプライバシーを侵すなどの批判を受けることを訝ったのではないかと察せられます。このような趣旨に照らし、ストレスチェック指針は、就業規則で受検を義務付けること、受検しない労働者に対して、これを理由とした懲戒処分等の不利益取扱いを行うことは、許されないとしています。

　66条の10第3項は、高ストレス判定であれば労働者は事業所に医師との面接指導の申出ができるとする一方、事業者は、労働者が当該申出をしたことを理由として、当該労働者に対し不利益な取扱いをしてはならないと規定しています。これは、個々の労働者への就業上の配慮を行うと共に、担当する医師が職場環境の問題を把握して、その改善を図るという面接指導の趣旨の実現のためにも、彼／彼女らに安心して申し出てもらうための配慮です。ストレス対策では自己決定が重要な意味を持つことから、同指針は、逆に、面接指導の要件を満たしているにもかかわらず、面接指導の申出を行わない労働者に対して、これを理由とした不利益な取扱いを行うことはできないとしています。

岡村 先にストレスチェック制度は一次予防を強化するためのもの、二次予防および三次予防は事業者側が別途検討すべき性格のものである旨のお話がありました。三次予防となる労働者の職場復帰支援ですが、メンタルヘルス不調で休職中の労働者が、治療が不十分なまま焦って復職して症状を増悪させるケース、比較的低ストレスの部門に復職した直後であるにもかかわらず、焦って休

職前の比較的高ストレスの部門への復職を望んで症状を増悪させるケースがあると聞くことが少なくありません。もちろん比較的高ストレスの部門に関する就労環境が改善されないままの状態であるのなら当然問題ですが、現実問題として、安全配慮義務を履行するため、このようなケースについて、どのように対応すべきかという質問を受けることも多いのですが。

三柴 安全対策とは異なり、メンタルヘルス対策に絶対はなく（厳密には安全対策でもそうですが）、その基本は、一次予防から三次予防に至るまで、「対話」と「手続」です。そこに含める要素として、「専門性（専門家の意見を参考にすること）」と「自律性（本人を取り巻く関係者が協議をして連携的に対応すること）」が挙げられます。

　具体的に言いますと、まずは、就業規則やそれに基づく健康管理規程などで、休職期間中の生活リズム、活動性などを報告させることを義務付け、復職段階では、企業の事情をよく知る産業医や嘱託の専門医による面談（での診断）の受診を復職の要件とする旨を定め、担当医にはこれまでの業務歴や休職中の経過などの必要な情報を知らせた上で面談を実施してもらい、それを参考にしつつ、関係者が合議して、復職の可否を決定するようにします。この際、面談担当医らが、本人の主治医との連携を図ることも重要で、うつ病による解雇の事案でその必要性を示唆した判例もあります（J学園（うつ病・解雇）事件・東京地判平成22・3・24労判1008号35頁）。

　面談担当医が職場や本人の状況を的確に把握できない場合、保健師・看護師・心理職などが実質的な役割を代行して、判断のみ医師に求める方法もあり得ます。つまり、その職場の事情や従前の労働者の働きぶりなどに応じて、復職判定を的確に行うようにするということです。

　また、休職後の一定期間は、一月に何日以上遅刻や早退をするなど、勤怠が乱れた場合には再度休職を命じ、先の休職と通算するといった規定を設けておくことや、規定の整備が間に合わない場合には、復職を認める代わりに、○○の条件を充たさなければ、再度休職させるといった条件を、本人と個別に約定することも、法的、心理的に有効に働くことが多いです。

5 医師による指導と長時間労働の是正

岡村 前述の「働き方改革を推進するための関係法律の整備に関する法律」では長時間労働の是正対策も盛り込まれました。その背景として、長時間労働に起因する不幸な事件も発生しています。

三柴 働き方改革関連法は、世界的にもトップスピードで進む少子高齢化等を背景に、端的に言って、労働生産効率の向上を図ろうとするものです。長時間労働の是正は、使用者にとっては残業代の低減や労働コンプライアンスの推進、労働者にとっては健康や私生活時間の増加など、労使双方のメリットになり得ますし、労働生産効率の向上を受け入れられるならば、年齢、性別、障害の有無などの属性を問わずに公正に労働者を扱わせることで、労働者側のメリットをアピールできます。したがって、同法の目玉は長時間労働の是正に関する法改正で、そこにやや目立たないように添えられているのが、高度プロフェッショナル制度の新設です。また、その変革等で生じ得る労働者の健康問題に対応するために、産業医・産業保健制度の強化が盛り込まれ、それとセットで、健康情報等の取扱いに関する規定が新設されたという構図です。

　中でも特徴的なのが、労基法に設けられた時間外労働の上限です。月45時間、年360時間を原則として、臨時的な特別な事情がある場合でも年720時間、単月100時間未満（休日労働含む）、複数月平均80時間（休日労働含む）が、医師や自動車運転手等の一部の例外を除く、罰則に裏付けられた絶対的な限度として設定されました。

　安衛法との関係では、労働時間の状況の把握の実効性確保という観点から、労働時間の状況を省令で定める方法により把握しなければならないことになった点が強調されるべきでしょう。今回の改正前から、66条の8は、長時間労働者を対象とする医師（産業医でなくてもよい）による面接指導制度を定め、安衛則52条の3がその対象を希望者に限定していました。また、その対象者には、裁量労働制（労基法38条の3、38条の4）や適用除外制度（労基法41条各号）の適用対象者も含めていましたが、そもそも労働時間の把握を行わないことを前提とする制度だったので、運用は本人の申告に拠ることとされ、実効性に疑問が生じていました。そこで、今回の法改正で、定型的な労働時間規制の対象

者と共に、労働時間の適正把握と面接指導への着実なリンクを目した改定を行いました。すなわち、通常の労働者については、対象となる要件を、休憩時間を除き週40時間を超える時間外労働時間数を100時間から80時間に引き下げたほか、66条の8の3の新設等により、労働時間の状況把握義務を設定し、対応を図ることとしました。使用者の現認や客観的方法によることを原則とし、ICカードやタイムカードによる記録が想定されています（新安衛則52条の7の3）。高度プロフェッショナル制度の適用対象者についても、同様の趣旨から、労基法41条の2第3号に健康管理時間とその省令で定める方法による把握の定めを設けました。以前から時間外・休日労働の上限基準（ガイドライン）の適用が除外されており、本改正後も法定上限の適用を除外されることとなった研究開発業務従事者の適用対象者については、上述の労働時間の状況把握義務の対象となることは当然として、一定要件を充たせば、本人の希望がなくても、面接指導の対象とすることとしました（新安衛則52条の7の2第2項）。高度プロフェッショナル制度の適用対象者についても、週40時間を超える健康管理時間が100時間を超えた場合には、一律に面接指導の対象とすることとしました（新安衛則52条の7の4第2項）。

また、68条の8第5項の新設により、面接指導の結果講じられるべき就業上の配慮措置に、法定外の有給休暇の付与、高度プロフェッショナル制度の適用対象者については、健康管理時間の短縮措置が加えられたことにも留意が必要です。

6 安全衛生を図るための体制整備

岡村 主な「労働者の心身の状態に関する情報」は以上のとおりですので、次に、それを取り扱う者という観点から、安衛法の特色についての検討に移りたいと思います。個情法は事業者単位で適用され、個人情報の取扱いについて事業者内における役割分担は特に法定されていません。それに対し、安衛法では事業者内における管理者等の選任が事業場ごとに細かく義務付けられている点で特色があります。

三柴 安全衛生の分野では、すでに実効性と実施可能性が明確な場合にはそれが対策の仕様基準となりますが、たとえ絶対安全は無理でもできるだけリスク

を低減するため、物的・人的な体制整備を含めた手続が重視されています。これは、最近国際規格となった、ISOの労働安全衛生マネジメントシステム（ISO45001）を見ても明らかです。特に、健康面での対策では、人的な体制整備が重視されます。安衛法でも、仕様基準を法的に義務付けた危害防止基準のほか、ストレスチェック制度を好例とする人的な体制の整備が求められるようになっています。

　安全衛生にかかる管理者等の選任については**図表 10-5** のとおりとなります。この表中の「規模（人）」は事業者ではなく事業場が単位です。そもそも、安全衛生は、一定の専門知識が必要な経営問題ともいえ、事業者の規模や業種等にもよりますが、特に健康管理については、人事に関して直接の権限を持つ監督的地位にある者、管理監督者および人事部門の事務担当者が担当することが適当な場合もあり、現にそうしている企業も多く存在します。法制度上も、事業者の規模、業種等によって、管理者等の選任義務の有無や、資格要件、種別、人数などが書き分けられています。

　安衛法105条（旧104条）は、法定健診、法定の面接指導、ストレスチェックの実施の事務に従事した者に対して、その実施に関して知り得た労働者の秘密について守秘義務を課しています。この規定には罰則が付されています（119条1号）。その他、産業医は刑法で、保健師・看護師はいわゆる保助看法で、別途、罰則付きの守秘義務を負っており、安衛法105条を含め、いずれも受益者が安心して彼／彼女らの業務を受けられるようにすることを趣旨としています。

岡村　個情法では事業者内における個人情報の取扱いについて、組織分担が定められていません。これに対し安衛法では事業者内における委員会の設置が事業場ごとに義務付けられている点で特色があります。

三柴　やはり本指針に関係しますので説明しておきますと、**図表 10-6** のとおりとなります。誤解されやすいのですが、その性格は、労使の協議機関ではなく、事業者の諮問機関です。こちらも事業者の規模、業種等によって設置義務の有無が異なっており、設置単位は、事業者ではなく事業場です。法定健診やストレスチェック等の所管は、安全委員会ではなく衛生委員会です。両委員会を設置しなければならない場合には、合同して、安全衛生委員会とすることも

第 10 章　平成 30 年改正労働安全衛生法による労働者の心身の状態に関する情報の保護

【図表 10-5】管理者等の選任

事業者は、下表のとおり業種と規模に応じて、必要な管理者、産業医等を選任することが義務付けられています。

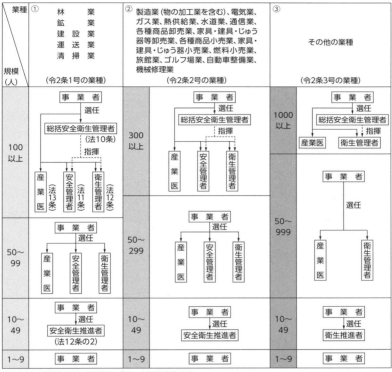

(注)「令」：労働安全衛生法施行令、「法」：労働安全衛生法
※1　規模には、日雇労働者、パートタイマー等の臨時的労働者及び派遣労働者の数を含めてください。
※2　製造業の本社等で製造等を行わず、いわゆる本社機能のみを有する事業場は、「その他の業種」に含まれます。

出典・京都労働局・労働基準監督署「安全衛生管理体制のあらまし」

できます（安衛法 17 条）。

7　本指針における心身の状態の情報の取扱いの原則（情報の性質による分類）

三柴　前置きが長くなってしまいましたが、健康情報等に関する規制に話を戻します。改正法 104 条 1 項・2 項の内容は抽象的であり、同条 3 項に基づく指

【図表10-6】設置すべき委員会
安全委員会又は衛生委員会を設置しなければならない事業場

安全委員会 … ①	常時使用する労働者が**50人以上**の事業場で、次の業種に該当するもの 林業、鉱業、建設業、製造業の一部の業種（木材・木製品製造業、化学工業、鉄鋼業、金属製品製造業、輸送用機械器具製造業）、運送業の一部の業種（道路貨物運送業、港湾運送業）、自動車整備業、機械修理業、清掃業
②	常時使用する労働者が**100人以上**の事業場で、次の業種に該当するもの 製造業のうち①以外の業種、運送業のうち①以外の業種、電気業、ガス業、熱供給業、水道業、通信業、各種商品卸売業・小売業、家具・建具・じゅう器等卸売業・小売業、燃料小売業、旅館業、ゴルフ場業
衛生委員会 …	常時使用する労働者が**50人以上**の事業場（**全業種**）

※ 安全委員会及び衛生委員会の両方を設けなければならないときは、それぞれの委員会の設置に代えて、安全衛生委員会を設置することができます。

出典・厚生労働省「安全衛生委員会を設置しましょう」

針、つまり本指針で具体化が図られています。

　今回の改正前から「雇用管理分野における個人情報のうち健康情報を取り扱うに当たっての留意事項」（以下「留意事項」といいます）が公表されており、留意事項が取り扱う「労働者の健康に関する個人情報（健康情報）」の何如等を明らかにしていました。本指針と留意事項との関係は、どのように考えるべきでしょうか。

岡村　留意事項は改正法104条の新設前、本指針は改正後に公表されたものです。したがって、本指針等と留意事項との間でオーバーラップする部分が生じた場合、本指針が留意事項に優先し、本指針に定められていない点は留意事項によるものと考えられます。ストレスチェック指針と留意事項の関係も同様であると考えます。

三柴　本指針は「労働者の心身の状態に関する情報」を3類型に分けて取扱方法を定めていますが、個情法との関係ではどのように位置付けられるのでしょうか。

岡村　当該情報のほとんどが、個情法上の要配慮個人情報に該当することは前述しました。そのため、個情法17条2項本文によって、その取得には本人同意の取得が原則として必要です。しかし、安衛法令によって事業者に取得が認められる範囲に該当すれば、個情法17条2項1号が定める除外事由たる「法令に基づく場合」として、本人同意の取得は不要となります[14]。このように安

衛法令によって情報の取得が認められているかどうかという点が、本人同意の要否を決する基本的な分水嶺となります。ただし、個情法施行令2条は、医師等により行われた健診等の結果（2号）、健診等の結果に基づく本人に対する医師等の指導等（3号）を要配慮個人情報としており、健診への受診の有無は、これに該当しません。このように「労働者の心身の状態に関する情報」にも厳密には要配慮個人情報に該当しないものが少数ながら存在していることにも留意すべきです。

三柴 本指針は「労働者の心身の状態に関する情報」について、本人同意の取得の要否について、そうした基準を念頭に置きつつ、独自に、安衛法令との関係で、3分類しています。

すなわち、まずは、安衛法令によって事業者に取得が認められる場合について、①安衛法令に基づき事業者が直接取り扱うこととされており、安衛法令に定める義務を履行するために、事業者が必ず取り扱わなければならない心身の状態の情報（第1類型）と、②安衛法令に基づき事業者が労働者本人の同意を得ずに収集することが可能であるが、事業場ごとの取扱規程により事業者等の内部における適正な取扱いを定めて運用することが適当である心身の状態の情報（第2類型）に区分しています。

さらに、それ以外の情報については、③安衛法令において事業者が直接取り扱うことについて規定されていないため、個情法17条2項各号に該当する場合を除き、あらかじめ労働者本人の同意を得ることが必要であり、事業場ごとの取扱規程により事業者等の内部における適正な取扱いを定めて運用することが必要である心身の状態の情報（第3類型）と分類しています。

本指針が示した各類型の具体例は**図表10-7**のとおりです[15]。

岡村 以上によれば、基本的には、個情法17条2項1号にいう「法令に基づく場合」に該当するため本人同意が不要なものとして第1類型および第2類型

14　個情法17条2項各号は、他にも除外事由を定めており、それに該当すれば取得に本人同意は不要であるが、ここでは論理を単純化するため、あえて触れないことにする。要配慮個人情報はオプトアウト方式による第三者提供の対象情報から除外されているが、この点にも触れない。
15　図表10-7中に記載された「再検査」とは、朝食抜きが条件の血液検査等につき、当該条件を満たさないため、改めて当該条件を満たした状態で同一の検査を行うことをいう。これに対し、「精密検査」とは、検査結果を踏まえ、さらに詳しい検査等を行うことをいう。このように両者は別のものである。

【図表 10-7】本指針に示された各類型の具体例

類型		具体例
第1類型	(a)	健康診断の受診・未受診の情報
	(b)	長時間労働者による面接指導の申出の有無
	(c)	ストレスチェックの結果、高ストレスと判定された者による面接指導の申出の有無
	(d)	健康診断の事後措置について医師から聴取した意見
	(e)	長時間労働者に対する面接指導の事後措置について医師から聴取した意見
	(f)	ストレスチェックの結果、高ストレスと判定された者に対する面接指導の事後措置について医師から聴取した意見
第2類型	(a)	健康診断の結果（法定項目）
	(b)	健康診断の再検査の結果（法定項目と同一のものに限る）
	(c)	長時間労働者に対する面接指導の結果
	(d)	ストレスチェックの結果、高ストレスと判定された者に対する面接指導の結果
第3類型	(a)	健康診断の結果（法定外項目）
	(b)	保健指導の結果
	(c)	健康診断の再検査の結果（法定項目と同一のものを除く）
	(d)	健康診断の精密検査の結果
	(e)	健康相談の結果
	(f)	がん検診の結果
	(g)	職場復帰のための面接指導の結果
	(h)	治療と仕事の両立支援等のための医師の意見書
	(i)	通院状況等疾病管理のための情報

を、該当しないため本人同意が必要なものとして第3類型を位置付けていることになります。例として法定健診の結果について健診項目によって区分すれば、法定項目の結果であれば本人同意は不要（第2類型(a)）、追加健診項目（法定外項目）の結果であれば、安衛法令に基づく取得は定められていないので、本人同意が必要（第3類型(a)）というわけです。再検査の場合も同様の区分になります。他方、健診の受診・未受診の情報（第1類型(a)）のように、もともと要配慮個人情報に該当しないので、そもそも個情法17条2項による本人同意の取得を要しないものもあります。

　ところで、第1類型と第2類型はともに「法令に基づく場合」として本人同意が不要である点で共通していますが、個情法からすれば、両類型で取扱方法に基本的な違いはありません。つまり、個情法の基本的な仕組みとしては、極論すれば、いったん適法に取得してしまえば、事業者は利用目的の達成に必要な範囲内である限り、それを取り扱うことが認められており、当該事業者内に所属する者であれば、個情法の役割分担は定められていません。換言すると当該事業者内部において情報を隔てる「壁作り」は規定されていません。ただ外

第 10 章　平成 30 年改正労働安全衛生法による労働者の心身の状態に関する情報の保護

部漏えい等の安全管理措置が要請されるだけです。

　これに対し、安衛法令では事業者内部で管理者等の選任、委員会の設置によって役割分担や組織分担が法定されて明確化されており、安全配慮義務の履行や事故の未然防止措置のために必要な範囲内でのみ「労働者の心身の状態に関する情報」を共有することが正当化されるという特殊性が認められるように思います。たとえば特定の経理部員が定期健康診断で疾病のため休養が必要な状態であると判断されたとしても、それを営業部員など無関係な部署の者までが広く知っている必要はないのですから。それを広く知らせることは当該経理部員のプライバシーを侵害すると判断される場合がありそうです。そのため、特段の配慮を要する場合が少なくありませんので、それに即した取扱方法を講じる必要があります。これが前述した 105 条（健康診断等に関する秘密の保持）の趣旨であるとともに、104 条を新設して、その具体化を厚生労働大臣の指針に委ねた理由であると考えています。また、ストレスチェック制度のように、受検を促すため扱う担当者を限定するケースもあります。先に本領域の特色に合わせてと申し上げたのは、このような意味です。

　ところで、本指針が第 1 類型と第 2 類型を区分しているのは、どのような理由によるものでしょうか。

三柴　手引きは次のように整理しています。第 1 類型は、法令遵守のためには、事業者が把握する必要があり、その把握を怠ると、健康診断や面談、事後措置を履行するという事業者の義務が果たせなくなる情報であるのに対し、第 2 類型は、事業者が法令に基づき把握することができるものの、必ずしも事業者が直接把握する必要がない情報であるため、労働者がその取扱いについて十分に納得できるよう、健康情報等を取り扱う者の中でも、当該情報を取り扱うことができる者を制限したり、医療職種がいる場合には、医療職種が情報を加工した上で事業者が取り扱うといった対応が求められるとするものであるという点で異なっています。

　本指針は、第 2 類型に属する情報[16]について、事業場ごとの取扱規程により事業者等の内部における適正な取扱いを定めて運用することが適当であるとした上、取扱いの原則として、事業者等は、当該情報の取扱いの目的の達成に必要な範囲を踏まえて、取り扱うことが適切であり、そのため、事業場の状況に

295

応じて、情報を取り扱う者を制限する、情報を加工する等、事業者等の内部における適切な取扱いを取扱規程に定め、また、当該取扱いの目的および方法等について労働者が十分に認識できるよう、丁寧な説明を行う等の当該取扱いに対する労働者の納得性を高める措置を講じた上で、取扱規程を運用する必要があるとしています。

　本指針は、同様の趣旨から、第1類型についても、それらに付随する健康診断の結果等の心身の状態の情報については、第2類型の取扱いの原則に従って取り扱う必要があるとしています。

　これまでの行政の指針等は、さまざまな趣旨をもつ規制法や法理（：法解釈論）、取扱いの実際等を踏まえ、健康情報等の取扱いについて、(i)本人同意の取得、(ii)産業医等、産業保健の専門家（できる限り法的な守秘義務を負う者）による生情報の管理、(iii)産業保健の専門家以外の者への情報を渡す場合の情報加工、(iv)衛生委員会等での審議を踏まえた規定の整備、を事業者に求めてきました。これらはあくまで原則なので、事情によって求められる条件は変わり得るし、たとえば(i)が充たされなくても、その努力をした上、他の原則を充たせば足りることもあり得ます。なお、(ii)などは、確かに、一義的には同じ事業者内での情報の流通を規制する趣旨ですが、個情報上の安全管理の要請を踏まえた組織的安全管理措置と解することもできます（留意事項やメンタルヘルス指針にもそうした趣旨の示唆があります）。

　私は、これを行政による情報取扱い4原則と呼んできましたが、本指針と手引きに示された分類は、個情報の改正や情報技術の進展等も踏まえつつ、安衛法令に基づき、この原則を展開したものという理解もできます。

岡村　第2類型に属する情報の場合には、事業者内において情報を取り扱うことができる者の「壁作り」等をルール化する必要性が高いということですね。第3類型についても、本指針は、個情法に基づく適切な取扱いを確保するため、事業場ごとの取扱規程に則った対応を講じる必要があるとしています。

16　第2類型に属する情報について、本指針は、安衛法令に基づき行われた健康診断の結果のうち、特定健康診査及び特定保健指導の実施に関する基準（平成19年厚生労働省令第157号）2条各号に掲げる項目については、高齢者医療法27条3項により、事業者は保険者の求めに応じて健康診断の結果を提供しなければならないこととされているため、労働者本人の同意を得ずに事業者から保険者に提供できるとしている。要するに、安衛法上の法定健診結果を特定健診制度で活用しやすいよう、便宜を図っている。

ところで、ここまで法定健診関係について触れてきましたが、ストレスチェック制度との関係では同様に考えられるのでしょうか。

三柴 ストレスチェックは、その名のとおり、非常に「心理的な制度」でして、前提に受検者の安心がないと機能しません。逆に言えば、この制度がうまく機能するような職場環境を形成すれば、その本来趣旨を達成できるといえます。その本来趣旨とは、労使やその他の利害関係者間のコミュニケーションを促進して、仕事や職場に好感を持って、生き生きと働ける従業員を増やすことです。ですので、少なくとも制度上は、受検者のプライバシーと自己決定への配慮がかなり図られています。制度の基本構造は法定健診に倣っており、健康情報等の取扱いについても、少なくとも受検の有無や検査結果の集団データ（ストレスチェックの場合、原則として10名以上のデータ）は事業者が当然に取り扱える情報とされていること、面接指導等の結果、医師から聴取する労働者の就業可能性、必要な就業上の配慮などの加工情報が当然に事業者に取り扱われるべきこと等は共通していますが、あくまで法定健診とは別立ての制度とされており、象徴的な相違点は、検査結果について、本人同意を個別具体的に確認しなければ、スポンサーであり、実施の当事者である事業者にも知らせてはならないとされていることです（安衛法66条の10第2項）。安衛法105条の人的適用対象も、法定健診では健診に当たるストレス検査の実施事務従事者を含む点は共通しますが、長時間労働者対象の面接指導制度と同様に、面接指導の実施事務従事者も含む点は異なりますし、今述べたように、別途、66条の10第2項が、ストレス検査を実施する医師等がその結果を事業者に提供してはならないとしています。

しかし、岡村先生もご指摘のとおり、そもそも安衛法では、内部の安全衛生管理体制の構築が規定され、制度上は情報管理の受け皿ができています。そして、今回の法改正で、法定健診結果が第2類型に位置付けられたこと、さらにいえば、第2類型という類型を設けたこと自体からも、政策立案者が、産業医等が形成する「産業保健ボックス」で、健康情報等を管理させようとの意図が明らかです。結果的に、今後は、ストレスチェックの結果も法定健診結果もそこで扱われ、就業判定の結果や事業者がなすべき就業上の配慮措置などの加工情報だけが、ボックス以外の関係者に伝えられる、というフランス的な形に統

一されていくのではないかと思います。政策立案者は、ストレスチェック制度の基本構造を法定健診に倣うことで、制度の統合へ向けた下準備をしたということだと思います。ただ、現状では、実質的な産業医等の質量がそれをカバーできる水準にないので、外部の専門機関なども活用しつつ時機を待つことになると思われます。

　とはいえ、労使の信頼関係が重視される根強い雇用慣行や、事業者の健康管理責任の強化といった日本的な特徴も踏まえる必要があるため、法定健診との関係で、法定外健診の実施について述べたような、事業者が労働者が安心して情報を提供できる条件づくりをすれば、労働者の本人同意が擬制されるといった考え方も必要だと考えています。

8　心身の状態の情報の適正管理

三柴　ここまでは、主に改正法104条1項についてお話ししましたが、同条2項にも触れておきます。同項は、心身の状態の情報の適正管理義務を定めており、その内容も、同条3項により、指針で具体化されることになっています（もっとも、指針の役割は、1項・2項の具体化のみならず、履行の支援全般に及びます）。本指針の適正管理に関する項には、(1)心身の状態の情報の適正管理のために取扱規程を策定すべきこと、(2)心身の状態の情報の開示等を、その性質に応じて適切に行うべきこと、(3)小規模事業場における留意事項（取り扱う情報の数量等が少ないことに応じて、現実的な手法を採用すべきこと）が定められています。このうち(1)は、適正管理のために講ずべき措置として、①心身の状態の情報を必要な範囲において正確・最新に保つための措置、②心身の状態の情報の漏えい、滅失、改ざん等の防止のための措置（心身の状態の情報の取扱いに係る組織的体制の整備、正当な権限を有しない者からのアクセス防止のための措置等）、③保管の必要がなくなった心身の状態の情報の適切な消去等の3項目を列挙し、取扱規程の策定に際しても踏まえるべき（事業場の事情に応じて盛り込むべき）としています。

岡村　個情法において対応する条項は、(1)の①は19条前段（正確性の確保）、②は20条から22条まで（安全管理措置）、③は19条後段（利用する必要がなくなった個人データの消去）であり、(2)は28条から34条まで（開示等の請求等）で

第10章　平成30年改正労働安全衛生法による労働者の心身の状態に関する情報の保護

【図表10-8】安衛法令等に基づく保存期間

	健康診断名（根拠条文）	保存期間
①	雇入時の健康診断（安衛則43条）	5年間（安衛則51条）
②	定期健康診断（安衛則44条）	5年間（安衛則51条）
③	特定業務従事者の健康診断（安衛則45条）	5年間（安衛則51条）
④	海外派遣労働者の健康診断（安衛則45条の2）	5年間（安衛則51条）
⑤	給食従業員の検便（安衛則47条）	5年間（安衛則51条）
⑥	歯科医師による健康診断（安衛則48条）	5年間（安衛則51条）
⑦	労働衛生指導医の意見に基づく臨時の健康診断（安衛法66条4項）	5年間（安衛則51条）
⑧	事業者の指定した健康診断を受けず、健康診断に相当する健康診断を受け、その結果を証明する書面を事業者に提出した場合（安衛法66条5項）	5年間（安衛則51条）
⑨	深夜業に従事する労働者の自発的健康診断（安衛法66条の2）	5年間（安衛則51条）
⑩	高気圧作業健康診断（高圧則38条）	5年間（高圧則39条）
⑪	電離放射線健康診断（電離則56条）	30年間（電離則57条）
⑫	除染等電離放射線（除染則20条）	30年間（除染則21条）
⑬	特定化学物質等健康診断（特化則39条）	5年間又は30年間（特化則40条）
⑭	鉛健康診断（鉛則53条）	5年間（鉛則54条）
⑮	四アルキル鉛健康診断（四アルキル則22条）	5年間（四アルキル則23条）
⑯	有機溶剤健康診断（有機則29条）	5年間（有機則30条）
⑰	じん肺健康診断（じん肺法7条～9条の2）	7年間（じん肺法17条）
⑱	石綿健康診断（石綿則40条）	40年間（石綿則41条）

出典・手引き

す。(3)は個人情報保護委員会（以下「個情委」といいます）の「個人情報の保護に関する法律についてのガイドライン（通則編）」（平成28年個情委告示第6号、以下「指針通則編」といいます）の「8（別添）講ずべき安全管理措置の内容」に記載された小規模事業者における安全管理措置に関する対応です。安全管理措置、つまりセキュリティが中心です。

　(1)の③は努力義務にすぎない上に、**図表10-8**のように安衛法令等によって一定期間の保存義務が課されている場合があり、その期間は消去ができないことに注意が必要です。

【図表 10-9】取扱規程に定めるべき事項

① 心身の状態の情報を取り扱う目的及び取扱方法
② 心身の状態の情報を取り扱う者及びその権限並びに取り扱う心身の状態の情報の範囲
③ 心身の状態の情報を取り扱う目的等の通知方法及び本人同意の取得方法
④ 心身の状態の情報の適正管理の方法
⑤ 心身の状態の情報の開示、訂正等（追加及び削除を含む。以下同じ。）及び使用停止等（消去及び第三者への提供の停止を含む。以下同じ。）の方法
⑥ 心身の状態の情報の第三者提供の方法
⑦ 事業承継、組織変更に伴う心身の状態の情報の引継ぎに関する事項
⑧ 心身の状態の情報の取扱いに関する苦情の処理
⑨ 取扱規程の労働者への周知の方法
⑩ 労働者がストレスチェックを受けないことを選択できること
⑪ 労働者に対する不利益な取扱いの防止

9 取扱規程

三柴 次に、労働法政策では特に重要な、事業場自治の制度に触れます。

　法104条３項に基づく本指針は、労使の協議により取扱規程を策定するよう求めています。前述のとおり、常時使用する労働者が50人以上の事業場では、衛生委員会または安全衛生委員会が設置されていますので、それらの委員会で審議することになります。常時使用する労働者が50人未満の事業場では、こうした委員会の設置義務がありませんので、手引きは、「関係労働者の意見を聴くための機会」を設けて労働者の意見を聴取することを求めています。前述したように、衛生委員会等は、労使の協議機関ではありませんが、衛生管理の経験を持つ労働者も委員に選任することになっているし、何より産業保健の専門家が関与するため、事業場の労働衛生管理にとって重要な意味を持ちます。実際には、設置されていないか形骸化している例も多いことを踏まえ、法政策で積極的に業務を与えることで、活性化させようとの狙いも窺えます。

　なお、手引きは、取扱規程を検討または策定する単位について、健康情報等に関する運用の実情を踏まえ、事業場単位ではなく、企業単位とすることも可能としています。

　本指針は、取扱規程に定めるべき事項を**図表 10-9** のとおりとしています。

第 10 章　平成 30 年改正労働安全衛生法による労働者の心身の状態に関する情報の保護

岡村　すでに①の「取り扱う目的」は説明しました。
　④と⑤は、改正法 104 条 2 項の解説箇所で前述しました。⑥は、個情法 23 条 1 項に基づき本人同意の取得が原則ですが、「法令に基づく場合」等の適用除外が同項各号で定められています。⑦は、事業承継に伴う場合については、承継元から承継先への個人データの提供には、個情法 23 条 5 項 2 号によって本人同意の取得は不要である半面、個情法 16 条 2 項によって承継前の利用目的の範囲に限定されることを踏まえる必要があります。個情法は事業者単位ですので組織変更は無関係ですが、安衛法の場合には、事業者内で扱うべき担当者が異なってきますので、それを配慮せよという趣旨でしょう。⑧は個情法 35 条（個人情報取扱事業者による苦情の処理）に基づくものです。
　残された②のうち、「取り扱う心身の状態の情報の範囲」についての 3 分類は説明しましたが、「心身の状態の情報を取り扱う者及びその権限」とともに、改めて整理していただけますか。

三柴　今回策定された手引きの目玉の 1 つとも言えるのが、その点について整理を試みた別表 4 です。
　この表は、まず、横軸として、別表 3 に掲載され、情報取扱者を、事業者の中での立場ごとに、ア）人事に関して直接の権限を持つ監督的地位にある者（社長、役員、人事部門の長）、イ）産業保健業務従事者（産業医（専属・嘱託）、保健師・看護師、衛生管理者、衛生推進者（安全衛生推進者））、ウ）管理監督者（労働者本人の所属長）、エ）人事部門の事務担当者（人事部門の長以外の事務担当者）、の 4 種類に分類しています。ただし、従業員数 10 人未満の事業場では、イ）の設置義務がなく、現に設置されていない場合も多いので、別の表が示されています。
　次に、縦軸として、別表 1 に掲載され、概ね留意事項の第 2 で示されたものに対応する健康情報等を 19 種類（枝番号を含めて 25 種類）列挙し、さらに、「本指針における心身の状態の情報の取扱いの原則（情報の性質による分類）」の項で前述した、安衛法令との関係での 3 分類に区分（色分け）しています。
　そうしてできたマス目につき、事業者が直接取り扱うもの：◎、情報の収集、保管、使用、加工、消去を行うもの：○、医療者が加工した情報を取り扱うべきもの：△の 3 種類に分類しています。

たとえば、法定「の健康診断を実施する際、当社が追加して行う健康診断による健康診断の結果」、すなわち法定外健診結果については、ア）△、イ）○、ウ）△、エ）△とされています。他方、「安衛法第66条の10第5項の規定に基づき会社が医師から聴取した意見及び同条第6項の規定に基づき会社が講じた面接指導実施後の措置の内容」、すなわちストレスチェック後の面接指導を踏まえて医師が行う報告内容等については、ア）◎、イ）○、ウ）△、エ）△とされています。

　先に述べたように、これは、私がいう行政による情報取扱い4原則（(i)本人同意の取得、(ii)産業医等、産業保健の専門家による生情報の管理、(iii)産業保健の専門家以外の者への情報を渡す場合の情報加工、(iv)衛生委員会等での審議を踏まえた規定の整備）を、安衛法令に基づいて展開したものとも言えますが、できる限り産業保健の専門家に健康情報等を取り扱わせる、フランス型の方向へ誘導したいという行政の意図も窺えます。私自身も、産業保健の専門家の育成や社会的ステータスの向上のためには、その方向性が望ましいと考えていますが、仮に産業医等の質量が整備されてきた場合にも、やはり先述したように、労使の信頼関係が重視される根強い雇用慣行や、事業者の健康管理責任の強化といった日本的な特徴も踏まえ、事業者が一定条件下で健康情報等を取り扱える／取り扱うべき余地を残しておくべきだろうと思っています。

岡村　③のうち「目的等の通知方法」ですが、通知方法について、個情法では一般に本人に認識される合理的かつ適切な方法で行うべきものとされています。パンフレットの配布、事業場の担当窓口の備付け、掲示板への掲示、公示等が通常ですが、手引きは、それらの方法と並んで「事業場のイントラネットでの掲載」を掲げています。個情法の場合、インターネットへの掲載が掲げられることが通常ですが、安衛法の場合、労働者という内部者に対するものですので、「事業場のイントラネット」で十分であると考えます。ただし、退職者のように「事業場のイントラネット」にアクセスできない人もおられますので、必要に応じてパンフレットの郵送等の方法を併用すべきでしょう。他方、外部で受診した健診結果を本人から事業者に提出してもらうような場合には、利用目的は「法令に基づくもの」であるとしても、本人が安衛法令を理解しているとは限りませんので、やはり利用目的を説明することが求められます。私

見では、「労働者の心身の状態に関する情報」は、少なくとも広い意味で医療情報ということができますので、その意味からも十分な説明が要請されるのではないでしょうか。

次に「本人同意の取得方法」については、前述した第3類型に該当するような場合に本人同意の取得が必要となってきます。取得方法については、やはり個情法では一般に合理的かつ適切な方法で行うべきものとされており、個情委の指針通則編に記載された方法で足ります。また、本人が任意に提出した場合には、本人同意があったものとして扱うことができます。

就業規則上に健康情報の取扱いについて規定し、当該就業規則を労働者に周知している場合、本人同意が取得できたといえるのでしょうか。また、他に気を付けるべき点はありますでしょうか。

三柴 この点については、私自身もそれなりに関わらせていただき、手引きの10～11頁のＱ＆Ａに、取扱規程（≒就業規則）に本人同意を書き込むことにより、個別の同意とみなす手順が書き込まれました。具体的には、「取扱規程に定めている情報に関しては、本取扱規程が、従業員本人に認識される合理的かつ適切な方法により周知され、従業員本人が本取扱規程に規定されている健康情報等を本人の意思に基づき提出したことをもって、当該健康情報の取扱いに関する従業員本人からの同意の意思が示されたものと解する」、と記載されています。ここで、「従業員本人が……本人の意思に基づき提出」には、別途、就業規則等の根拠規定に基づき強制されて提出した場合も含まれることに留意する必要があり、この記載が設けられたことも、この手引きの目玉の一つと言えましょう。

詳しくは拙著[17]にまとめましたが、これまで、司法は、電電公社帯広電報電話局事件・最一判昭和61・3・13労判470号6頁で、法定外の健診であっても、合理的な就業規則規定に基づく受診命令であれば、その規定に労働者が合意したと解し得るので有効との趣旨を述べており、その後も、事案の性格を踏まえ、根拠となる就業規則規定の合理性＝有効性を明示的／黙示的に認めたり、個別合意を擬制するなどして、個々の場面で労働者が同意を拒否しても、健

---

17 三柴・前掲注10。

情報等の取得を含む取扱いを正当化してきました。

　むろん、センシティブ情報である健康情報等の取扱いには、主に手続面で一定の慎重さが必要ですが、健康とプライバシーでは、前者のほうが法益として優先することが看過されてはならないと思います。その意味でも、その適正管理手段は、技術的なアクセス制限などの物的、技術的手段より、責任者による管理体制の構築等による人的、組織的手段によるほうがよいと考えています。

岡村　いずれにしても、手引きでは解説付きで取扱規程等の雛型を掲載していますので、それを活用していただくことが有用です。ここから、さらに実務的な問題に移ります。よく「事業場における労働者の健康情報等の取扱規程」の内容を就業規則に組み込むべきかという質問を受けますが、いかがでしょうか。

三柴　手引きには、就業規則に組み込むことが望ましいとの記載があります。もっとも、健康情報等の取扱いには、微妙な「さじ加減」が求められます。そのため、硬直的な規定、運用は弊害を及ぼすことになります。したがって、就業規則に組み込むならば、語尾を工夫する等して柔軟に運用できるようにします。たとえば、「～することができる」「～することがある」などです。また、就業規則上は、「細則に委ねる」などという一文を設け、健康情報取扱規程等の細則を設ける方法もあり得ます。そうすれば、細則ゆえに、産業保健スタッフも策定に関わることが可能となり、アレンジしやすくなります。重要なのは、会社（事業場）の事情に沿ったルールを作成することです。

岡村　就業規則と一体化するなどという文言がない場合に、「事業場における労働者の健康情報等の取扱規程」に違反したときに、懲戒処分はできるのかという問題もあります。

三柴　就業規則の懲戒事由の定め方によって処分は可能でしょう。たとえば、「その他規程に照らして秩序を乱すような行為があった場合」、「上長の指示に従わなかった場合」などといった懲戒事由が規定されていれば、あるいは、新たに規定すれば可能となります。このような一般的規定を適用し、運用するのが適当でしょう。

岡村　「事業場における労働者の健康情報等の取扱規程」の策定にあたり、（安全）衛生委員会等の関与はいかにすべきでしょうか。

三柴 そもそも、(安全)衛生委員会等は、産業保健の専門家および労使の意見を集約できる場です。ですので、就業規則の内容および運用の合理性を担保する意味でも、策定に関わらせるべきです。とはいえ、(安全)衛生委員会は、労働組合でも従業員代表でもありません。あくまで事業者の諮問機関であり、委員の指名権限は事業者側にあります。仮に会社事情への理解やバランス感覚に乏しい者が委員となって、意思決定しにくい場合、委員を変更することもできるし、そもそも、そこでコンセンサスを得る必要はありません。

岡村 「事業場における労働者の健康情報等の取扱規程」の策定にあたり、労働組合との関わり方はいかにすべきでしょうか。

三柴 企業の実情にもよります。すなわち、敵対的な労働組合が存在する場合、当該労働組合のメンバーを(安全)衛生委員会等のメンバーに参加させる必要はありません。なぜなら、上で述べたように、(安全)衛生委員会は労使協議の場ではなく、事業者が産業保健の専門家や労使の意見を聞くための諮問機関だからです。他方、話が通じる労働組合であれば、当該労働組合のメンバーを(安全)衛生委員会のメンバーに入れ、提供される情報や議論を通じて教育することも考えられます。なお、この取扱規程を策定するための審議は、(安全)衛生委員会等を中央(本社)で行い、地方(各事業場)では行わないというやり方もあり得ます。その場合、中央で審議した結果を、個々の事業場で採用することになります。たしかに、労働安全衛生法上、(安全)衛生委員会等については、事業場ごとの設置が求められますし、本来は、事業場ごとの事情を取扱規程の策定に反映させるべきですので、あまり望ましくありません。とはいえ、近年の安全衛生政策では、本部・本社のガバナンスと責任を強化させようとの流れから、健康情報等の取扱規程についても、本部・本社で内容を協議し、その結果のみを、各事業場が受けるという方法も許容されています(「労働者の心身の状態に関する情報の適正な取扱いのために事業者が講ずべき措置に関する指針」(平成30年9月7日 労働者の心身の状態に関する情報の適正な取扱い指針公示第1号) 2 (4))。よって、この規程に関する限り、そのような方法を採ったとしても、労働基準監督署に指導されることはないと考えられます。

岡村 グループ単位で規程を定める際に留意すべき点は、いかがでしょうか。

三柴 そもそも、労働基準法では、事業場ごとに就業規則を定めることが求め

られています。そのため、本部で作成した規程について、各事業場で、自らが策定した規程として、所轄の監督署に届け出なければなりません。各事業場の就業規則に、「～の規程は本部の規程による。」などの一文を設け、本部が策定した規程と共に届け出るなどの工夫をする必要があります。また、本部の規程を援用する場合、「本部の規程がどのような内容なのか」について従業員に周知する必要があります。そうしないと、就業規則としての効力が発生しないからです。なお、当然ながら、就業規則の内容の合理性が重要であることはいうまでもありません。裁判所からみて、まともと評価される内容でなければ有効とは認められません。本社→各事業場パターン、グループ会社→各会社→各事業場パターンでも、この理屈は共通します。いずれにせよ、各事業場における就業規則の内容を明確化する必要があります。ですので、基本的には以下のステップを踏むことになります。

① 「本社の就業規則を援用する」という一文を各事業場の関連規程に設ける。
② 本社の就業規則の内容を労働者に知らしめる。周知手続の履行。
③ 事業場ごとに労基署に届け出る。

　プライバシーポリシーと「事業場における労働者の健康情報等の取扱規程」との関係について、ご説明ください。

岡村　プライバシーポリシーは、会社によって方針が異なるため一概には言い難い問題です。そもそも、プライバシーポリシーは就業規則でも労働契約でもないので、原則として、労使関係における法的拘束力はないと考えるべきです。個情法上、プライバシーポリシーを作成する義務もありません。もっとも、ヤフーＢＢ事件等においては、プライバシーポリシー違反等を理由にプライバシー権侵害が認められている。プライバシーポリシーに記載した内容と異なる行為があった場合には、それを理由に責任追及（過失認定、侵害認定）が問われる可能性があります。書きすぎには注意すべきです。なお、プライバシーポリシーは、対顧客と対従業員のものを策定すべきです。ただし、対従業員向けのものは外部公表をする必要がなく、イントラネット等での開示で足りると考えます。法定公表事項については、プライバシーポリシーに続けて記載をしますことが望ましい。このことは、従業員向け、顧客向けのいずれにも共

通します。

三柴 プライバシーポリシーとセキュリティポリシーとの関係についても、ご説明をお願します。

岡村 両ポリシーは射程が異なります。たとえば、利用目的の通知については、セキュリティには関係がありません。他方、個情法20～22条についてはセキュリティに関係します。セキュリティの対象情報は、個人情報だけでなく、営業秘密、他社から預かったデータなど範囲が広くなります。したがって、個情法20～22条に関する事項はセキュリティポリシーに委ね、重複は避けるべきです。重複の弊害として、規程・ポリシー間の矛盾抵触が生じる恐れもあります。

最後に、今後の課題について、ご意見をお願いします。

三柴 2015（平成27）年3月24日に起きたジャーマン・ウィングス事故では、精神疾患に罹患した副操縦士が、本人含め150名の乗客乗員を乗せたまま、飛行機ごと山の斜面に激突しました。主治医は幾度か乗務禁止と診断していたものの、会社の産業医にすら、その情報が伝えられていなかったとの情報もあります。日本でも、栃木県の鹿沼や京都府の祇園で起きた、てんかん患者とみられる労働者による自動車暴走事故のほか、旅客バス運転者の度重なる意識消失事例[18]など、健康問題に関連して、雇用者の責任が現に生じたり、問われやすい例が多々生じています。また、繰り返しになりますが、日本では、労使間の階級格差が相対的で、事業体としての一体性が重視され、対立より協調が求められてきた経緯もあります。この点の変化を指摘する論者も多くいますが、少なくとも基幹労働者の意識に大きな変化はないようです[19]。

他方、EUの個人情報保護規制の輸入先への展開、ますます進む情報技術、社会の個人主義化や非正規労働者の増加など、個人情報・プライバシー保護を後押しする条件も多く存在します。

私は、こうした矛盾を克服するには、今回作成された本指針や手引きが示す

---

18 国土交通省自動車局自動車運送事業に係る交通事故要因分析検討会「事業用自動車の運転者の健康管理マニュアル」（平成22年7月策定、平成26年4月改訂）のほか、毎日新聞2018（平成30）年12月9日記事〈https://mainichi.jp/articles/20181209/k00/00m/040/010000c〉などを参照されたい。
19 濱秋純哉ほか「低成長と日本的雇用慣行」日本労働研究雑誌611号（2011）26頁以下など。

ような、しかるべき手順を踏むことが重要と考えていますが、それを硬直化させてはならず、要（かなめ）には「事情通」である人間の価値判断を絡ませるべきと考えています。

　健康情報規制のあり方は、局所的な課題ではなく、国の社会・経済・文化と関わるマクロ的な課題のように思えてなりません。

岡村　本日は長時間にわたり、ありがとうございました。

● 編者紹介

岡村 久道（おかむら　ひさみち）

京都大学法学部卒業。弁護士。博士（情報学）。内閣官房、内閣府、総務省、経済産業省、厚生労働省、文部科学省などの委員を歴任。専門は情報法、知的財産法など。

〔著書〕
会社の内部統制（日本経済新聞出版社、2007）
情報セキュリティの法律〔改訂版〕（商事法務、2011）
番号利用法（商事法務、2015）
個人情報保護法の知識〔第4版〕（日本経済新聞出版社、2017）
個人情報保護法〔第3版〕（商事法務、2017）
著作権法〔第4版〕（民事法研究会、2019）など多数。

対談で読み解く
サイバーセキュリティと法律

2019年12月20日　初版第1刷発行

編　者　岡村久道

発行者　小宮慶太

発行所　株式会社 商事法務
〒103-0025 東京都中央区日本橋茅場町 3-9-10
TEL 03-5614-5643・FAX 03-3664-8844〔営業部〕
TEL 03-5614-5649〔書籍出版部〕
https://www.shojihomu.co.jp/

落丁・乱丁本はお取り替えいたします。
© 2019 Hisamichi Okamura
Shojihomu Co., Ltd.
ISBN978-4-7857-2757-4

印刷／広研印刷㈱
Printed in Japan

＊定価はカバーに表示してあります。

JCOPY ＜出版者著作権管理機構　委託出版物＞
本書の無断複製は著作権法上での例外を除き禁じられています。
複製される場合は、そのつど事前に、出版者著作権管理機構
（電話 03-5244-5088、FAX 03-5244-5089、e-mail: info@jcopy.or.jp）
の許諾を得てください。